진보를
찾습
니다

진보를 찾습니다

박찬수 지음

진보는 세상을 어떻게 바꿀 수 있는가?

인물과
사상사

머리말

이 책의 서문을 쓰는 중에 전두환 전 대통령이 사망했다는 소식을 들었다. 많은 생각이 머릿속을 스쳤다. 제5공화국의 위세가 절정이던 1980년대 초중반을 젊은 시절에 지나온 이들에게 '전두환'이라는 이름은 폭압적이고 무도한 통치를 의미하는 상징과도 같다. 누군가에겐 1950년 6·25전쟁 또는 2009년 노무현 대통령의 갑작스러운 죽음이 가장 강렬한 역사적 사건이듯이, 우리 세대에겐 1980년 광주에서 일어난 핏빛 진압이 잊을 수 없는 충격으로 남아 있다.

노태우 전 대통령에 뒤이은 전두환의 사망은 이미 정치적으로 막을 내린 군부독재 시대가 우리의 기억 저편으로 온전히 저물어가는 분기점일 것이다. 군대를 동원해 수많은 시민을 학살하는 일은 역사책에서 찾을 수 있거나, 또는 저 멀리 아프리카 어느 미개발 국가에서 벌어질 수 있는 비현실적인 사건으로 받아들여진다. 그러나 2022년 3월 제20대 대통령 선거를 앞두고 "군사쿠데타와 5·18만 빼면 전두환 대통령이 그야말로 정치를 잘했다고 말하는 분들이 많다"라는 말을 제1야당 대선후보가 공개적으로 하는 상황은 우리 사회에 민주주의가 굳건하게 뿌리내린 것이 맞는지 다시금 생각하게 한다.

1987년 6월항쟁으로 제5공화국 군부독재가 막을 내린 이후, 민주주의 진전과 진보 가치의 확산은 동전의 양면처럼 떼려야 뗄 수 없는 것처럼 보이면서 영향력을 넓혔다. 경찰의 고문과 폭력은 거의 사라졌고, 한때 불온시되던 민주노총은 지금 조합원 수 100만 명을 훨씬 넘는 제1노총으로 자리 잡았다. 2016년 전국 곳곳의 광장을 수놓은 탄핵 촛불시위는 민주주의 제도의 복원과 함께 진보적 의제를 공론화해서 성과를 거둔 역사적 사건으로 기록된다. 그러나 그 이후 진보와 민주주의는 위기를 맞고 있다.

노무현 대통령이 가혹하기 짝이 없는 검찰 수사의 와중에 목숨을 잃었지만, 2021년 11월 검찰총장 출신의 윤석열이 국민의힘 대선후보로 선출되어 지지율 1위에 오른 건 그 징표와 같다. 노무현의 죽음이 역설적으로 한국 정치에서 리버럴리즘의 확산을 이루어낸 것처럼, 민주주의를 파괴한 대통령의 탄핵 이후에 임기를 중도 사퇴한 검찰총장이 유력 정치인 자리에 오른 것은 아이러니하다. 이 역설은 진보와 보수의 차이가 사소한 것처럼 치부되고, 특히 젊은 세대의 눈엔 '진보나 보수나 권력을 잡으니 똑같다'는 시각이 강해졌음을 뜻한다.

지금부터 30여 년 전, 김영삼 정부 때 고위 공직자 재산 공개가 처음 도입되었다. 그때 보수 진영에선 "돈 많다고 공직에서 배제하면, 앞으로 능력 있는 사람을 기용하기 어려울 것"이라고 말했다. 부동산 투기와 전쟁을 선포했던 노무현 정부 시절, 서울 강남에 사는 정권 핵심 인사들은 거의 없었다. 그래서 강남을 미워하냐는 소리는 들었지만, 내로남불이라는 비난을 받지는 않았다. 하지만 문재인 정부에선 청와대와 정부 고위 공직자의 상당수가 서울 강남에 아파트를 보유한 사실이 공개되어 정치적 타격을 받았다. 능력과 재력의 딜레마는 어느새 진보 엘리트 역시 피할 수 없는 덫이 되어버렸다. 그 점에서 2016년 탄핵 촛불시위 때의 보수의 위기는 곧 진보의 위기였다. 다만 그 현실을 2019년 조국 전 법무부 장관 논란이 불거질 때까지는 깨닫지 못했을 뿐이다.

2022년 3월 제20대 대통령 선거를 100일 정도 앞둔 현 시기에, 정권교체를 향한 보수의 열망이 달아오르는 반면 진보의 위기감은 커지고 있다. 그러나 이명박·박근혜 두 보수 대통령을 감옥으로 보낸 전직 검찰총장을 간판으로 내세워야 할 정도로 보수정당의 변신은 취약하기 짝이 없다. 보수 정치 세력이 살아난 것처럼 보이는 건 일시적이고 반사적일 뿐, 자기 혁신을 통한 부활은 아니다. 문재인 정부에 대한 숱한 비난에도 정권 말기까지 지지율이 급격하게 무너지지 않는 것은, 그래도 한국 사회에서 진보적인 영역이 과거에 비해선 크게 확장되었음을 의미한다. 서울·부산·광주·대구에 비해 정치적 도약이 어렵다고 여겼던 경기도 지사 출신의 이재명이 집권 여당 대선후보에 오른 건, 우리 정치가 지역을 뛰어넘어 가치와 이슈 중심으로 바뀌었음을 시사한다. 중요한 건 국민의 삶을 진보시킬 수 있다는 믿음을 주는 일이다. 그 점에서 2022년 제20대 대통령 선거는 진보 정치 세력이 성찰과 변화의 노력을 통해서 새롭게 전진할 수 있는지 가늠할 수 있는 매우 중요한 분기점이다.

이 책은 『한겨레』에 격주로 연재한 '진보를 찾아서'라는 글이 밑바탕이 되었다. 신문에 실린 글을 대대적으로 수정·보완하고, 새로운 글을 10여 꼭지 추가해서 하나의 책으로 묶었다. '진보를 찾아서'라는 연재를 시작한 건, 뜨거웠던 광장의 촛불 경험에도 진보를 둘러싼 논란과 갈등은 커졌기 때문이다. 2020년 4월 제21대 국회의원 선거에서 민주당이 180석을 얻는 전례 없는 승리를 거둔 한 컨에선, 젊은 세대의 분노와 비판이 분출하는 정반대 흐름이 가시화했다. 이런 혼돈과 논란 속에, 한국 정치에서 '진보'란 개념은 어떻게 받아들여져 확장되어온 것인지 한 번 정리해보자는 뜻에서 시작한 기획이었다.

너무 늦게 원고를 넘겼음에도 매끈하게 책 한 권을 만들어준 인물과사상사에 감사하다는 말을 전한다. 또 초고를 읽고 여러 조언과 지적을 해준 이준한 인천대학교 교수에게도 특별히 고맙다는 인사를 드린다.

2021년 11월
박찬수

제2장
진보, 한계에 부닥치다

제3장
'진보 재집권'은 가능한가?

제4장
새 길을 찾다

제1장
김대중·노무현·문재인의 진보

김대중은
왜
진보라는 말을
쓰지 않았을까?

진보 다수파의 시대

2020년 4월 제21대 국회의원 선거에서 민주당이 180석을 얻는 초유의 압승을 거두자 언론에선 '진보의 시대', '진보 다수파의 시대가 열렸다'는 기사가 쏟아졌다. 언론이 '진보 다수파의 시대'에 주목한 이유는 분명했다. 진보정권이 행정부와 입법부를 동시에 장악했을 뿐아니라, 입법부 선거에서 전체 의석의 5분의 3을 넘는 엄청난 승리를 거두었기 때문이다. 총선 직후 나온 『시사IN』의 선거 분석 기사제목은 '드디어 진보는 다수파가 되었나'였고, 그 첫 대목은 "180석은확실히 인상적인 숫자"라는 말로 시작했다.

15

1997년 12월 대선에서 김대중 후보가 승리해 역사적인 첫 정권 교체를 이룰 때까지, 청와대와 국회 권력 모두 보수의 손을 떠나본 적이 없었다. 이듬해 2월 김대중 정부 출범 이후에도 국회 다수당의 자리는 여전히 보수정당 몫이었다. IMF 극복과 사상 첫 남북정상회담을 발판으로 제1당에 도전했던 김대중의 새천년민주당이 2000년 4월 총선에서 얻은 의석은 115석이었다. 133석의 한나라당엔 미치지 못했다.

진보정권이 행정부와 입법부를 동시에 장악한 게 처음은 아니다. 노무현 대통령 탄핵 직후 치러진 2004년 제17대 총선에서 여당인 열린우리당은 152석을 얻어 처음으로 원내 제1당의 자리에 올랐다. 그러나 두 번의 집권(김대중·노무현)과 총선 승리가 '진보의 시대'와 거리가 있다는 걸 깨닫는 데엔 그리 오랜 시간이 걸리지 않았다.

이명박 정부 출범 직후 치러진 2008년 제18대 총선에서 통합민주당은 81석으로 쪼그라들며 다시 제2당으로 주저앉았다. 그 무렵 노무현 전 대통령은 "우리가 정권을 두 번이나 잡았으니까 전부 우리가 다수파인 줄 아는데 그건 택도 없는 소리다. 한국은 아직도 '보수의 나라'다. 반공이 모든 것을 지배하는 나라, 아직도 색깔 공세가 통하는 나라, 한국은 '진보의 시대'가 필요하다. 한참을 더 가면"이라고 말했다.

2020년 4월, 정부와 국회를 다시 손에 쥔 '진보 약진'의 파장은 2004년과는 사뭇 다른 것처럼 보인다. 180석이라는 인상적인 숫자 때문만은 아니다. 과거 보수정권도 이루지 못한 압도적 승리를

2020년 민주당이 해낸 건, 한국 사회의 근본적 변화와 맞물려 있다. 불과 1년 뒤인 2021년 4월 7일 서울시장과 부산시장 보궐선거에선 국민의힘이 승리하긴 했지만, 이것이 선거 지형의 근본적 변화를 의미하진 않는다.

이미 한국 사회는 인구사회학적 구성이 변했고, 지역주의는 퇴색했으며, 노무현 전 대통령이 언급했던 '색깔 공세가 통하는 나라'에서 상당히 벗어난 게 분명해 보인다. 1930년대 프랭클린 루스벨트 Franklin Roosevelt의 뉴딜 이후 반세기 가까이 미국을 지배했던 '민주당 시대'처럼, 한국에도 '진보의 시대'가 시작된 것일까? 2022년 3월 제20대 대통령 선거는 그걸 가늠해볼 수 있는 풍향계일 것이다.

오랫동안 '빨갱이'라는 비난에 시달린 김대중

이에 답하기 전에 먼저 살펴봐야 할 중요한 질문이 있다. 민주당은 진보인가, 민주당 약진을 진보의 약진이라 부르는 건 타당한가, 도대체 '진보란 무엇인가' 하는 것이다. 이것은 용어의 개념 문제지만, 한국 사회에서 진보라는 단어가 가졌던 역사적 함의를 생각한다면 단순한 개념 정의를 뛰어넘는 본질적인 내용의 변화를 담고 있다.

노회찬 전 국회의원은 『진보의 재탄생』이라는 책의 '여는 글'에서 "용산 참사는 서울경찰청장의 한순간 잘못된 판단 때문에 일어난 것이 아니라 강경 보수와 온건 보수가 양당 체제를 이루며 수십 년 대립하면서 주거 정책이 그 둘의 중간 어디쯤에서 결정되었기 때문에 발생한 필연적인 결과였다.……판을 갈아야 한다. 강경 보수와 온건 보수가 한편으론 대립하며 다른 한편 의존하는 '적대적 의존관계'를 타파해야 한다"고 썼다. 그는 민주당을 '온건 보수'라고 규정했다. 진보정당과 민주당의 구별을 명확히 하기 위한 정치적 네이밍이 아니었다. 그 당시엔 그렇게 부르는 게 일반적인 구분법이었다.

1990년대만 해도 김대중 총재가 이끄는 야당을 진보 진영이라 부르지 않았다. 진보 진영은 재야 운동권과 2000년 민주노동당 창당으로 결실을 맺는 진보정당 추진 그룹을 일컫는 말이었다. '민주 대 반민주' 구도에서 재야·시민단체와 민주당을 함께 묶어서 부를 때는 '민주개혁 세력'이라고 언론에선 지칭했다. 2000년 민주노동당이 창당한 뒤엔 진보정당은 곧 민주노동당이었다.

민주당 스스로 진보로 규정되는 걸 꺼리는 측면도 적지 않았다. 군사독재는 막을 내렸지만 여전히 보수 권위주의 영향력이 막강하던 시절이었다. 민주당은 진보로 불리면 자칫 색깔 프레임에 빠져 보수 세력의 집중 공격을 받을 걸 우려했다. 실제로 보수 집권 세력은 서경원 국회의원 방북 사건이나 북한 공작원 리선실의 선거자금 지원설, 재야인사의 북한 공작원 접촉설을 끊임없이 제기하며 야당에 의혹의 그림자를 덧씌우려 했다. 김대중 정부에서 청와대 홍보수석을 지낸 박선숙 전 국회의원은 "김 대통령은 야당 시절이나 집권 기간에나 '진보'라는 표현을 쓰지 않았다. 야당 시절엔 정당의 정체성을 '중도개혁'이라고 정의했다. 그 시절 가장 진보적인 정치인이었지만 이를 둘러싼 논란이 이는 것을 피하려 했다"고 말했다.

맞는 말이다. 김대중만큼 진보적인 정치인을 찾아보기란 지금도 쉽지 않다. 1970년 10월 16일 야당인 신민당 대통령 후보로 선출된 뒤 가진 첫 기자회견을 보면, 깜짝 놀랄 정도로 진보적이다. 김대중은 "집권하면 극소수의 특권층만이 비대해지는 경제 및 사회 구조를 개혁, 전체 대중이 잘살 수 있도록 자유경제의 원리를 준수하는 동시에 정직하고 근면한 사람만이 성공하는 시민사회를 육성하겠다"면서 5개 분야의 정책 공약을 제시했다. 그때 내걸었던 공약은 미·중·소·일 4대국의 한반도 전쟁 억제 보장(4대국 안전보장론), 남북한 화해와 교류 및 평화통일론, 공산권 국가들과의 관계 개선과 교역 추진, 향토예비군 폐지, 대중경제노선 추진, 초중등학교 육성회비 폐지, 사치세 신설, 학벌주의 타파, 이중곡가제 폐지 등이다.

6·25전쟁이 끝난 지 20년이 채 지나지 않았고, 북한 특수부대가 청와대 뒷산을 넘어 박정희 대통령을 살해하려 했던 1·21사태가 일어난 지 불과 3년밖에 되지 않은 시점이었다. 이때 남북한 화해와 교류를 말하고 공산권 국가들과 관계 개선을 추진하겠다는 건 당시로선 경천동지할 일이었다. 육성회비 폐지는 지금의 초중등학교 무상교육과 흡사하며, 사치세 신설은 요즘 논의되는 부유세를 연상케 한다. 현 시기 가장 진보적이고 논란의 중심에 서 있는 정책 대안을 반세기 전에 김대중은 이미 제시했던 셈이다.

박선숙 전 국회의원은 "미국의 닉슨 대통령이 베이징과 모스크바를 잇따라 방문해 미·중 국교 정상화 문을 열고 소련과 본격적인 데

탕트(화해)를 추진한 게 1972년의 일이다. 그보다 두 해 전인 1970년에 냉전 대결의 최전선인 한반도에서 '남북한 화해 협력과 평화통일, 공산국가와의 관계 개선'을 들고나온 건 역사적인 '사건'이라 평가할 수 있다"고 말했다. 그래서 김대중은 오랫동안 '빨갱이' 또는 '사상이 불온하다'라는 비난에 시달렸다. 또한 한편에선 보수 정치인이라는 평가를 받았다. 한국에서 진보라는 단어가 갖는 정치적인 의미를 새삼 느끼게 된다.

진보라야 민주주의다

한국 정치에서 진보라는 이름에 굴곡이 깊게 파인 건 1958년 이승만 정권 시절의 '진보당 사건'과 관련이 있다. 1956년 제3대 대선에서 216만 표를 얻어 급부상한 조봉암을 이승만 정권은 반공법 위반 혐의를 씌워 사형시켜버렸다. 정치권에서 진보란 단어를 공개적으로 쓰기 시작한 게 불과 10여 년 전이란 사실은 이런 상황과 무관하지 않을 것이다. 6·25전쟁 이후 최초의 대중적 진보정당을 표방한 민주노동당이 2000년 창당할 때 정당 이름에 진보를 넣지 않은 것도 비슷한 이유에서였다.

2007년 대선 패배로 민주노동당이 분열하고, 뒤이어 생겨난 PD(민중민주) 중심의 정당이 스스로 진보신당이라 부르면서 진보는 정치권에서 일반화했다. 2011년 여러 갈래의 진보정당이 다시 힘을 합쳐 만든 정당 이름도 통합진보당이었다. 국회미래연구원 박상훈 박사는 "민주노동당을 거치면서 '비좌파·비혁명'이지만 '개혁'보다는 좀더 나간 개념으로 '진보'란 표현을 정치에서 많이 쓰기 시작했다. 그러면서 '진보 노선'에 계층적 요소가 많이 사라졌다. 좌파, 변혁, 민중……, 이런 단어가 역사의 뒤안길로 사라져가는 것과 같은 맥락에 있다"고 말했다.

이제 진보는 집권당인 민주당을 가리키는 말이 되었다. 누구도 민주당을 '진보의 가장 큰 세력'이라 부르는 데 이의를 달지 않는다. 노동당 당원인 홍세화 '소박한 자유인' 대표는 "'진보'라고 얘기할 때 적어도 사회주의적인 전망이 뒷받침되어야 하는데, 지금 '진보'엔 그게 없다. 한국 사회에선 그와 전혀 무관하게 극우 세력에 대한 반작용으로 '진보'라는 개념이 자리 잡았다"고 말했다.

2020년 4월 총선 결과를 진보라는 개념의 확장으로 보든 또는 변질로 보든, 적어도 국민들이 우리 정치 지형을 그렇게 인식하고 있다는 건 분명하다. '무상급식 무상복지'와 같은 진보정당 정책을 받아들이고, 코로나19 와중엔 주류 경제학자들이 금기로 여기는 기본소득 문제까지 논의하는 모습은 민주당에 진보의 색채를 강하게 덧칠하는 결과로 이어졌다. 미국에서 1930년대 루스벨트 대통령의 뉴딜 시대를 지나며 현대적 의미의 '리버럴liberal' 개념이 확립된 것처럼, 이제 한국에서 진보란 단어는 새로운 함의를 획득한 것처럼 보인다.

그런 변화의 밑바닥엔 노무현 전 대통령이 자리 잡고 있다.

2003~2007년의 집권 시기엔 주목을 받지 못했지만, 그는 기회 있을 때마다 '진보의 가치'를 강조했다. 기업인 특강에서 "연대와 사회정의를 이상으로 하는 진보주의는 민주주의 안에 내재된 가치다. 진보라야 민주주의다"라고 말할 정도였다. 진보 진영에서 "왼쪽 깜빡이를 켜고 우회전한다"며 '신자유주의자'라는 거센 비판을 받았던 그는 퇴임 이후에도 진보라는 단어를 움켜쥐고 앞으로 나아가길 원했다.

노무현 전 대통령의 마지막 비서관이었던 김경수 전 경남지사는 "대통령의 서거가 끼친 영향이 컸다. 살아 계시는 동안엔 그렇게 진보를 얘기해도 전달이 잘 안 됐는데, 서거라는 충격적 사건이 생기자 그동안 대통령이 해온 거, 말한 거를 국민들이 진지하게 받아들이기 시작했다. 국민의 인식에서 진보 정치, 시민민주주의에 대한 업그레이드가 생기고 민주당과 진보정당의 갭이 줄어들었다"고 말했다. 이렇게 김대중을 거쳐 노무현의 진보가 한국 정치에서 현실화하기 시작했다.

노무현의
진보는
리버럴에 가까웠다

참여정부는 진보를 지향하는 정부

"한국의 보수주의자들은 김대중·노무현 정부를 좌파 정부라고 한다. 정통 진보라고 자처하는 사람들은 김대중·노무현 정부를 신자유주의 정부라고 한다. 진보와 보수를 가르는 기준은 무엇인가. 김대중·노무현 정부는 정리해고, 구조조정, 민영화, 개방 같은 신자유주의 정책을 수용했다. 그러므로 '신자유주의 정권'이라 주장한다.……한국은 아직도 보수의 나라다. 한국은 진보의 시대가 필요하다. 한참을 더 가야 미국·일본 수준에 도달할 수 있을 것이다. 그리고 한참을 더 가면……. 민주당은 진보 진영인가? 민주노동당, 진보신당의 노선은 성공할 것인가?"

노무현 전 대통령의 유작 『진보의 미래』에 담긴 내용이다. 노 전 대통령은 퇴임 뒤인 2008년 연말부터 세상을 떠난 이듬해 5월까지 이 책의 저술에 매달렸다. 이 책만큼 진보란 무엇인지, 그 개념을 정리하고 설명한 책을 찾기도 쉽지 않다. 진보와 보수를 가르는 기준, 진보 정권과 보수 정권은 어떻게 다른가, 진보 진영 내부의 다양한 시각과 내부 비판 등에 관한 노 전 대통령의 솔직한 생각과 고민이 담겨 있다. 이 책의 집필에 들어간 배경을 그는 이렇게 적었다.

"앞으로도 상당 기간 세계의 역사는 진보와 보수의 갈등을 중심으로 전개될 것이다. 그리고 미래의 역사는 진보주의가 제시하는 방향으로 가게 될 것이다. 한국에서는 진보와 보수의 문제가 사회적 논쟁의 중심 자리를 차지해야 지역주의를 넘어설 수 있을 것이다. 그래서 진보주의에 관한 이야기를 하자는 것이다."

노 전 대통령이 진보를 이야기한 게 이 책이 처음은 아니다. 기억하는 사람이 많진 않지만, 대통령 재임 기간에도 기회 있을 때마다 진보와 진보주의에 대한 생각을 밝혔다. 이 점에서 그는 가장 진보적이었으면서 진보라는 말을 쓰지 않았던 김대중 전 대통령과 달랐다. 대표적인 게 2007년 6월 참여정부평가포럼 월례 강연의 연설이다. 이 연설에서 노 전 대통령은 "참여정부의 정체성은 무엇이냐. 참여정부는 진보를 지향하는 정부"라고 분명하게 밝혔다.

"보수가 무엇이며 진보는 무엇인가. 보수는 강자의 사상, 기득권의 사상입니다. 각자의 삶은 각자의 노력의 결과이므로 강자의 기득권을 보호하고 강자의 자유를 보장하여 강자가 주도하는 대로 따라가면 모두 좋아진다는 생각이 보수의 기본적인 생각입니다. 경쟁시장을 넓히기 위하여 개방을 하자고 하면서 약자에 대한 국가의 보호나 지원에는 반대합니다. 힘에 의한 질서를 강조하며 갈등은 힘으로 제압하고자 합니다. 힘에 의한 평화를 주장하며 대외적으로는 대결주의를 주장합니다. 그래서 냉전적 정책을 좋아하는 것이지요. 진보란 무엇인가. 힘 있는 사람이 누리는 권력을 약자도 함께 누리도록 하기 위해 힘없는 사람의 연대와 참여를 중시하는 생각입니다. 시장경제를 필요한 것으로 인정하나 시장의 한계와 실패를 주목하고 이를 보완하기 위한 국가의 역할을 요구합니다. 개방을 반대하고 대외정책은 평화주의를 지향합니다."

그러면서 노 전 대통령은 "참여정부의 진보는 민주노동당의 진보와 어떻게 다른가.……'시장친화적인 진보'고 '개방 지향의 진보'다. '배타하지 않는 자주를 주장하는 실용적 진보'다"고 말했다.

4시간 가까운 월례 강연 연설은 언론의 큰 관심을 끌었다. 하지만 진보가 논쟁거리가 된 건 아니었다. 이명박, 박근혜, 손학규 등 대선 주자들을 언급한 게 선거법 위반이라는 논란에 휩싸였다. 기자실 폐쇄 등 참여정부 정책을 일방적으로 옹호했다는 비판이 여당인 열린우리당 안에서도 터져나왔다. 그 시기 노 전 대통령은 진보 진영에서 '신자유주의자'라는 거센 비판을 받던 터라, '노무현의 진보'에 주목한 언론은 거의 없었다.

노무현의 진보는 리버럴에 가까웠다

실용적 진보, 실현 가능한 진보주의

노무현 전 대통령은 왜 그렇게 진보에 몰두했을까? '진보주의'에 대한 자신의 생각이 제대로 평가받지 못했기에 '진보란 무엇인가'라는 문제에 더욱 천착한 게 아닌가 싶기도 하다. 참여정부에서 청와대 홍보수석을 지낸 천호선 노무현재단 사무총장은 "노 대통령이 '진보'를 말한 건 참여정부평가포럼 연설만이 아니다. 단지 사람들이 주목하지 않았을 뿐이다"고 말했다.

천호선 사무총장은 "대통령이 '좌파에선 나를 신자유주의자라 하고 우파에선 분배주의자라고 하니 나는 좌파 신자유주의자인가 보다'라는 말을 하신 적이 있는데, 이는 자신을 공격하는 사람들에 대한 일종의 풍자였다. 그런데 이 말을 갖고 보수 언론은 또다시 노 대통령을 엄청나게 비난했다"고 말했다. 그러면서 "노 대통령은 진보란 개념을 폭넓게 규정했다. 그 이전의 진보는 사회주의와 노동과 평등이 중심이었는데, 여기에 자주라는 가치가 더해졌던 것인데, 노 대통령은 그 개념을 확장했다. 마르크시즘이나 주체사상과 같은 특정한 의미의 이데올로기보다 폭넓은 평등·연대의 가치를 진보로 보았다. 그래서 왼쪽에 비해서 '나는 실용적 진보, 실현 가능한 진보주의다'라고 이야기했다"고 말했다.

『진보의 미래』는 대통령 재임 시절 이런 고민의 연장선에서 나왔다. 노 전 대통령은 퇴임 뒤 봉하마을로 내려가서 '다음 카페'에 비공개 토론방을 열었다. 토론방 이름은 '진보주의 연구모임'이었다. 참여정부에서 일했던 교수, 학자 등 20여 명이 토론방에 참여했다. 토론방 관리는 김경수 전 경남지사가 맡았다. 김경수 전 경남지사는 "대통령이 가장 많은 글을 토론방에 올렸다. 대통령이 어떤 고민을 정리해서 올리면 참여자들이 그에 대한 의견을 다는 식이었다"고 말했다. 책의 제목은 노 전 대통령이 서거한 뒤 원고를 정리하면서 가장 많이 언급했던 주제어 중 하나를 골라서 붙였다.

노 전 대통령은 진보와 보수를 가르는 핵심 기준이 '국가의 역할'이라고 보았다. 성장과 분배, 감세와 복지, 노동의 유연화, 민영화와 탈규제, 개방 등의 핵심 이슈가 모두 국가 역할에 관한 논쟁이라고 밝혔다. 그는 "진보 진영이 노동과 복지, 진보의 가치 자체의 정당성을 적극 주장하기보다 그것이 경제에 지장을 주지 않는다거나 지속 가능한 경제에 도움이 된다는 식의 방어적·수세적 논리로 대응하고 있다"고 비판했다.

그는 특히 신자유주의 자체를 터부시하는 진보 진영의 태도를 교조적이라고 비판했다. 신자유주의 정책 한두 가지를 채택했다고 보수로 볼 수 없고, 노동 환경이 변화하니까 노동운동도 변화해야 한다고 주장했다. "신자유주의는 나쁘다, 개방은 신자유주의다, 고로 개방은 나쁘다, 개방·민영화·노동 유연화에 관한 일부 정책을 받아들였다는 이유로 신자유주의 정부라고 규정하고 나쁘다는 논리로 가는 것은 문제다"고 주장했다.

정통 진보 세력(노 전 대통령은 이를 '진보 원리주의'라 표현했다)은 노 전 대통령이 구조조정, 민영화, 한·미 자유무역협정FTA과 같은 개방

노무현의 진보는 리버럴에 가까웠다

정책을 받아들였기에 '진보에서 이탈했다'고 비판했지만, 노 전 대통령은 '감세와 복지 축소를 받아들이냐가 진보와 보수를 가르는 선'이라고 보았다. 이 점에서 김대중·노무현 정부는 분명한 진보 정권이라고 생각했다. 그의 이런 진보·보수 규정이 지금 문재인 대통령과 민주당을 진보라고 부를 수 있게 하는 토대를 놓은 것이다. 집권 시절엔 누구도 주목하지 않던 '노무현의 진보'가 한국 정치 지형에 지각 변동을 가져온 건 전혀 예상치 못한 사건, 즉 그의 죽음이었다.

분배와 정의에 방점을 찍다

노 전 대통령의 갑작스러운 서거는 또 다른 측면에서 한국 정치를 바꾸었다. 노 전 대통령은 집권 기간인 2005년 8월 "대화와 타협의 정치 문화를 만들어야 한다"며 총리 지명권과 내각 구성권을 한나라당(현재 국민의힘)에 주는 대연정을 제안했다. 이 제안은 진보와 보수 양쪽에서 거센 공격을 받았다. 박근혜 한나라당 대표는 "참 나쁜 대통령"이라고 비난했다. 대연정 제안은 정치적 곤경을 벗어나기 위한 술수로 치부되었지만, 여기엔 노 전 대통령의 진심이 담겨 있었다.

그때 청와대에서 근무했던 비서관들은 "사람들은 노 대통령이 대연정 제안을 후회했을 거라 생각하지만, 그렇지 않다. 대화와 타협의 민주주의는 그의 염원이었다"고 한목소리로 말했다. 대화와 타협의 실패는 이명박 정권이 들어선 뒤 혹독한 정치적 탄압으로 이어졌다. 노 전 대통령을 향한 집요한 검찰 수사는 끝내 비극을 불렀다. 검찰개혁이 왜 이토록 강렬한 이슈가 되었을까? 그 밑바닥엔 노 전 대통령을 죽음으로 몰고간 세력에 대한 적대감이 자리 잡고 있음을 부인하기 어렵다. 한국 정치의 진영 대결이 훨씬 첨예해진 건 노 전 대통령의 대연정 제안에 비춰보면, 너무 역설적이다.

2009년 노 전 대통령 서거를 계기로 '폐족'이라 불리던 친노 그룹은 정치적 부활에 나섰다. 2002년 노무현 대통령 당선을 이끌었던 노사모는 해체되었지만, 그 기반이었던 20~30대 전문직을 중심으로 노 전 대통령의 진보 이념이 확산되고 뿌리 내렸다. 천호선 사무총장은 이듬해인 2010년, 민주당에 들어가지 않고 유시민 전 보건복지부 장관과 함께 국민참여당 창당을 주도했다. '친노' 색채가 강했던 국민참여당의 행로는 민주당이 어떻게 진보의 중심으로 자리 잡게 되었는지 가늠해볼 수 있는 힌트를 제공한다.

국민참여당은 2011년엔 진보정당의 NL(민족해방)·PD(민중민주)계와 함께 통합진보당 창당에 참여했다. 그리고 통합진보당이 부정 경선 파문으로 분열된 2012년 9월 이후 국민참여당 인사들은 탈당해 정의당에 합류하거나 민주당 복귀를 택했다. 천호선 사무총장은 "우리는 민주당을 노 대통령의 지향과는 다른 '보수정당'이라고 보았고, 민주노동당과 같은 운동권적 진보에도 변화가 필요하다고 보았다. 그래서 '합리적 진보정당'을 추구하는 국민참여당을 만들고자 했다. 결과적으론 실패했지만, 어느 순간 재야 운동권과 진보정당이 말하는 '진보'는 약화되었고 노 대통령의 '진보'가 크게 확장되었다"고 말했다.

박상훈 박사(국회미래연구원)는 "이들이 민주당에 되돌아와 진보파를 형성하면서 민주당의 좌표가 왼쪽으로 이동했다. 그런 점에서 친노 세력이 민주당의 진보화를 견인했다고 말할 수 있다. 안철수 지지 세력처럼 중도보수를 표방하는 움직임도 당내에 있었지만, 이런 움직임이 실패하고 전체적으로 민주당의 이념적 좌표는 좌클릭했다"고 말했다.

물론 모든 사람이 천호선 사무총장의 말에 동의하는 건 아니다. 홍세화 '소박한 자유인' 대표는 "'진보'란 개념은 확장이 아니라 변질이 되었다. 그러나 이걸 바꿔내기엔 현실은 너무나 어렵다. 차라리 이제 진짜 진보는 '진보'란 단어를 바꾸어, 분명하게 '사회주의'를 지향해야 하지 않을까 싶다"고 말했다.

오랫동안 미국 민주당 성향을 뜻하는 '리버럴'을 어떻게 번역하는 게 적절한지 논란이 있었다. '자유주의자'로 번역하는 게 일반적이지만 '진보주의자'로 번역하기도 했다. 노 전 대통령도 "진보주의와 자유주의가 자꾸 혼동이 되고, 미국에서는 영어로 '자유주의liberalism'일 텐데 우리나라에서는 그걸 '진보주의'로 번역한 것도 있다"고 말했다. 2017년 탄핵 촛불과 문재인 정부를 거치며 이런 혼동은 사라져버렸다. 노 전 대통령이 말했던 진보가 사실은 미국의 리버럴 개념에 가장 가까운 것이었다. 사회주의를 거부하면서 '분배와 정의'를 위한 국가의 적극적인 역할을 옹호하는 것이 루스벨트가 세운 미국 민주당의 '진보주의liberalism'고, 노 전 대통령이 『진보의 미래』에서 말했던 노선도 바로 이것이었다.

노무현은
왜
단병호 앞에서
마음이 복잡했을까?

청와대와 민주노총의 '네덜란드 모델 보고서'

1999년 3월 민주노총의 정책 담당자 몇 명이 네덜란드를 방문했다. 네덜란드 노총FNV과 우리나라 노사정위원회 모델인 사회경제이사회 SER를 돌아보고 온 뒤 집행부에 보고서를 제출했다. 결론에 '네덜란드 모델이 노동조합 전략에 주는 시사점'이란 부제가 붙은 보고서엔 이런 내용이 담겼다.

"1970년대 이후 네덜란드 노총은 노조 조직률의 지속적 하락이라는 문제에 직면했다. 노동 환경 변화로 파트타임 노동자들은 계속 늘어나는데, 노총은 파트타임 노동에 반대하며 이들을 외면했다. 결국 네덜란드 노총은 파트타임 노동자의 노동조건과 사회보장을 풀타임 노동자와 동일하게 보호하는 정책을 채택하고 이들을 적극적으로 조직화하는 쪽으로 전략을 바꾸었다. 1970년 40%에서 1985년 21%까지 떨어졌던 노조 조직률은 1998년엔 29%까지 회복되었다.……우리나라도 비정규 노동자가 이미 정규 노동자와 맞먹는 규모로 늘어났지만 이들의 조직화에 가장 핵심적인 걸림돌은 노동조건에서 이들이 정규직에 비해 엄청난 차별을 받고 있다는 것이다."

이 보고서를 쓴 주진우 민주노총 조사통계부장(현재 서울시사회서비스원 대표)은 "그때 네덜란드 상황을 보고 정규직 노조 중심의 우리에게도 곧 닥칠 문제라는 강한 예감을 받았다. 특히 네덜란드엔 파트타임 노동자 수가 많았는데, 노동시간에 따른 임금 차이만 있을 뿐 풀타임 노동자에 비해 어떠한 차별도 없는 점이 인상적이었다. 그래서 노동 형태 변화에 대응하고 비정규직 노동자의 조직화가 시급하다는 내용의 보고서를 썼다. 벌써 20여 년 전 일이다"고 말했다.

네덜란드에서 영감을 얻은 건 노조만이 아니다. 정부도 그랬다. 네덜란드는 1982년 임금 동결과 일자리 확대를 맞바꾸는 사회적 대타협인 '바세나르 협약Wassenaar Agreement'으로 유명했다. 당시 고물가·고임금·고실업의 악순환에 빠져 있던 네덜란드는 임금 삭감과 노동시간 단축, 파트타임 일자리 확대를 통한 고용 증대, 비효율적 복지제도 개혁을 핵심으로 하는 바세나르 협약을 노·사·정이 체결해 반전의 계기를 마련했다. 이후 실업률은 1984년 14.2%에서 1991년엔 7%로 떨어졌고 고용 증가율은 연평균 2%로 유럽연합 평균(0.7%)을 훨씬 넘어섰다. 2005년 노동계와 갈등으로 어려움을 겪던 노무현 대통령은 '선진국의 노사관계 개혁 사례를 연구해 보고하라'고 노동비서관실에 지시했다. 그렇게 작성된 게 네덜란드 사례 보고서였다.

청와대와 민주노총 보고서는 강조점이 다르다. 민주노총 보고서가 노조의 조직 확대와 사회적 역할에 초점을 맞추었다면, 청와대 보고서는 '대타협을 가능케 한 정부의 일관된 정책과 주도적 역할'에 주목했다. 눈에 띄는 건 양쪽 모두 타협의 중요성을 강조한 부분이다. 청와대 보고서는 "네덜란드 사회적 대타협 과정에서 대립 상황을 자연스럽게 받아들이면서 '타협이 최선Something is better than nothing'이라는 공동 인식과 노력이 정치·경제 구조를 안정시키는 원동력이 되었다"고 썼다. 민주노총 보고서는 "네덜란드 모델은 네덜란드 전통과 관행의 제도적 표현이다. 다만, 위기가 있다면 극복을 위해 협력하는 게 싸우는 것보다 낫다는 사실이 중요하다고 네덜란드 노사는 생각한다. 이런 모델이 성립하기 위해서는 노·사·정 각 주체의 협력과 신뢰가 전제되어야 한다"고 적었다.

진보정권과 노동계의 불화

진보정권과 민주노총 모두 '네덜란드 모델'에 주목한 지 20년이 흘렀다. 그러나 바뀐 것은 없다. 김대중·노무현 정부 시절 갈등이 심해진 진보정권과 노동계는 문재인 정부 들어와서도 사회적 대화와 타협에서 한 치의 진전을 이루지 못했다. 2021년 9월 경찰이 양경수 민주노총 위원장을 구속한 건 상징적이다. 민주노총은 10월에 '1일 총파업 투쟁'으로 대응했다. 대화가 끼어들 틈은 없어 보인다.

왜 진보정권과 노동계는 불화하는 걸까? 보수정권에서 노·정의 격한 충돌은 정책 지향의 근본적 차이에서 비롯되는 측면이 크다. 그러나 '노동과 복지'를 중시한다는 진보정권 아래서도 정부와 노동계는 대화마저 쉽지 않은 갈등 관계를 지속하고 있다. 이건 단순히 노·정 갈등으로 끝나지 않는다. 사회경제 개혁을 위한 핵심 사안에서 의미 있는 진전을 가로막는다. '노동 존중 사회'나 '복지국가'라는 목표는 진보정권과 노동계의 협력 없이는 실질적 성과를 거두기 어렵다.

노·정 대화와 협상에 참여한 적이 있는 인사들은, 진보정권과 노동계의 서로에 대한 엇갈린 감정이 미묘하지만 중요한 간극을 만든다고 말한다. 노무현·문재인 두 대통령은 노동인권 변호사로서 1980~1990년대 민주노총 핵심 인사들을 변호하고 현장에서 함께 투쟁한 사람이다. 2003년 9월 30일 노 대통령과 민주노총 지도부 오찬은 관계의 변곡점에 놓인 양쪽의 생각과 정서를 잘 보여준다. 이 자리에서 노 대통령은 이렇게 말했다.

"나로서는 여러 가지 마음이 복잡합니다. 옛날엔 민주노총 가까이서 지지도 하고 개별적으로 도움 주기도 하고 노래도 같이 부르고 했습니다. 지금은 상황이 이렇게 바뀌었습니다. 때때로 대립하기도

하면서 참 어렵다고 생각합니다. 외부적으로 벌어지는 상황이 어렵기도 하지만 스스로 마음을 감당하기가 어렵습니다."

이에 단병호 민주노총 위원장은 이렇게 답했다.

"대통령님, 무례하다고 하지 마십시오. 노무현 정부 출범 때 김금수 노사정 위원장에게 '저는 인간 노무현을 신뢰하고 존중합니다. 그러나 권력의 정점에 오른 노무현은 신뢰하기 어려울 겁니다'라는 이야기를 한 적이 있습니다."

청와대 노동비서관으로 그 자리에 배석했던 권재철은 "그건 역으로 단 위원장에게도 적용되는 말이었다. 현장 노동자였던 단병호와 민주노총 위원장인 단병호가 똑같을 수 없다. 그런데 서로 달라진 걸 인정하지 않으려 했다. 정치권과 노동운동권에서 두 사람 모두 성장과 변화를 겪었는데, 상대를 여전히 과거 노동 현장에 함께 있던 그 사람으로 생각했다. 노 대통령은 노동 현장에 애정이 깊었지만, 한편으론 과거 노동운동을 보았던 시각으로 현재의 노동계를 대한 측면이 있었다. 노동계 역시 노 대통령을 그렇게 대했다. 대통령으로서의 고민은 고려하지 않고 '변했다'고만 비판했다"고 말했다.

그러다 보니 진보정권과 노동계는 철저하게 '기브 앤드 테이크'로 갈 수밖에 없었다. 보수정권과는 타협의 여지가 별로 없으니 '투쟁과 대결'이 기본 구도다. 진보정권과 노동계는 그래도 서로 주고받을 게 있을 것처럼 보인다. 그런데 '기브 앤드 테이크'는 충분히 만족할 만한 걸 손에 쥘 수 있을 때에만 성립한다. 내가 먼저 상대방에게 주면 나중에 돌려받을 수 있으리란 믿음, 10개 현안 중 핵심적인 2개에 합의하지 못해도 나머지 8개를 우선 받아들이려는 생각은 손쉽게 배척되었다.

김명환 전 민주노총 위원장은 이렇게 말했다. 그는 코로나19 사태로 비정규직과 자영업자들의 생존이 위기에 몰린 2020년 7월 '코로나19 극복을 위한 노사정 합의안'을 체결하려다 민주노총 내부의 반대로 무산되자 위원장직을 사퇴했다.

"어차피 정권은 5년 유한하지만, 노조는 지속되어야 한다, 그러니까 정권에 너무 가까이 가면 안 된다는 생각을 노총 내부에선 갖습니다. 진보정권이라도 정권과 가까워지면 노조의 개량화, 체제내화가 급속히 진행될 거란 우려가 있는 겁니다. 그런 연장선상에서 사회적 대화, 사회적 교섭주의와 싸워야 한다는 주장이 나옵니다. 여기에 '저항'이란 화두에 모든 역량을 배치해온 오랜 역사적 경험이 쌓여 있다 보니 진보정권이 만든 상대적으로 진전된 틀을 최대한 활용하자는 실용적 접근을 하기가 쉽지 않습니다."

민주노총의 또 다른 핵심 간부는 진보정부에 믿음을 갖기 어려운 이유를 노조 시각에서 이렇게 설명했다.

"김대중 정부나 노무현 정부나 문재인 정부나 예외 없이 집권 1~2년이 지나면 노동정책이나 법·제도 개선 문제에서 거의 다 후퇴를 합니다. 처음엔 노동 친화적 정책과 제도를 세웠다가도 정권 중반기부터 후퇴하니까, 충돌과 갈등이 일어날 수밖에 없어요. 집권 후반기로 갈수록 자본의 요구에 굴복하고 노동은 적절하게 관리만 한다는 생각이 드는 거죠."

노조를 '적절한 관리 대상'으로 보다

진보정권이 노조를 변화의 파트너가 아닌 적절한 관리 대상으로 본다는 생각을 실제 청와대와 정부를 상대해본 김명환 전 위원장 역시 자주 느꼈다고 한다. 그는 "가령 청와대와 현안을 논의하다 어느 정도 정리가 되면 노동부 등에 맡기고 청와대는 빠진다. 그 이후엔 '상황 관리'가 된다는 생각을 하는 거다. 또 정부는 하나하나씩 주고받기를 하자는 식인데, 이건 노조 간부들에겐 정권과 거래를 한다는 느낌을 준다"고 말했다.

이런 정서가 피어나는 걸 정부 탓으로만 돌릴 수는 없다. '절반의 타협' 또는 '미완의 승리'에 익숙하지 않고 오직 '완전한 승리'만 추구해온 노동운동의 경험은 정부나 제3자가 보기엔 배타적이고 일방적일 수밖에 없다. 이남신 서울노동권익센터 소장은 "거기엔 노동 쪽의 책임도 있다. 핵심 요구가 관철되지 않으면 불완전한 타협은 할 수 없다고 하니까, 정부로서도 노·정이 파트너로서 어려움을 함께 넘어서려는 생각은 사라진다"고 말했다.

노동계와 협력이 이루어지지 못하자, 노무현 정부는 전체의 90% 가까운 미조직 노동자들의 이익을 보호하기 위한 입법과 정책을 추진하는 쪽으로 방향을 잡았다. 민주노총·한국노총과는 긴장과 대립을 감수했다. 2003년 8월 29일 노 대통령과 이남순 한국노총 위원장의 만남에서 두 사람이 나눈 대화는 그런 기류를 드러낸다.

이남순 위원장이 "대통령이 그러시니까 정치권에서도 노동계를

노무현은 왜 단병호 앞에서 마음이 복잡했을까?

홀대하는 거 같고 경영계가 가세하고 언론이 받아서 비난하고……, 우리로서는 총공세를 당하는 기분입니다"고 말했다. 그러자 노 대통령은 "기본적으로 투쟁성이 강한 대기업 노조의 운동 방식과 경향은 용납하지 않겠다는 겁니다. 그 대신 비정규직, 교섭력이 약한 중소기업 노동자 문제 등에 오히려 정책을 집중하고 적극적인 대책을 세워나가려고 합니다"고 대답했다.

노 대통령의 직설적인 어법은 노동계의 마음을 더욱 할퀴었다. 이남신 소장은 "노 대통령은 정규직 노조가 투쟁 성과로 높은 임금을 쟁취했는데도 그걸 밑으로 흘려서 비정규직·중소기업 노동자들과 연대를 이루지 못했다는 생각을 가졌던 것 같다. 그건 분명히 맞는 측면이 있다. 한전 등 몇몇 공공 부문을 빼면 대공장 노조는 거의 다 민주노총 소속이다. 상위 소득 10% 안에 드는 노동자 중에 민주노총 조합원이 가장 많다. 오랫동안 민주노조운동에 헌신했던 어느 조합원이 이런 이야기를 하더라. '민주노조를 위해 열심히 싸웠는데 어느 날 돌아보니 내가 죽일 놈이 되어 있더라.' 그 조합원이 뭘 그리 잘못했겠나. 매년 회사와 임단협 교섭해서 임금 올리고 그랬던 건데. 그런데 문제는 이게 낙수효과 없이 대기업 사업장의 정규직에 국한해서 임금이 계속 올라간 것이다. 그 점에서 민주노총은 비정규직과 영세사업장, 여성, 청년들에 관한 의제를 발굴하는 걸 넘어서, 노동자 내부의 임금·복지 격차를 줄이는 데 힘을 집중했어야 했다. 2000년대 초부터 그런 주장이 민주노총 내부에서 제기되었는데, 구두선이 되어버렸다"고 말했다. 그는 여기에 이렇게 덧붙였다. "그런데 노조는 기본적으로 대중조직이고 이익단체다. 이걸 이해하면서 연착륙을 시도했어야 하는데 노무현 정부는 그러질 못했다."

　문재인 대통령은 노 전 대통령만큼 정규직 노조와 민주노총을 직접적으로 비판하지 않았다. 참여정부 때 청와대 민정수석으로 정부와 노동계 충돌의 여파를 몸으로 겪었기 때문이다. 참여정부 이후 9년간의 보수정권 경험은 노동계도 변화시켰다. 과거와 달리, 한국노총은 물론이고 민주노총도 문재인 정부와의 충돌을 부담스러워했다. 양쪽 모두 조심스러웠지만 이것이 사회적 대화와 타협으로 이어지지는 못했다. 여전히 진보정권과 노동계는 갈등 속에, 10년 전에 비해 한 걸음도 앞으로 나가지 못한 게 우리 사회가 마주한 현실이다.

노무현은 왜 단병호 앞에서 마음이 복잡했을까?

문재인이 뉴딜을
코로나 시대에
불러낸 이유

문재인의 '한국판 뉴딜'

2020년 7월 14일 정부가 문재인 대통령 주재로 국민보고대회를 열어 '한국판 뉴딜'을 추진하기로 한 것은 눈여겨볼 만했다. 문재인 대통령은 이 자리에서 한국판 뉴딜을 '선도 국가로 도약하는 대한민국 대전환 선언'이라고 규정하며, "추격형 경제에서 선도형 경제로, 탄소 의존 경제에서 저탄소 경제로, 불평등 사회에서 포용 사회로 대한민국을 근본적으로 바꾸겠다"고 밝혔다.

정부는 디지털·그린 경제를 목표로 2025년까지 5년간 160조 원을 투자하고 일자리 190만 개를 만들겠다는 청사진을 내놓았다. 물론 야심찬 경제계획이 그에 걸맞은 성과로 기록되는 경우는 그리 많지 않다. 과거 김영삼 정부가 내세운 '신경제 100일'부터 가까이는 이명박 정부의 '747 프로젝트', 박근혜 정부의 '경제혁신 3개년 계획'까지 역대 정부는 예외 없이 장밋빛 성장 담론을 제시했지만, 지금 이를 기억하는 국민은 거의 없다.

한국판 뉴딜을 봐도, 일자리 190만 개가 새로 생긴다는데 이게 구체적으로 어디서 어떻게 생긴다는 건지는 알 수 없다. 아마도 투입 예산에 취업유발계수EIC를 곱해서 산출한 수치일 텐데, 정부 재정 지출이 기업 투자를 줄이는 구축효과驅逐效果, crowding-out effect라든지 다른 부문의 일자리 감소분까지 고려한 건 아닐 게 분명하다. 가령, 그린 뉴딜의 측면에서 전기차 또는 수소차 생산을 늘린다면 그 부문 일자리는 늘어나겠지만 반대로 내연기관 자동차 소비는 줄어들어 이와 관련한 수많은 부품업체는 타격을 받을 수밖에 없다. 일자리 190만 개라는 수치엔 이런 그림자가 숨어 있다.

그럼에도 한국판 뉴딜에 주목했던 건, 이것이 문재인 정부 집권 후반기의 최대 국정 운영 어젠다였기 때문이다. 뉴딜이란 이름이 붙은 것도, 20세기 미국 사회를 뒤바꾼 루스벨트 대통령의 뉴딜 정책을 연상케 했다. 정치적으로 한국판 뉴딜은 여당인 민주당이 2020년 4월 총선에서 압승을 거둔 지 석 달 만에 공식화했다. 경제적·사회적으론 코로나19 사태가 전 세계를 강타하고 부동산 가격 상승으로 자산 불평등이 심해지는 시기에 나왔다.

이호승 당시 청와대 경제수석은 "코로나19로 인해 모든 나라가 위기 극복과 미래 대비를 위한 경쟁 상태다. 피할 수 없다면 먼저 움직여야 한다. 디지털과 그린 없이는 개인, 기업, 국가의 생존이 어렵다는 공감대가 있다"고 말했다.

임기를 불과 2년도 남기지 않은 문재인 정부가 한국판 뉴딜의 기간을 2025년까지로 잡은 건, 차기 정부에서도 이런 방향의 성장 전략은 불가피하다고 판단했기 때문일 것이다. 한국판 뉴딜 정책의 입안과 실행에 참여했던 정부 고위 관계자는 "디지털과 함께, 탄소 제로 등 환경을 우선하는 정책은 우리나라 신성장 동력의 핵심일 수밖에 없다. 비록 이름(한국판 뉴딜)은 바뀔지 몰라도, 차기에 누가 정권을 잡든 이 방향을 바꿀 수는 없을 것이다"고 말했다.

한국판 뉴딜을 모든 정권이 대통령 선거가 가까워오면 채택하는 성장 전략의 하나로만 의미 부여를 하고 그에 걸맞게 실행을 하는 건 안타까운 일이다. 문재인 대통령은 '불평등 사회에서 포용 사회로 전환'을 한국판 뉴딜의 한 축이라고 밝혔지만, 시간이 갈수록 이 부분은 옆으로 밀려났다. 사회를 바꾸는 개혁 프로그램으로서 '뉴딜'의 의미는 반감되어버렸다. 코로나19로 인해 자영업자와 비정규직의 고통이 심해지고 부동산 가격 폭등으로 자산 격차가 극심해지는 시기가 바로 불평등과 격차 해소를 위해 한국 사회의 방향을 새롭게 모색할 시점이라는 건 분명했다. 뉴딜이란 이름이 상징하듯, 2020년대 한국에서 1930년대의 미국을 읽는 건 그래서 의미가 있었다.

디지털 뉴딜은 데이터댐을 만드는 것이다

미증유의 재난(대공황)에 처했던 미국처럼, 2021년의 한국도 코로나 19라는 전례 없는 도전에 직면해 있다. 정부 역할을 강화해서 실직과 생존의 벼랑에 몰린 수많은 국민을 구해야 한다는 점도 비슷하다. 루스벨트 정부가 노동집약적 산업 대신 자본집약적이고 국제경쟁력이 있는 산업을 지원했듯이, '디지털·그린'과 같은 새로운 성장동력에 눈을 돌리는 건 어쩌면 당연했을 것이다. 그렇게 정부는 코로나19 이후 경제 재건과 성장의 지렛대로 한국판 뉴딜을 상정하고 있는 것처럼 보였다.

중요한 건, 1930년대 대공황 시절 미국에서 추진한 뉴딜이란 이름을 거의 한 세기가 지난 지금 한국에서 되살린 의미를 정부가 제대로 인식하고 있는지였다. 문재인 대통령은 2020년 6월, 데이터·인공지능 전문기업을 방문한 자리에서 한국판 뉴딜을 후버댐 대신에 데이터댐을 만드는 것이라고 비유했다.

"왜 '한국판 뉴딜'이라고 부르느냐. 아시다시피 원 뉴딜은 세계 대공황 시대 미국의 루스벨트 대통령이 위기 극복을 위해 채택했던 정책이다. 대표적인 것이 후버댐이다. 공사 과정에서 많은 일자리가 만들어지고, 물을 활용하는 많은 관련 산업들이 생겨나게 되고 거기서 산업이 부흥하면서 일자리들이 생겨났다. 이제는 이런 대규모 토목사업을 할 수는 없다. 우리가 하고자 하는 건 앞으로 디지털 경제의 기반이 되는 데이터 활용을 최대한 활성화하기 위한 이른바 '데이터댐'을 만드는 것이다. 후버댐을 통해 했던 미국의 정책과 유사하면서도 확연히, 말하자면 시대에 따라 달라진 그런 모습을 볼 수 있을 것이다."

그러나 후버댐 건설로 상징되는 대규모 경제 부흥 사업이 뉴딜의 본질은 아니다. 100년 가까이 지난 지금도 전 세계 수많은 정치인이 '뉴딜'을 차용하는 건, 그것이 소외된 사람들의 삶을 바꾸겠다는 담대한 사회개혁 약속이었기 때문이다. 노동자, 여성, 흑인, 이민자 등 '잊힌 사람들forgotten people'에게 기본권을 보장해, 스스로 권익을 신장시킬 수 있게 하려는 시도였기 때문이다.

1950년대 이후 수십 년 동안 지속된 '풍요롭고 개방적인 미국'의 토대를 닦은 게 뉴딜이었다. 사회개혁 프로그램으로 보지 않고 투자와 성장 정책으로만 접근하면, 국민과의 '새로운 약속New Deal' 의미는 반감되고 성과는 제한적일 수밖에 없다. 과거 정부들이 임기 후반기에 내놓은 수많은 성장 정책처럼 그렇게 국민의 기억에서 잊힐 가능성이 높다.

물론 정부는 한국판 뉴딜의 일환으로 사회안전망 강화에 많은 노력을 쏟았다고 밝혔다. 고용보험 확대가 대표적이다. 2020년 12월부터 예술인 6만여 명이 새로 고용보험에 가입했다. 2021년 7월부터는 12개 직종의 특별고용(특고)·플랫폼 노동자들에게 고용보험이 적용되었다. 의미 있는 변화지만, 이것만으론 부족하다. 1930년대 뉴딜 개혁 입법의 핵심은 노동자에게 단결권과 단체교섭권을 보장한 것이었다. 지금도 노동 형태의 변화로 인해 수많은 특고·플랫폼 노동자와 간접고용 노동자가 노동법 사각지대에 놓여 있다. 전통적 노동자의 개념을 확장해서 법의 울타리 밖에서 일하는 이들을 포용하고, 자영업자들까지도 사회안전망의 틀 안으로 끌어들이는 게 필요한 시대인 것이다.

이를 위해선 양대 노총을 비롯한 노동계와 협력이 절실했지만, 사회적 대화 기구는 성과를 거두지 못했다. 정부는 어쩔 수 없이 정규직 중심의 노동조합을 우회해서 직접 비정규직과 미조직 노동자를 구제하겠다는 생각을 했지만, 그 한계는 뚜렷하다. 어쨌든 비정규직의 조직화와 노동3권 보장에 훨씬 열성적인 세력은 자본이 아니라 기존 노동조합들이기 때문이다.

뉴딜은 정치 전략이자 기획이다

더 중요한 건, 뉴딜을 추진하면서 문재인 대통령이 직접 국민에게 밝히고 설득하고 지지를 확산시키려는 노력을 찾아보기 힘들었다는 점이다. 루스벨트의 뉴딜은 수많은 한계를 지녔지만, 끊임없이 국민과 소통하고 국민을 설득한 점만은 높이 평가할 만하다. 루스벨트는 왜 뉴딜이 필요한지 국민에게 끊임없이 설명해서 지지를 넓혔다. 미국 정치사에서 전무후무한 대통령 4선은 그렇게 가능했다.

디지털 분야에서 청년 일자리를 창출하고, 플랫폼 노동자에게 자신을 지킬 수 있는 권리를 보장하고, 자영업자를 사회안전망에 편입하는 건 뉴딜의 핵심일뿐더러 수많은 국민에게 가장 절실한 삶의 문제이기도 하다. 그러나 한국판 뉴딜에서 경제와 사회개혁, 이 둘을 연결하는 소통과 설득은 찾아보기 어렵다. 이래서는 루스벨트가 뉴딜을 통해 광범위한 사회적 연대를 만들어내 미국 사회를 바꾸고 보수 우위의 정치 구도를 뒤바꾸었듯이, 한국에서도 그런 변화를 기대하긴 힘들어 보인다.

대공황의 수렁에 빠진 미국 경제를 되살린 게 뉴딜인지 아니면 제2차 세계대전인지는 아직도 논란이 분분하다. 그러나 경제적 평가와 별개로, 루스벨트 시대를 거치며 미국 사회가 근본적으로 재편된 것은 분명하다. 뉴딜의 진정한 유산은 바로 이것이다. 뉴딜은 말 그대로 과거와는 전혀 다른 '새로운 대응을 국민에게 약속한' 것이다. 한 세기 전의 뉴딜을 굳이 2020년대 한국에서 다시 불러낸 건, 그 내용은 달라도 변화의 지향점은 그때나 지금이나 비슷하리라는 믿음에서였을 테다.

뉴딜이 미국 사회와 정치를 어떻게 바꾸었는지를 다룬 크리스티 앤더슨의 『진보는 어떻게 다수파가 되는가』는 2019년 국회의원이던 이철희(현재 청와대 정무수석)에 의해 번역되어 국내에 소개되었다. 이철희 전 의원은 이 책을 번역한 의도를 「옮긴이 해제」에서 이렇게 밝혔다.

"한국에서 빈번히 인용되지만 늘 오해되고 있는 단어가 바로 '뉴딜'이다.……'뉴딜'은 공공근로를 통한 대규모 공익사업으로 이해되곤 한다.……그러나 뉴딜은 진보를 표방한 정치 세력이 다수 연합을 형성하는 데 성공하고, 그 결과 큰 변화를 이루어낸 정치 전략이자 기획으로 이해되어야 한다.……민주주의는 정치를 통해 세상을 바꾸는 것이기 때문이다."

빈번히 오해를 받은 단어 '뉴딜'은 문재인 정부에서 '한국판'이란 새 옷을 입었지만, 사회 변화를 이루어내려는 본래의 목적에선 여전히 멀어져 있는 것처럼 보인다. 정치적·경제적으로 루스벨트의 뉴딜과 비슷한 환경에서 한국판 뉴딜은 시작되었지만, 그 결과는 전혀 다를 수 있음을 예감하게 하는 지점이다. 먼 훗날 정치학자들이 문재인 정부의 공과를 평가할 때 한국판 뉴딜은 어느 정도의 의미를 지닌 정책으로 자리매김될지, 루스벨트의 뉴딜과 이름뿐만 아니라 유산도 비슷했다는 평가를 받을지 궁금하다.

'선출된 권력'을
어디까지
비판할 수 있는가?

'선출된 권력'과 '선출되지 않은 법관'

민주당이 고위공직자범죄수사처법(공수처법)을 입법하기 전인 2019년 10월, 국회 의원회관에서 금태섭 당시 국회의원을 만난 적이 있다. 금태섭 의원은 공수처 설치를 일관되게 반대해왔다. 그날도 금태섭 의원은 공수처법 표결에 찬성표를 던질 수 없는 이유를 설명했다. "검찰의 수사권과 기소권을 완전히 분리해야지, 이 둘을 함께 갖는 공수처를 설치하는 건 또 다른 옥상옥일 뿐"이라고 말했다.

일리 있는 주장이다. '공수처는 오랫동안 검찰개혁의 상징처럼 여겨졌다. 몇 달 뒤에 총선인데, 입법에 찬성하지 않으면 경선에서 어려움을 겪을 수 있다'는 지적에, 금태섭 의원은 "그런 어려움은 감수해야죠"라고 답했다. 그 이후 전개 과정은 우려한 대로 되었다. 소신을 꺾지 않은 정치인 금태섭은 당내 경선에서 패배했고, 민주당을 탈당해 새로운 정치적 모색을 하고 있다.

무엇이 문제일까? 공수처가 검찰개혁의 옳은 방향이 아니라는 금태섭 의원의 생각이 잘못인가, 아니면 그런 금태섭 의원을 포용하지 못한 민주당의 편협함이 문제인가? 정답은 분명해 보인다. '민주당은 합리적 이견을 가진 사람을 포용하는 게 당의 외연을 넓히는 데 도움이 되었을 것이다. 또한 금태섭 전 의원은 중요한 표결에서 당원의 뜻을 반영하지 못했으니 당내 경선에선 그에 걸맞은 불이익을 감수할 수밖에 없다.'

둘 다 틀린 이야기가 아니다. 하지만 현실은 그렇지가 못하다. 개별적으론 일리 있는 주장들이 현실 정치에선 종종 첨예하게 대립한다. 민주주의는 이런 대립적 사안의 최종 결정권을 국민에게 맡기는 제도다. 어떤 게 전적으로 옳기 때문이 아니라 다수가 선택했기에 일단 믿고 따르자는 게 대중민주주의의 작동 원리다. 경선에서 탈락하고 민주당을 탈당한 금태섭 전 의원의 행동이 어떤 평가를 받을지는 2022년 3월 대선 이후에나 드러날 것이다.

비슷한 딜레마는 곳곳에서 드러난다. 검찰총장이던 윤석열을 제1야당의 대선후보로 밀어올린 직접적인 계기는 추미애 법무부 장관의 윤석열 검찰총장 징계였다. 물론 윤석열 검찰총장이 정치를 하기 위해 의도적으로 추미애 장관과 갈등을 증폭시켰다는 민주당 지지층의 시각은 일리가 있다. 하지만 이런 논란이 윤석열에게 '정권의 핍박을 받는다'는 이미지를 덧씌워, 유례없는 현직 검찰총장의 정치권 직행 명분을 만들어준 것도 사실이다.

문재인 대통령은 법무부 장관이 올린 정직 2개월 징계안을 재가했고, 윤석열 검찰총장은 이에 반발해 법원에 징계처분 효력정지 가처분신청을 냈다. 법원은 징계 절차상의 미흡함을 이유로 가처분신청을 받아들였다. 뜨거운 논란이 일었다. 한쪽에선 '선출된 권력(대통령)의 일반적 행정 행위를 선출되지 않은 법관이 제어하는 게 옳은가?'라고 말했다. 다른 한쪽에선 '그런 주장이 법치주의와 삼권분립을 무너뜨린다. 민주독재다'라고 주장했다. 어느 쪽이 옳은가? 그러나 정작 이 논쟁에서 국민의 뜻은 너무 소홀히 다루어졌다. '선출된 권력'이 만능일 수는 없지만, 이에 대한 과도한 비판과 조롱은 대통령제라는 정치제도에 심각한 타격을 줄 수 있다는 점을 의도적으로 눈감고 있는 것처럼 보였다.

2020년 12월 법원이 윤석열 검찰총장 징계처분 효력정지 가처분신청을 받아들인 직후, 야당 쪽의 공수처장 후보 추천위원 2명이 법원에 후보 추천 무효를 주장하는 소송을 낸 것은 상징적인 사례다. 이 소송의 목적은 문재인 대통령이 지명한 김진욱 초대 공수처장 후보자 임명을 가로막겠다는 것이었다. 임기제 검찰총장의 징계 논란은 이렇게 대통령 인사권 하나하나까지 법적·절차적 문제를 제기하며 무력화하려는 시도로 이어졌다. '선출된 권력'의 잘잘못을 최종적으로 '국민의 평가' 곧 선거에 맡기지 않고, 사법부 결정에 따라 제어

해야 한다는 시각은 과연 바람직한 것일까?

"국민의 마음을 얻는 게 전부다"

일부에선 헌법재판소의 박근혜 대통령 탄핵 심판을 예로 들며, '선출된 권력'을 물러나게 한 건 '선출되지 않은' 헌법재판관들이 아니었느냐고 반문한다. 그러나 2016년 가을부터 겨울까지 광장을 가득 메운 수많은 촛불이 없었다면, 과연 헌법재판소가 박근혜 대통령 탄핵 결정을 내렸을지 의문이 든다. 국민의 뜻이 대규모 촛불시위로 표출되지 않았다면, 아마도 박근혜 대통령에 대한 정치적 평가는 2017년 12월에 치러지는 대통령 선거를 통해 판가름 났을 것이다. 그리고 그게 정상적 절차였다.

'선출된 권력'에 대한 사법부 또는 입법부의 대응이 제한적이라는 점은 2004년 노무현 대통령 탄핵 사태를 봐도 알 수 있다. 선거 중립 의무 위반 등을 이유로 한 국회의 대통령 탄핵소추는 국회의원 3분의 2 이상의 찬성을 얻어 '적법'했다. 그러나 헌법재판소는 국회의 탄핵소추를 받아들이지 않았다. 이런 헌법재판소 결정을 광범위한 국민의 탄핵 반대 시위, 탄핵을 주도했던 한나라당의 총선 참패와 떼어놓고 보긴 어렵다. 두 차례 대통령 탄핵소추에 대한 헌법재판소의 엇갈린 결정이 순수하게 법적 논리에 의해서 이루어졌다고 본다면, 너무 순진한 생각이다.

에이브러햄 링컨Abraham Lincoln 대통령의 "국민의 마음을 얻는 게 전부다"라는 유명한 말은 바로 이 점을 꿰뚫고 있다. 링컨은 대통령이 되기 전인 1858년, 민주당 상원의원 스티븐 더글러스Stephen Douglas와 노예제도에 관한 논쟁을 일곱 차례 벌였다. '흑인 노예와 그 후손은 미국 시민이 아니다. 연방정부는 주정부의 노예제도를 금지할 권리가 없다. 정당한 법 절차 없이 주인에게서 노예를 빼앗을 수도 없다'는 1857년 미 연방대법원 판결이 논쟁의 핵심이었다. 링컨은 더글러스가 노예제 자체의 선악을 논하기보다는 오로지 연방대법원 판결에만 기대 노예제를 옹호한다고 비판했다.

링컨은 '대중이 노예제에 찬성하지 않는 순간, 노예제는 사라질 것'이라며 국민의 마음을 얻는 게 판결보다 중요하다고 말했다. "국민의 마음(민심)이 전부다. 국민의 마음을 얻으면, 못할 게 없다. 이걸 잃으면 할 수 있는 게 없다. 고로 국민의 마음을 움직일 수 있는 자가 법을 제정하거나 판결을 내리는 자보다 중요하다."

미국 대통령제 정착에 기여한 이들이 입법부 또는 사법부와 '대통령 권한'을 놓고 충돌한 과정을 살펴보는 건 흥미롭다. 현대 대통령제(이른바 '제왕적 대통령제')의 기반을 닦은 루스벨트는 연방대법원이 뉴딜 법안에 잇따라 위헌 판결을 내리자, 대법관 수를 두 배로 늘리고 대법관 구성 권한을 대통령에게 주는 '대법원 개혁'을 추진했다. 대법원이 미국민의 요구를 따라가지 못하고 시대에 뒤떨어진 구질서를 옹호한다는 이유에서였다.

그의 구상은 '삼권분립 원칙을 훼손하고 견제와 균형이라는 민주주의 토대를 약화시킨다'는 의회 반발에 부닥쳐 무산되었지만, 밑바탕엔 링컨과 비슷한 인식이 깔려 있다. 헌법이든 대법원 구성이든, 최종 결정권한은 국민에게 있다는 생각이다. 국민에게 권한을 위임받았다고 해서 무엇이든지 해서는 안 되겠지만, 격렬한 논쟁의 사안은 결국 국민의 뜻을 물어 결정할 수밖에 없다는 뜻이다.

국민이 선택하기 때문에 민주주의가 낫다

'선출된 권력'이 항상 옳지는 않다. 히틀러나 트럼프가 그렇다. 1932년 7월 독일 총선에서 히틀러의 나치당(정식 명칭은 국가사회주의 독일노동자당이니 얼마나 역설적인가?)은 37.4%, 1,370만 표를 얻어 국회 제1당으로 올라섰고, 이듬해인 1933년 히틀러는 총리에 임명되었다. 미국 민주주의를 위기에 빠뜨린 도널드 트럼프의 집권도 합법적 선거에 따른 것이었다. 그러나 집권 이후 수백만 명의 인종 학살을 자행한 히틀러와 무장 시위대가 워싱턴 의사당을 점거하도록 부추긴 트럼프를 '선출된 권력'을 비하하는 근거로 활용하는 건 논리의 비약이다.

'선출된 권력'을 폄하하려는 시도가 겨냥하는 건 분명해 보인다. 유례없는 촛불시위와 보수 대통령의 탄핵을 거쳐 탄생한 진보정권에 정치적 공격을 가하기 위해선, '아무리 선출된 권력이라도 문제가 있다면'이라는 전제가 필요한 것이다. 그래서 보수 쪽의 '선출된 권력' 비판 리스트엔 히틀러와 트럼프만 있는 게 아니다. 1970년 칠레 대선에서 승리한 살바도르 아옌데Salvador Allende 대통령과 1998년 집권한 베네수엘라의 우고 차베스Hugo Chavez 대통령도 종종 등장한다.

칠레의 아옌데 정권은 냉전이 한창이던 1970년, 미국 회사 소유의 구리광산 국유화와 농지개혁을 내걸고 집권했지만, 미국과의 관계 악화로 경제가 어려워지면서 1973년 9월 아우구스토 피노체트 Augusto Pinochet의 군부쿠데타로 결국 붕괴했다. 아옌데는 대통령궁에서 쿠데타군과 끝까지 싸우다 숨졌다. 칠레 아옌데 정권은 '합법적으로 선출된 민주정부'가 외세와 결탁한 군부에 의해 어떻게 무너지는지를 보여주는 좋은 사례다.

비난하려면 민간정부를 무력으로 전복한 군부를 비난해야지, 그렇게 무너진 '선출된 권력'을 비난하는 건 사실 말이 되지 않는다. 그런데도 보수 우파에서 칠레 사례를 종종 언급하는 이유는, 아옌데의 사회주의적 성향이 파국을 불러왔음을 강조하기 위해서다. 문재인 정부를 '종북주사파 정권'이라고 공격하는 것과 일맥상통한다. 우고 차베스를 언급하는 것 역시 마찬가지 이유에서일 테다.

일본 애니메이션 〈은하영웅전설〉에 나오는, 계몽 전제군주 라인하르트와 공화주의자 양 웬리의 민주주의에 관한 논쟁은 이 점을 짚고 있다. 민주주의가 중우정치로 흐르면서 스스로를 타락시키고 공화정의 생명을 갉아먹었다는 라인하르트의 비판에, 양 웬리는 '그래도 국민 스스로 선택하고 국민 스스로 책임을 지기 때문에 민주주의가 낫다'고 대답한다. 그 누구도 국민을 대신해 '선출된 권력'을 제어

할 수 있다고 함부로 말해선 안 되는 이유가 여기 담겨 있다.

　민심은 변한다. 링컨의 '국민의 마음이 전부'라는 말도, 결국 모든 것은 변한다는 걸 염두에 둔 표현일 것이다. 변화하는 민심은 선거를 통해 확인할 수밖에 없다. 루스벨트 시대를 '제왕적 대통령제'의 시초로 부르는 건, 이 제도 역시 완전무결하지 않기 때문이다. 대통령 임기를 5년으로 정해놓아 너무 긴 시간 동안 민심의 변화를 확인할 수 없다고 생각한다면, 개헌 외엔 다른 방법이 없다. 하지만 개헌 역시 국민의 지지를 받아야 한다. 개헌을 주도해야 할 국회가 국민의 신뢰를 먼저 회복해야 가능한 일이다. 지금 국회와 법원은 대통령보다 국민의 신뢰를 받고 있는지 이 점부터 돌아봐야 한다.

　2019년 10월 낸시 펠로시Nancy Pelosi 미국 하원의장은 트럼프 대통령 탄핵을 추진하면서 링컨을 인용했다. 하원의 탄핵 청문회를 열기 전, 펠로시는 의사당에 걸린 링컨 초상화를 보면서 "국민의 마음이 전부다"라고 기자들에게 말했다. 그때 트럼프는 보수 여론의 강력한 지지 속에 살아났지만, 2020년 11월 대선에선 민심의 심판을 피하지 못했다. 트럼프가 패배한 직후인 2021년 1월 6일, 그의 지지자들이 조 바이든Joe Biden의 선거 승리를 인정하지 않으며 워싱턴 의사당에 난입한 사건은 상징적이다. '다수 국민의 선택'에 기반한 현대 민주주의는 '기존의 법과 질서'를 상위에 두려는 위협뿐만 아니라, 선거에 승복하지 않는 강경파의 조직적 저항에 직면해 있다. 정도의 차이는 있지만 이게 미국만의 일이 아니라는 게 위기의 본질이다.

진보에 필요한 것은
현실을 반영한 실천이다

문재인 정부를 비판하는 이유

전주 시내에 있는 강준만 전북대학교 명예교수의 개인 사무실은 작은 도서관이었다. 수만 권의 책이 넓은 사무실을 빼곡히 채우고 있었다. 강 교수는 책을 많이 읽고 또 책을 많이 펴내는 걸로 유명하다. 젊을 때는 한 달에 250만 원을 책을 사는 데 썼다고 한다. 요즘은 얼마나 책을 사냐고 물으니 "30~40만 원어치 산다. 과거엔 욕심이 많아서 이것저것 다 샀지만 요즘은 그렇지 않고, 책 둘 공간도 마땅치가 않다"고 답했다.

강 교수는 1990년대 『인물과 사상』이란 저널룩을 통해 우리 사회의 영향력 있는 인사들을 실명으로 비판했다. 비판은 익명으로 하는 게 불문율이었던 한국 사회에서 강 교수의 행동은 금기를 깨는 것이었다. 수많은 인사가 그의 칼날에 피를 흘렸다. 대표적인 이가 당시 가장 인기 있는 작가인 이문열이었다. 강 교수는 이문열 작가를 두고 "많은 사람들의 가려운 곳을 긁어주면서 기존 지배체제를 공고히 하고 기득권 세력을 즐겁게 해주는 데엔 거의 천부적인 재능을 갖고 있다"고 공격했다.

그런 그가 한동안 인물 비평을 중단했다가 2021년 6월 『더THE 인물과 사상』을 다시 내기 시작했다. 예전처럼 단행본 형태지만, 3개월에 한 번꼴로 계속 낼 생각이라고 한다. 복간호의 비평 대상에 오른 10명은 김종인, 윤석열, 추미애, 문재인, 고민정, 김어준, 윤호중, 이해찬, 김상조, 박원순이다. 10명 중 8명이 현 정부 쪽 인사다. 강 교수는 요즘 문재인 정부를 신랄하게 비판하는 걸로 유명하다. 인물 선정에도 그런 생각이 작용했을 테다.

10여 년 전부터 강 교수의 글이 직선에서 조금은 부드러운 곡선으로 바뀌었다는 인상을 받았다. 소통, 성찰, 이해를 많이 강조하는 게 그렇다. 그런데 요즘은 다시 진보 성향인 문재인 정부를 향해 날 선 비판을 하고 있으니, 그건 어떤 연유에서일까?(이 인터뷰는 2021년 7월 전북 전주 시내에 있는 강준만 교수의 개인 사무실에서 이루어졌다. 강준만 교수가 『더 인물과 사상』을 복간한 직후였고, 『한겨레』와 『경향신문』 등의 칼럼을 통해 문재인 정부를 날카롭게 비판하던 때였다.)

1990년대 『인물과 사상』에서 실명 비판을 처음 시작했고 당시엔 금기시되었던 호남 차별이나 김대중 죽이기, 『조선일보』 문제 등을 쟁점화했습니다. 그때 교수님 주장은 정말 굴곡 없는 직선 그 자체였습니다. 그때를 돌아보면 어떤 생각이 드십니까?

"젊었기 때문에 그랬던 거 같아요. 시대 상황도 있었고요. 가령 제가 그때 가졌던 생각 중에 하나는 정치인 김대중을 이렇게 부당하게 죽이나, 그러면 김대중 비판에 대한 반反비판을 제가 해야겠다, 그런 거였죠. 그 당시 시대 상황을 내 나름으로 받아들이고 제가 내린 평가에 따라 일을 진행했는데, 지금은 예전에 했던 비판을 되돌려받는다는 생각이 듭니다. 그러니까 느끼는 게 있죠."

어떤 느낌입니까?

"시대 상황에 대한 평가는 어차피 주관적인데, 저의 주관성을 근거로 조금 독단적이었다, 그래서 그 시절 생각하면 미안하고 죄송한 분이 많죠."

그 시절 교수님이 비판했던 이문열 작가가 2021년 1월 『조선일보』 인터뷰에서 교수님을 언급했습니다. '강준만도 돌아섰지 않나. 더는 현 정부에 찬성 못 하겠다며 선긋기를 한 거다' 이런 말을 합니다. 정말 돌아선 게 맞습니까? 돌아섰다는 이야기를 들으면 어떤 생각이 드십니까?

"돌아섰다고 그러면 일단 저는 웃죠. 예, 웃고요. 사실은 돌아섰다는 이야기를 제일 많이 듣는 게 댓글입니다. 제 칼럼에 달린 댓글을 보면, 제가 정말 완전히 돌아섰기를 바라는 어떤 염원 같은 게 느껴집니다. (웃음) 왜냐하면 그래야 그분들의 비난이 정당화되거든요. 그런데 돌아선 게 누구예요, 제가 아니죠, 문재인 정부죠. 제 기준에 의하면 제가 문재인 정부를 이러이러한 이유로 지지했는데, 다르게 가면 비판할 수 있는 거죠. 그분들 눈에는 제가 돌아선 것처럼 보이겠지만 저는 그렇게 생각 안 합니다."

교수님이 칼럼에 쓰신 것처럼, 망하라는 비판과 잘되라는 비판은 다르다, 그런 이야기인가요?

"그렇죠. 더 잘되라는 이야기를 그렇게 하는 거죠. 그런데 그거를 구별하지 못하고 그냥 무조건 공격하니⋯⋯."

그런 비판이 보수 언론의 현 정부 공격에 활용되니까 그런 거 아닐까요? 비판이 성찰이 되는 게 아니라 정치적 반대편의 잘 드는 칼로 쓰이니까 그런 불만이 나오는 건 아닐까요?

"그 말을 제일 많이 들었어요. 제가 무슨 이야기를 하면 '너, 보수 언론의 프레임에 빠졌구나' 그렇게 말해요. 그런데 저는 그 전제에 동의를 안 해요. 그 전제라는 건 뭐냐, 보수 언론이 하는 주장은 다 틀린 거고 배격해야 한다는 거예요. 보수 언론이 하는 말 중에서 맞는 말도 있잖아요. 저도 예전엔 그런 주장을 했기에 지금 그런 심정을 잘 알아요. 하지만 제가 안티조선을 말할 때(1990년대)는 『조선일보』가 정말 힘이 막강했을 때였어요. 지금은『조선일보』가 힘이 있나요, 모든 신문이 다 내리막길인데."

그 부분이 좀 의견이 갈리는 지점인데요, '비록 진보정권이지만 여전히 우리 사회는 보수 우위고 이른바 조중동과 같은 보수 카르텔의 힘이 엄청나다'고 생각하는 분들이 있고, 또 '우리 사회 지형이 변했다, 이제는 최소한 보수 우위는 아니다'라고 보는 분들이 있습니다. 그런 인식의 차이에서 태도가 달라지는 측면도 있는 거 같아요.

"그렇죠. 맞아요. 제가 말씀드린 보수 우위라고 하는 건 정치 지형을 놓고 하는 이야기예요. 김종인이 국민의힘 비상대책위원장 가서 '앞으로 우리 보수란 말 쓰지 말자' 그랬거든요. 과거에 진보라는 딱지가 얼마나 힘들었습니까? 그 시절을 생각하면 엄청난 변화잖아요. 보수가 보수라는 말을 쓰지 말자고 할 정도면. 그런데 현 정부 열성 지지층에선 지금도 절대적으로 보수 우위고 기득권 카르텔이 꽉 쥐고 있는 상황에서 겨우 청와대와 국회만 우리가 이겼다, 저는 그런 이야기를 들으면 좀 숨이 막힙니다. 그 말이 틀려서 그러는 게 아니라요, 어느 사회를 막론하고 자본주의 아래선 보수가 강할 수밖에 없죠. 그걸 완전히 바꾸려면 자본주의 타도를 외치는 게 차라리 정직하죠. 과거에도 그렇게 기울어졌어도 진보정권이 세 번이나 들어섰던 겁니다. 그때에 비하면 지금은 훨씬 나아진 건 맞죠."

586세대의 역사적 자부심과 도덕적 우월감

이번에 복간한 『더 인물과 사상』을 보면, 비평 대상에 올린 10명 중 8명이 현 정부 쪽 인사입니다. 보수보다 진보 수가 훨씬 많은데, 그건 지금이 진보정권이기 때문인가요?

"그렇죠. 제가 전에 출간한 책에도 밝혔는데, 나는 균형을 찾으려고 안 할란다, 그냥 권력을 잡은, 그래서 국정 운영의 책임이 있는 쪽만 비판할란다 그랬거든요. 그런데 이번에 복간호를 내고 나서 생각이 조금 바뀌었습니다."

어떻게 바뀌었습니까?

"제 의도와 달리, 독자들이 제 책을 볼 때 '아, 이 사람은 이런 의도를 갖고 그러는구나', '완전히 문재인 정부만 까는 사람이구나' 그렇게 여기더라고요. 이래선 안 되겠다는 생각이 들었어요. 일단 소통이 안 되는 거니까요. 그래서 『더 인물과 사상』 2호부터는 비평 대상에서 진보와 보수 균형을 좀 맞추려고 생각하고 있습니다. '네 속마음이 어떻든 진심이 어떻게 보일지에 신경 써야 한다'고 늘 말해왔는데, 막상 자기 일을 할 때는 그게 잘 안 되더라고요. 그 점에서 제가 조금 문제가 있었구나, 그래서 진보와 보수 비판을 섞어서 가려고 하죠."(『더 인물과 사상』 2호는 이준석, 이재용, BTS, 홍준표, 윤석열, 조돈문, 김용민 등을 다루었다)

교수님은 스스로 정치적 지향을 평가하실 때 어느 지점에 있다고 생각하십니까. 진보라고 생각하시나요?

"이런 이야기 하면 욕 많이 먹겠지만, 저는 지금 진보라고 하는 분들 가운데 상당수는 진보로 사실 안 봅니다. 제가 몇 주 전에 '비정규직 없는 세상은 거짓말이다', 그런 제목으로 칼럼을 썼어요. 앞으로 다가올 세상에서 전 부문에 걸쳐 비정규직을 다 정규직화할 수 있느냐, 경제가 달라지는데 플랫폼 노동자는 어떻게 할 거냐, 다 정규직화할 수가 없어요. 그렇다면 진짜 진보라면 계산을 해봐야죠, 이게 가능한 프로젝트인지를. 바람직하긴 한데 여러모로 여건이 어렵네, 그런데 당장 비정규직이 당하는 고통과 억울함은 문제니까 이걸 조금이라도 덜어주는 게 현실적일 수 있어요. 이번에 민주당 대선후보 경선을 보니까 정세균 후보 공약에 '비정규직에 우대 임금 주겠다'는 게 들어가 있던데, 말하자면 그런 거죠. 박용진 후보도 비슷한 이야기를 하고 있어요. 하지만 진보 전체로 보면 그런 주장은 소수예요. 저는 평등이 중요한 가치지만 평등을 이루는 데서 방법론을 현실주의적 자세로 짚어보는 게 진짜 진보의 자세라고 봐요. 존재 증명을 위해 진보적 주장을 펴는 게 아니라 실천까지 내장한 프로젝트를 제시하는 게 지금 진보가 할 일이죠."

이제 진보·보수의 시대는 지났다는 말을 많이 합니다. 교수님도 그런 생각이신 겁니까?

"똑같은 말을 하더라도 무슨 생각을 갖고 그 이야기를 하느냐가 중요하죠. 진보·보수의 시대는 끝났다, 이념 논쟁은 웃긴다, 이 이야기를 자본의 논리로, 시장 논리로 가기 위해서 말을 하는 분들이 지금 다수죠. 그런 말에는 저는 동의하지 않습니다."

2006년에 강남 좌파란 단어를 처음 공론의 장에 올린 게 교수님입니다. 이에 관해 책도 두 권 쓰셨고요. 처음 강남 좌파를 진보 엘리트라고 비판했을 때, 그 단어의 운명을 예감했습니까?

"예감했다기보다, 그때는 명암을 이야기했던 겁니다. 명明이 좀더 두드러지길 바랐죠. 그런데 암暗이 더 두드러진 결과가 나온 거 같아요. 강남 좌파의 장점이 있어요. 사회적으로 상층에 속한 사람이 하층에 속한 사람을 생각한다, 이게 얼마나 큰 도움이 되는 일입니까? 꼭 필요한 일이죠. 그런데 암을 보자면, 이분들이 우리 사회 소외계층에 대한 애정만 있지 구체적으로 그 사람들에게 도움이 될 정책을 입안하고 실천하는 능력과 마인드는 부족해요. 그런 마인드가 없으면 국정 운영의 의제가 달라져버립니다. 저는 검찰개혁이 중요하긴 하지만, 대표적인 강남 좌파적 어젠다라고 봐요. 그게 1년 넘게 국정 운영의 모든 에너지를 빨아들일 만한 블랙홀로 작용하게끔 하는 게 옳은 건가요?"

2019년에 펴낸 『강남 좌파 2』에 보면, 586세대에 대해 "역사적 자부심과 도덕적 우월감이 너무 지나치다"고 비판한 대목이 나옵니다. 자부심과 우월감은 종이 한 장 차이 아닌가요? 결국 역사를 끌어가는 건 그런 역사와 사회에 대한 자부심 아닙니까?

"지금 하신 말씀에 100% 동의합니다. 도덕적 우월감이나 자부심, 저는 없을까요? 그것 자체가 나쁘다고는 보지 않아요. 그런데 똑같은 자부심이나 우월감이라도 문제는 그분들의 선악 이분법이에요. 상대편을 인정하지 않고 적폐 청산의 대상으로 봅니다. 얼마 전 정청래 의원이 최재형 전 감사원장의 국민의힘 입당에 대해 "독립운동가가 노선이 안 맞는다고 친일파에 가담할 수 있느냐"고 비판했는데, 국민의힘 들어가는 걸 꼭 친일파에 비유해야 할까요? 최재형이 감사원장 그만두고 대선 출마하는 건 이상하죠, 저도 비판적입니다. 윤석열도 마찬가지고요. 하지만 아무리 화가 나도 친일파에 비유하는 건 상대방을 정치 파트너로 인정하지 않겠다는 뜻 아닙니까? 저는 586에 대해, 선악 이분법에 의해서 상대를 인정하지 않는 태도를 비판한 겁니다. 저는 사실 비판할 자격이 없어요. 그분들이 그만큼 자기 희생해가면서 운동한 걸 아니까요. 그런데 역사라는 게 참 묘한 게, 그렇게 헌신적으로 국가와 민족을 위해 희생했던 사람들이 민주화 이후에 국정 운영을 맡게 되니까, 그렇다면 다른 문법이 필요할 텐데 그렇지 못한 점이 안타깝죠."

진보의 엘리트 의식이 문제가 되는 건 우리만의 일은 아닌 것 같습니다. 토마 피케티 교수가 말한 '브라만 좌파(재력을 가진 보수와 대비해서 교육 엘리트가 되어버린 진보를 일컫는 말)'도 비슷한 뜻인 거 같습니다. 세계적 현상인 진보의 이런 문제를 어떻게 보십니까?

"저는 바람직한 의미의 엘리트 의식을 지지하는 사람이거든요. 대학 서열이 완전히 철폐되는 세상이 가능하지 않다고 봐요. 다만, 그 사람이 서열에 따라 얻는 이익이 합당한가, 그것이 문화적 현상으로 비화하면서 상대편에 모멸감을 주는 정도까지 가는 게 문제라고 봅니다. 진보는 '1대 99 사회'를 말합니다. 그런데 자꾸 '1대 99'로 몰아가면 어떤 일이 벌어지냐면, 지금 당장 종부세(종합부동산세) 갖고 싸우잖아요. 결국 상위 2%에 매기기로 했는데 '2대 98'로 나눈 거죠. 그래야 갈등을 피할 수 있고 정치인들이 욕을 덜 먹게 되거든요. 그런데 우리 사회가 잘못된 게, 재벌처럼 엄청나게 많이 가진 1% 특권층만의 잘못입니까? 그렇지 않거든요. 그런데 '20대 80' 또는 '30대 70'으로는 절대 못 가죠. 그 20과 30에 우리 사회 지식인층과 전문직, 대기업 정규직은 거의 다 포함되니까요. 타깃을 1%로만 한정해서 지금 한국 사회의 계층 격차, 소득 격차, 불평등의 문제를 과연 넘어설 수 있을까요? 대기업 정규직의 양보 없이 비정규직 문제가 해결되거나 그들의 삶이 나아질 수 있을까요? 그런데 정치인들 누구도 이렇게 20%가 양보하자는 이야기는 절대 안 합니다. 표 떨어지니까요."

진보에 필요한 것은 현실을 반영한 실천이다 : 강준만 인터뷰

진보의 유연성과 열린 자세

제가 2020년에, 지금은 구속된 김경수 전 경남지사를 인터뷰한 적이 있습니다. 그때 김 전 지사가 이런 이야기를 했습니다. '노무현 대통령 시절에 한·미 FTA 체결한다고 하니까 진보 진영에서 엄청나게 반대를 했다. 한국 경제 망한다, 미국에 예속된다, 그러나 결과는 그렇지 않았다. 그때 맹렬히 비판했던 진보 인사 가운데 내 판단이 틀렸다고 공개적으로 인정한 이가 한 사람이라도 있느냐.' 공감 가는 이야기입니다. 적절한 비판과 과도한 비판의 경계 또는 기준은 뭘까요?

"노무현 정부 말기에 진보 진영에서 굉장히 비판 많이 했죠. 그에 대해 노 대통령 측근 인사들이 갖고 있는 정서가 분명히 있을 겁니다. 기억날지 모르겠는데, 1991년에 리영희 선생이 연세대학교에서 사회주의의 역사적 패배에 관한 강연을 했습니다. 난리가 났어요. 리영희 선생이 '인간은 이기적이라서 사회주의는 안 맞는 거 같다'고 하자 비난이 쏟아졌습니다. 그때 진보는 사회주의를 믿었거든요. 그때 맹비난했던 분들, 지금도 사회주의자일까요? 아마 거의 아니겠죠. 이념의 속성이란 게, 경직성이 있거든요. 도그마로 빠지기 쉽습니다. 제가 생각하는 내부 비판은 이념하고는 무관한 거예요. 예컨대 1980년대 제가 '문화 종속'과 '문화 제국주의'에 관한 글을 많이 썼어요. 지금의 한류는 상상조차 못했죠. 그래서 이번에 『한류의 역사』라는 책을 내면서 고백을 했어요. 나는 한류의 미래를 전망

할 자격이 없다, 사후 분석이나 할 뿐이다. 사과까지는 아니지만 예전의 과오를 나름 인정한 거죠. 김대중 대통령 때 일본 문화 개방한다고 하니까 난리가 났잖아요. 한국 대중문화 다 죽는다고. 마찬가지로 진보의 경험에선 한·미 FTA는 용납이 안 되었을 겁니다. 진보의 이념 경직성, 노무현 대통령은 그것에 도전을 한 거라고 봅니다. 그러면 저는 누구에게 묻고 싶냐면, 도대체 언론은 뭐 하느냐는 거예요. 언론은 정치인들의 과거 발언을 추적해서 이 사람 말이 달라졌다, 그런 기사 많이 내잖아요. 그런데 지식인과 시민단체에 대해서는 왜 그렇게 하지 않습니까? 저는 언론의 직무유기라고 봐요."

진보가 유연성, 열린 자세, 그런 게 부족하다는 말씀 같습니다.

"제가 정치적 올바름Political Correctness에 관해 논문을 하나 썼는데 그게 기사화되었나 봐요. 그걸 보고 어느 페미니스트가 저를 '정치적 올바름에 반대하는 사람'이라고 비판했더군요. 정치적 올바름은 중요하지만 너무 지나치면 모자란 것만 못할 수 있습니다. 미국이 요즘 그런 분위기죠. 여론의 역풍이 강하죠. 그런데 한국은 아직 과잉을 염려할 때가 아니라 정치적 올바름이 자리를 잡아나갈 때다, 다만 과유불급인 점을 명심하자고 말했던 건데, 그것도 정치적 올바름에 대한 반대라는 거예요. 아, 여기도 정말 경직되어 있구나 그런 생각을 했습니다."

2019년 『월간 인물과 사상』이 무기한 휴간에 들어갈 때 급변하는 미디어 환경을 이유로 들었습니다. 미디어 환경은 지금도 그대로인데 다시 책을 내기로 결심하신 이유가 궁금합니다.

"2019년 휴간한 이유가 미디어 환경에 더해서 진영 독자가 사라진 거였습니다. 아무리 사람들이 책을 읽지 않아도 진영 독자를 확보하고 있으면 버틸 수 있습니다. 우리나라에서 정치를 다룬 책은 유튜브하고 똑같습니다. 그런데 저는 진영이 없잖아요. 예전엔 그 덕을 많이 보았던 사람입니다만. 과거에 제 책이 많이 나갈 때는 10만 부 넘게 나갔죠. 왜 사람들이 사본 걸까요? 이미 내용은 서로 알고 있어요, 저 사람이 어떻게 쓸지. 자신이 원하는 걸 쓰기 때문에 믿고 사본 거죠. 그런데 제가 그 믿음에서 벗어난 겁니다. 그러니까 독자들이 이탈한 거죠. 지금도 그건 마찬가지예요. 그런데 제가 2021년 2월에 전북대학교에서 정년퇴직을 했습니다. 앞으로 무엇을 할 것이냐, 마지막으로 건강이 허락할 때까지 제가 쓰고 싶은 걸 한번 써보자, 물론 적자를 내면서까지 책을 낼 수는 없고요, 낼 수 있을 때까지 한번 내보자는 생각으로 다시 시작했습니다."

교수님은 많은 자료를 섭렵해서 인물 비평을 하시는데, 사람을 직접 만나지 않는 게 나름의 원칙인가요?

"인물을 깊숙이 인터뷰해서 쓰는 게 A급 비평이고, 저처럼 자료를 갖고 쓰는 건 B급 비평이죠. 그런데 사람을 알게 되면 오히려 객관적으로 쓰기가 어려워집니다. 그 사람의 사정이나 장점을 알면 그걸 인정해주어야 하고……. 그래서 지금 제가 하는 식으로, 만

나지 않고서 간접적으로 자료를 통해서 비평하는 것도 의미가 있습니다."

비평 대상에게 한 번 만나자는 이야기는 절대 안 하십니까?

"안 합니다. 인지상정이라고, 만나면 오히려 쓰는 게 쉽지 않습니다."

진보에 필요한 것은 현실을 반영한 실천이다 : 강준만 인터뷰

제2장

진보,
한계에 부닥치다

노회찬의
'진보의 세속화'

노회찬의 말과 언어

노무현과 노회찬의 '진보' 키워드가 모두 버스라는 건 의미심장하다. 버스가 이들에게 친숙했던 것은 가장 서민적이고 대중과 함께하는 교통수단이기 때문일 것이다. 노무현 전 대통령은 진보가 무엇인지를 이렇게 설명했다.

"버스 승객이 꽉 찼을 때 누가 타려고 하면 보수는 '야, 비잡다, 태우지 마라. 가자'고 말합니다. 반면에 '차장, 쟈들도 태워주자. 어렵더라도 같이 타고 가야지'라며 사람들을 헤쳐서 길을 터주는 게 진보입니다. 내가 어릴 때 부산서 출발해 김해에 오면 늘 김해 정류장에서 요 싸움을 하거든요. 연대, 함께 살자는 게 진보의 가치입니다."

노회찬의 진보는 유명한 6411번 버스 연설에 녹아 있다.

"새벽 4시에 구로에서 출발해 개포동까지 가는 6411번 버스엔 50~60대 아주머니들로 가득 찹니다. 이름으로 불리지 않고 그저 '청소 미화원'으로 통하는 이분들은 존재하되 존재를 우리가 느끼지 못하는 투명인간입니다. 이런 분들에게 우리는 투명정당이나 다름없었습니다. 정치한다고 목소리 높이지만 이분들의 손에 닿는 거리에 우리는 없었습니다. 존재했지만 보이지 않는 정당, 투명정당 그것이 대한민국 진보정당의 모습이었습니다."

노회찬은 2012년 10월 진보정의당 공동대표 수락 연설에서 6411번 버스 이야기를 하며 "더 낮은 곳으로 내려가는 대중정당을 실현해야 한다"고 말했다. 그날 현장에서 연설을 들은 김형탁 노회찬재단 사무총장은 "온몸에 전기가 흐르는 것 같은 전율을 느꼈다. 이렇게 쉬운 언어로 진보정당의 길을 이야기할 수 있는 이가 노회찬 말고 또 누가 있을까?"라고 말했다.

가장 대중적인 진보 정치인이었던 노회찬의 온기는 지금도 정의당에 고스란히 배어 있다. 2020년 4월 총선에서 정의당 비례대표로 당선된 장혜영 국회의원은 "실제 만나뵌 적은 없지만, 1년 남짓 당 활동을 하면서 곳곳에서 노회찬의 궤적을 만나게 된다. 사람들이 너무 소중하게 그를 기억하고 있었다. 6411번 버스 연설도 정의당에 들어오면서 처음 들었다. 누구를 행복하게 해주고 싶은 건지가 확 들어오니까, 평범한 언어로 정치를 가깝게 느낄 수 있게 해주니까 그게 감동이었다"고 말했다.

노회찬과 진보정당을 따로 뗄 수 없는 건, 그가 6·25전쟁 이후 우리 사회에서 진보정당 운동을 시작한 첫 세대이기 때문이다. 노회찬은 생전에 자기 자신을 이렇게 소개했다.

"내가 1956년생인데 제3공화국 때 초등학교를 다녔고 유신정권하에서 고교와 대학을 다녔다. 노동운동을 시작할 때가 광주민중항쟁이후의 전두환 시대였다. 나는 학생운동 출신으로 노동운동을 한 첫세대에 속한다. 그리고 다시 진보정당 운동으로 나아간 첫 세대가되었다."

2004년은 한국 진보정당 역사에서 가장 찬란한 해였다. 4년 전인 2000년 창당한 민주노동당은 그해 4월 제17대 총선에서, 진보정당으로선 6·25전쟁 이후 처음으로 국회 진출의 쾌거를 이루었다. 그것도 무려 10석을 얻었다. 정당 득표율은 13%를 넘었다. 단순 비교할수는 없지만, 1997년 대통령 선거에서 권영길 국민승리21 후보가 얻은 득표율(1.19%)에 비하면 비약적 성장이었다.

진보정당의 두 차례 분열

총선 승리의 태스크포스는 노회찬 당시 사무총장과 당직자들로 이루어진 선거대책본부였다고 많은 사람이 기억한다. 선거 3개월 전부터 매일 아침 8시 30분에 열린 기획조정회의는 작은 진보정당이 큰 보수정당 못지않은 정치력을 발휘할 수 있음을 여실히 보여주었다. 노회찬이 이야기한 '진보의 세속화'에 꼭 들어맞는 정치 조직이었다.

이 회의엔 노회찬 사무총장을 비롯해 문명학 기조실장 겸 상황실장, 김종철 대변인, 오재영 조직실장, 이재영 정책실장, 조승범 홍보실장, 박권호 총무실장, 신장식 기획위원 등 8명이 대체로 참석했다. 이 중 4명은 지금 이 세상에 없다. 노회찬 외에 이재영·오재영·조승범 실장이 지병으로 세상을 떴다. 찬란한 순간을 함께했던 8명 중 절반이 우리 곁에 없는 건, 그 이후 진보정당의 힘들고 고단한 여정의 상징과 같다.

진보정당 퇴조의 가장 큰 이유는 무엇일까? 2000년대 초반 진보정당의 부흥을 이끌었던 인사들은 운동권적 시각에서 벗어나지 못한 분열·분당을 첫 손가락에 꼽는다. 권영길 전 민주노동당 대표는 "운동판에선 불구대천의 원수였던 NL과 PD가 민노당을 함께하면서 거의 화학적 결합 직전까지 갔었다. 2004년 총선 승리는 그런 결합의 시너지 효과 덕분이다. 그런데 민노당이 잘 나가니까 우리끼리 해보자는 생각이 은연중에 작용했다. 2008년과 2012년 두 차례 분열만 하지 않았어도 진보정당 위상은 지금과 현격하게 다를 것이다"고 말했다.

분열의 회한은 정파를 가리지 않는다. 2004년 선거대책본부 회의 멤버였던 김종철 대변인(2020년에 정의당 대표를 지냈다)은 '진보정당 활동 과정에서 가장 후회스러운 일이 뭐냐'는 질문에 즉각 "2008년 1월 민주노동당이 분당되었던 일"이라고 말했다. 김종철 대변인은 그때 민노당 NL 계열의 종북·패권주의를 비판하며 당을 뛰쳐나와 진보신당을 만드는 데 일조했다. 김종철 대변인은 "진보정당 역사에서 제일 중요한 게 창당(2000년 민주노동당 창당)이라면 두 번째는 분당(2008년과 2012년)이다. 분당 이후 10년간 진보정당이 어려움에 처하면서 새로운 정치인이 성장하질 못했다. 거기(분당)에 제가 책임이 있고……. 그때로 다시 돌아가면 어떤 선택을 할지 모르겠다. 그 후 어려운 10년을 경험했으니까 좀더 슬기로운 방법이 있지 않았을까, 그런 생각을 한다"고 말했다.

민주노동당과 통합진보당에서 대표를 지낸 이정희 변호사는 "사람이라는 존재, 그리고 집단 사이 관계엔 갈등이 계속 있을 수밖엔 없는데, 이런 갈등을 진보정당은 좀 다르게 풀기를 국민은 바라신 것 같다. 갈등을 다르게 풀려면 관계에 대한 노력을 정말 많이 했어야 했는데 그 노력을 하지 못했다. 그러다 보면 진보정당이 좋지 않은 가치를 말하는 사람과 별다르게 보이지 않게 되고, 당연히 사람에 대한 국민과 지지자의 실망이 커졌을 것이다. 저도 그 실망을 안겨준 사람 중 하나이고, 책임이 크다"고 말했다.

노회찬도 분당이 진보정당에 큰 타격을 주었다고 생각했다. 그는 2014년 펴낸 구영식 『오마이뉴스』 기자와의 대담집 『대한민국 진보, 어디로 가는가?』에서 "우리는 2000년 민주노동당 당원이 1만 명을 좀 넘어서 창당했다. 이 당이 초기엔 운동권 정파의 영향하에 놓이지만 당원이 30만 명 규모가 되면 엔엘NL이니 피디PD니 하는 운동 세력이 당을 좌우할 수 없을 것으로 보았다. 그런데 그전에 민주노동당 분당이 일어났다.……분당으로 내가 초기에 세우고자 했던 진보정당의 상은 사실 무너졌다. 민주노동당 분당이 내게 의미하는 바는 그것이다"고 말했다.

정치는 국민을 설득해서 동의를 구하는 것이다

그런데 분열이 정말 진보정당을 망친 것일까? 운동권적 시각과 행태에서 벗어나지 못하는 와중에 진보정당이 놓친 가치는 무엇일까? 진보정당은 시대 변화에 제대로 조응해왔는가? 그 과정에서 방향을 잃었던 것은 아닌가? 이런 문제들이 2022년 3월 대선을 앞둔 정의당과 진보당 등 많은 진보정당의 눈앞에 놓여 있다.

'보수정당'이던 민주당이 노무현의 '진보'를 받아들여 미국식 리버럴 정당으로 거듭나는 동안, 진보정당이 변화에 굼떴던 건 아니다. 대표적인 게 2014년 정의당의 창당이다. 2012년 통합진보당 파동 이후 갈라져 나온 세력은 진보정의당을 창당했다가 2014년 정의당으로 이름을 바꾸었다. 급하게 만들었던 당 강령을 완전히 새롭게 정비하면서 진보정당의 지향과 가치를 좀더 분명히 했다. '진보정의당'에서 '진보'란 단어를 뺀 데엔, 좀더 대중적인 정당을 지향하자는 생각, 이념적 지표를 중도로 조금 더 끌고오자는 생각이 담겨 있었을 것이다.

정의당이란 이름에는, 계층·계급의 대립보다 보편적 인권 또는 공정·정의라는 시대적 가치에 강조점을 두고 훨씬 폭넓은 사람들을 포괄하겠다는 의지가 투영되었을 것이다. 그 무렵은 마이클 샌델의 『정의란 무엇인가』가 한국 사회에서 베스트셀러가 되며 '정의' 담론이 분출하기 시작한 시기였다. 이것이 옳은 방향인지는 논란이 있지만, 시대 흐름을 쫓아가려는 노력의 표현임엔 분명했다.

이 무렵 노회찬은 '진보의 세속화'를 주장했다. 진보정당이 위기가 아닌 적은 2004년을 빼고 거의 없었지만, 2012년 대선에서 박근혜 새누리당 후보가 당선된 뒤엔 진보정당 입지가 훨씬 좁아졌다. 노회찬의 표현을 빌리면, "진보는 겁 많은 제1야당(민주당)도 자주 참칭하는 좋은 말이 되었고……새누리당이 경제민주화를 입에 올리고 박근혜 후보가 만 5세 무상교육을 외치는 시대가 되었다. 진보와 반진보가 대립하는 것이 아니라 진짜 진보와 가짜 진보가 경쟁하는 시대가 되었기" 때문이다. 노회찬은 이걸 돌파하는 무기로 '진보의 세속화'를 주장했다.

"그동안의 관념성을 버리고 적극적으로 정치의 영역을 활용하는 현실주의적 접근을 중시해야 한다는 것이다.……진보 진영에선 정치적일수록 진보성을 잃는다거나 두 가지가 양립하기 힘들다고 보는 경향이 많다. 정치는 엄연한 현실이고 진보주의자의 기본 덕목은 실사구시다. 진보의 가치는 정치화되는 만큼 실현되는 것이다. 그 점에서 정치를 새롭게 인식할 필요가 있다."

노회찬은 특히 "진보 정치가 제대로 되려면 운동권을 극복해야 한다. 운동권을 부정할 수는 없지만 그건 흘러간 옛날 이야기다. 신앙과 정치는 다르다. 신앙은 자기를 간직하면 되지만, 정치는 끊임없이 국민을 설득해서 동의를 구하는 것이다"고 강조했다.

구영식 기자는 "세속화란 용어가 썩 긍정적 어감이 아닌데, 노 전 의원이 굳이 이 용어를 쓴 건 운동권적 태도를 완전히 벗어나서 현실에 밀착한 정치를 하자는 뜻이었다. 같은 맥락에서 개량주의란 비판을 받았던 사회민주주의가 사회주의보다 훨씬 현실적이고 바람직하다고 보았다. 그런 점에서 노회찬은 의회주의자이고 정당주의자이고, 한편으론 사회민주주의자였다"고 말했다. 김형탁 사무총장은 "노회찬의 진보는 '사회민주주의를 내걸고 진보를 하자'는 것이었다. 처음은 아니지만 결국 도달한 지점은 그랬다"고 말했다.

2015년 제정한 정의당 강령엔, '사회민주주의 성과를 창조적으로 발전시킨다'는 구절이 처음으로 포함되었다. 그러나 이 구절은 강령 중간에 삽입되어, 집중해서 읽지 않으면 찾기 쉽지 않다. 과거엔 개량주의 또는 과격하다는 좌우 양쪽의 비판에 시달렸던 사회민주주의가 이젠 진보정당의 전면에 내세우기엔 너무 낡은 단어가 되어버렸다. 그 점에서 사민주의란 단어엔 너무 많은 것을 피하려 애썼고 지금도 그런 모습을 하고 있는 한국 진보정당의 얼굴이 오롯이 담겨 있다.

진보정당은
왜
사회민주주의를
내걸지 못할까?

'민주와 진보를 위한' 국민승리21

대중적 진보정당의 새 장을 연 민주노동당은 1997년 대선 때 활동한 국민승리21을 기반으로 했다. 국민승리21은 1997년 12월 대선에서 권영길 민주노총 위원장을 독자 후보로 내세워 김대중·이회창 구도에 도전했다. 선거 결과는 성공적이지 못했다. 하지만 2000년 민주노동당 창당의 발판을 마련했다는 의미는 작지 않았다. 그런데 왜 이름이 '국민승리21'이었을까? 2020년 김종인 비상대책위원장 주도로 당명을 바꾼 보수정당의 새 이름이 '국민의힘'이다. '국민승리'와 '국민의힘', 어딘가 비슷하다.

정당 이름을 정하는 규칙은 없다. 다만, 당의 정체성을 함축적으로 표현하고 국민이 쉽게 기억할 수 있는 걸 대체로 선택한다. 이 점에서 보면, 한국 정치에서 가장 일관성 있는 이름을 가진 정당은 민주당이다. 1961년 5·16쿠데타 이후 민주당, 신민당, 새천년민주당, 통합민주당, 더불어민주당 등으로 바뀌긴 했지만, '민주당'이란 키워드는 그대로 유지했다. 예외는 1995년 김대중 총재가 정치에 복귀하면서 창당한 새정치국민회의와 2004년 노무현 대통령 시절의 열린우리당 정도다.

그에 비하면 정말 변화무쌍한 건 보수를 자처하는 정당의 이름이다. 제3공화국과 유신 시절의 민주공화당에서 민주정의당, 민주자유당, 신한국당, 한나라당, 새누리당 등으로 이어졌고, 2020년에만 자유한국당에서 미래통합당, 국민의힘으로 두 차례 이름을 바꾸었다. 당명만으로는 정당의 노선을 짐작하기가 쉽지 않다. 좋게 말하면 정당의 스펙트럼이 그만큼 넓다고 할 수 있지만, 좀더 솔직하게 말하면 한국의 보수정당은 일관된 이념이나 노선보다는 포퓰리즘적 성향이 강하다는 걸 드러낸다. 표를 얻기 위해서라면 언제든지 좌파적 어젠다를 들고 나올 수 있다는 뜻이다.

미국 등에서 보수주의 정당이 많이 사용하는 '공화'라는 단어가 한국 보수정당에선 제3공화국 시절의 민주공화당 외엔 사용된 적이 없다는 점도 눈여겨볼 만하다. 공화주의가 개인의 사적 자유보다는 공동체에 대한 책임과 공공의 이익을 중시하기에, 자유시장경제만 외치는 한국의 보수는 본능적으로 '공화'란 단어에 친밀감을 갖지 못했기 때문이 아닐까 싶다.

정체성을 중시하는 진보정당에선 이름을 정하는 과정 자체가 치열한 논쟁과 갈등의 연속이었다. 1997년 결성한 진보정당 이름이 '왜 국민승리21이냐'는 질문에 노회찬은 "절대다수 국민이 노동자, 서민인데 기득권 정당들이 국민정당을 참칭하고 있다. 내가 국민정당을 이야기하자 일부에선 맛이 갔다며 비난했지만 큰 논쟁은 되지 않았다"고 말한 적이 있다. 그러나 내부적으론 반발이 있어, 국민승리21 앞에 '민주와 진보를 위한'이란 수식어를 붙였다.

2000년 민주노동당 창당 때는 당명을 놓고 적지 않은 진통을 겪었다. 4차까지 가는 투표 끝에 민주노동당 651표, 통일민주진보당 611표로 간발의 차이로 '민주노동당'으로 최종 결정되었다. '민주진보당'이란 이름을 선호하는 사람이 더 많았지만, NL파가 '통일'을 당명에 넣자고 주장하는 바람에 다른 정파 표가 '민주노동당'으로 몰려 판세가 뒤집혔다고 한다.

우리가 흔히 진보정당의 노선이라 생각하는 '사회민주주의(사민주의)'는 단 한 번도 정식으로 정당 간판에 내걸린 적이 없다. 좌우 양쪽의 비판과 공격 때문이었다. 2010년 무렵부터 공개적으로 사민주의자를 자처했던 노회찬을 두고, 작가 황광우는 "사람들은 노 의원의 이력에서 붉은 냄새를 맡을 것이다. 그는 정통 사회주의자다"고 말했다. 사회주의나 사민주의나 '붉기는 매한가지'라는 색깔론이 기승을 부리던 시절이었으니, 한국 진보정당이 사민주의를 전면에 내걸지 않은 건 이해할 구석이 있다.

진보정당은 왜 사회민주주의를 내걸지 못할까?

사민주의는 개량주의인가?

하지만 더 큰 이유는 다른 데 있었다. '사민주의는 개량주의'라는 진보 내부의 오래된 인식 때문이었다. 민주노동당이 강령에서 "국가사회주의 오류와 사회민주주의 '한계'를 극복하고"라고 명시한 건 그런 흐름을 반영했다. 노회찬은 이런 내부 기류를 비판하면서 사민주의를 옹호했다.

"노동운동이 사회민주주의를 잘 받아들이지 못한다. 사민주의는 개량이고 위험하다는 것이다. 그런데 '우리 회사', '우리 노조'를 중시하는 한국의 노동운동이 오히려 사민주의 국가들의 노동운동보다 더 보수화되고 있다. 이것이 대중성을 잃는 원인이다.……나는 사회주의적 이상과 원칙을 가장 잘 실현하는 것이 사민주의라고 본다. 이 이상으로 진도 나간 체제가 있는가. 현실 사회주의 국가보다 노동권이 더 많이 보장되고 있는 곳이 사민주의 국가다."

노회찬의 생각은 『정치가 우선한다』를 쓴 미국 정치학자 셰리 버먼의 사민주의론과 흡사했다. 버먼은 20세기 자유주의가 정치적으로는 전체주의(파시즘·스탈린주의)와 싸우고 경제적으로는 사회주의(공산주의)와 싸워 이긴 승리자로 보인다고 말했다. 그러나 실제로는 그 과정에서 시장과 국가, 사회의 관계를 완전히 바꿔버린 사민주의가 '진정한 승리자'라고 주장했다. 사민주의는 '정치 우선'과 '공동체에 대한 믿음'을 바탕으로, 공존할 수 없을 것처럼 보였던 자본주의 체제와 민주주의, 사회적 안정을 잘 융화시킴으로써 유럽 역사상 가장 번성하고 조화로운 시기를 열었다고 버먼은 말했다.

가치의 실현을 위해 정치(선거)를 최우선에 두는 것, 이것이 사회주의와 사민주의를 가르는 핵심 요소 중 하나였고, 노회찬은 이 점에서 '사회주의 이상을 말하면서 현실 정치에 복무하는 것을 꺼리는' 진보 내부의 태도를 강하게 비판했다. 박상훈 박사(국회미래연구원)는 "개량주의란 '혁명과 체제의 변혁'을 추구하지 않는다는 점에서 '개량'이지, 그게 타협이나 원칙의 훼손은 아니다. 오히려 민주주의라는 현실 속에서 원칙을 지키며 목표를 이루려는 노력은 사민주의가 더 했다고 봐야 한다"고 말했다.

사회민주주의 논쟁이 가장 치열하게 전개된 시기는 2013년 진보정의당이 혁신당원대회를 열어 정의당으로 당명을 바꿀 무렵이었다. 논쟁은 두 갈래였다. 하나는 당 이름을 정의당으로 할 것이냐 아니면 사회민주당으로 할 것이냐였다. 또 하나는 당 강령에 사민주의를 포함할 것이냐였다. 지역을 돌아가며 열린 토론회에선 다양한 의견이 쏟아졌다. 인천 토론회에선 '제1차 세계대전 때 사회주의 대의를 배신하고 전쟁에 찬성했던 게 유럽 각국의 사회민주주의인데, 어떻게 그걸 당명에 쓸 수 있는가'라는 의견까지 나왔다.

천호선 전 정의당 대표는 "당원 총투표로 당명을 정했는데, 양쪽이 팽팽했다. 결과가 어떻게 나올지 몰라 2013년 7월 21일 혁신당원대회 날에 '정의당'과 '사회민주당'이라 적힌 대형 현수막 두 개를 모두 준비했다"고 회상했다. 진보정당이 사회민주당이란 이름에 가장 가깝게 다가섰던 순간이었다. 당명 투표는 당원 한 사람이 1순위와

2순위를 선택해서, 1순위에서 과반이 되지 못하면 2순위 표를 1순위에 분배하는 방식이었다. 1순위에선 사회민주당이 1위로 나왔지만 절반을 넘지 못했고, 2순위 표를 합산한 결과 민들레당을 찍은 2순위 표 다수가 정의당으로 몰려 결국 정의당이 새 이름으로 결정되었다.

그 대신 당 강령엔 '사회민주주의 성과를 창조적으로 발전시킨다'는 문구가 새로 들어갔다. 하지만 강령 중간에 들어가 잘 보이지 않는다. 강령 작업을 주도했던 천호선 전 대표는 "사민주의 노선을 공식적으로 언급한 건 정의당이 처음이다. 사회민주당이란 이름을 쓰지 않았을 뿐, 강령 내용으로 보면 정의당은 사민주의 정당이다"고 말했다. 하지만 드러내놓고 강조하는 것과 드러내지 않는 것은 완전히 다르다. 김형탁 사무총장은 "그때 사민당이란 이름을 썼으면, 적어도 지금처럼 '정의당의 정체성은 뭐냐'는 질문을 받지는 않을 것"이라고 말했다.

진보정당이 추구하는 또렷한 '사회의 상'

1991년 3월 7일 『한겨레』은 '사회민주주의, 학계서 부쩍 관심'이란 제목의 기사를 문화면 톱기사로 실었다.

"오늘날 한국 사회에서 사회민주주의가 집중적 관심의 대상이 되고 있는 것은 1차적으로 소련, 동유럽 사회주의 변화와의 관련 때문이라고 할 수 있다.……서유럽 사회민주주의의 성공은 자본주의의 안정적 발전, 부르주아 민주주의의 확립 등 고유한 정치·경제적 토양이 기반이 되었다. 이런 연장선상에서 한국 사회에서도 사민주의에 대한 이론적 탐색과 함께 그 수용 여부에 대해 '현실적 대안의 모색'이라는 배경을 깔고 논의가 확산되고 있다."

30년이 흐른 2021년, 사회민주주의를 진보정당 전면에 내걸자는 주장을 펴는 건 흘러간 노래를 다시 트는 것처럼 복고적으로 들린다. 정의당의 젊은 국회의원 장혜영은 "어마어마하게 빠르게 변하는 세상에서 사민주의 논의는 너무 평범해졌다. 이념의 언어를 앞세우기보다 무엇을 할 것이냐가 더 중요하다"고 말했다. 이게 단지 젊은 세대의 생각만은 아니다. 천호선 전 대표는 "사민주의를 내세우는 건 과거 회귀적이란 느낌을 준다. 트렌디하지 않다"고 말했다. 김형탁 사무총장조차 "사민주의를 노선으로 천명하는 건 맞지만, 당명을 사민당으로 바꾸는 게 시대 흐름에 맞을지는 의문"이라고 말했다.

문제는, '사회민주주의' 같은 기본 틀 없이도 젠더와 생태·청년 등의 이슈를 조화롭게 반죽해 보기 좋고 맛있는 '진보의 케이크'를 빚어내는 게 가능한지 누구도 자신 있게 말하지 못한다는 점이다. 정의당 국회의원 류호정은 "저를 '관종'이라고 말하는 분이 적지 않다는 걸 안다. 그러나 나는 약자들이 처한 상황에 관심을 갖게 만들고 사람들을 움직여 현실을 바꾸려는 '쇼'를 하는 것"이라고 말했다. 하지만 그가 대변하는 건 사회적 약자가 아니라 이해당사자일 뿐이라는 비판도 있다. 사회적 약자와 이해당사자가 반드시 일치하지는 않는다. 류호정 의원의 새로운 시도가 틀렸다고 말할 수는 없지만, 그 과정에서 진보의 핵심 이슈인 '사회 불평등' 문제는 흐릿해져 버렸다는 지적은 일리가 있다. 정의당이 이슈마다 흔들리는 모습을 보이고 정체성의 혼란을 겪는 듯이 보이는 건, 그런 총노선의 불분명함에 기인하는 측면이 분명히 있다.

사회민주주의란 자본주의 체제를 혁명으로 전복하는 대신에, 선거라는 방식을 통해 점진적으로 바꿔나가려는 시도다. 그래서 한쪽에선 혁신이라 부르지만 다른 쪽에서 볼 땐 개량일 뿐이다. 민주당이 미국식 리버럴 정당을 지향한다면, 진보정당은 분명하게 유럽식 사민주의 정당을 지향하는 게 현실적이다. 당명이 아니라, 당의 가치와 정책이 국민에게 그렇게 전해져야 한다는 뜻이다. 진보정당이 추구하는 사회의 상像을 또렷하게 보여주지 못하면서 조각조각 파편화한 그림으로 대중의 믿음을 얻는 건 현실적으로 불가능에 가깝다.

평등이
사라진
공정과 정의

공정은 '절차적 투명성'이다

'사회가 공정하고 정의로워야 한다'는 명제는 오래전부터 진보의 가치를 대변하는 말로 여겨졌다. 과거 권위주의 정부 시절에는 국가 개입을 최소화하고 개인과 약자의 권리를 보장하는 것이 '정의롭고 공정한 것'이었다. 정경 유착과 재벌 특혜, 대기업과 중소기업의 관계, 검찰과 경찰의 정치적 수사와 인권침해, 노동자의 단결권·파업권을 금지한 법체계 등은 불공정하고 부정의한 대표적인 사례였다. 이런 사안 하나하나가 진보운동의 핵심 과제로 제시된 건 그런 이유에서였다.

'공정과 정의'는 요즘도 매우 민감하고 뜨거운 주제다. 『경향신문』 2021년 1월 신년 설문조사를 보면, 한국 사회가 지향해야 할 가치로 공정(40.7%)을 꼽은 시민이 가장 많았다. 평등(14.0%), 자유(13.3%), 협력(13.1%), 성장(10.9%), 평화(8.0%)보다 월등히 높은 선택을 받았다. 특히 조국 전 법무부 장관 자녀의 스펙 쌓기 논란 이후 인천국제공항공사(인국공) 비정규직의 정규직 전환, 공공의대 설립에 대한 의대생들의 격한 반발은 '공정' 담론이 현 시기를 관통하는 가장 중요한 이슈임을 드러냈다.

그러나 지금 '공정과 정의' 가치가 지향하는 방향은 과거와는 사뭇 다르다. 현 시기 공정 담론에서 가장 중요한 건 '절차적 투명성'이다. 과정과 결과가 유리알처럼 투명해야 공정하다고 생각하고 승복한다. 투명성은 객관적 수치를 중시한다. 주관적 평가가 개입하는 순간 공정성에 대한 믿음은 무너진다. 젊은 세대가 보기에 가장 객관적이고 투명한 건 '시험 성적'이다.

2020년 가을에 국가고시를 거부할 정도로 의대생들이 강경 투쟁을 벌인 데엔, 의대 정원 확대보다 공공의대에 대한 반발이 훨씬 컸다. 지역 공공의대를 설립하면 성적이 떨어지는 학생들이 들어오는 게 "솔직히 기분 나빴다"고 한 의대생(예과 2학년)은 이렇게 말했다.

"의료 서비스의 질이 떨어지는 것보다는, 자격이 안 되는 이들이 의대에 들어오는 게 기분 나쁘다는 반응이 학과 단톡방에 많이 올라왔어요. 그런 정서는 재수, 삼수를 한 선배나 다른 대학을 졸업하고 의대에 입학한 선배들한테 훨씬 강했어요. 어떻게 해서 의대를 들어왔는데, 수능 상위 1%가 의대 합격 마지노선인데, 우리는 고교 때 그 성적을 얻으려고 엄청난 노력을 했고 경쟁에서 이겨서 여기 들어왔다는 자부심이 있는데, 의대 문턱을 낮춰서 학생을 받겠다니 이게 공정한 것인가, 그런 이야기가 많았어요."

흔히 '인국공 사태'라고 불리는 인천국제공항공사 정규직화 논란을 꿰뚫는 정서도 비슷하다. 2020년 6월 인천국제공항공사가 주로 보안검색 요원인 비정규직 2,100여 명을 정규직으로 전환한다고 발표하자, 난리가 났다. 서울 노량진 공시생(공무원시험 준비생)들은 몇 년씩 공무원이나 공사 취직을 위해 애쓰는데, 고졸의 비정규직을 정규직화하는 게 말이 되느냐는 분노였다.

인국공 사태에선 수능 성적 대신에 공기업 입사 시험이 노력과 능력을 보여주는 지표로 간주되었다. 그해 6월 23일 개설된 '공기업 비정규직의 정규(직)화 그만해주십시오'라는 제목의 청와대 국민청원 게시판엔 한 달 만에 35만여 명이 서명했다. 이 청원 글은 "이곳(공기업)을 들어가려고 스펙을 쌓고 공부하는 취준생들은 물론 현직들은 무슨 죄입니까?"라고 항의했다. '누구는 그 어렵다는 시험을 거쳐 입사하는데, 몇 년 비정규직 했다고 정규직으로 전환해준다니 이게 공정한가?'라는 반문이다.

개인주의와 능력주의

박용호 인천대학교 창의인재개발학과 교수는 어느 기업 젊은 직원들을 대상으로 설문조사를 했던 경험을 이렇게 전했다.

"젊은 직원들은 인사가 완벽하게 투명했으면 좋겠다는 생각이 강합니다. 가령 최고경영자에게 3배수로 승진 후보자를 올릴 경우, 3배수를 뽑는 과정은 물론이고 최종 승진자도 근속연수·근무평가 등 수치화된 점수가 가장 높은 사람이 되어야 한다고 생각합니다. 최고경영자가 경영철학 등 주관적 요소를 반영해 2·3순위자를 승진시키는 건 공정하지 못하다고 여기는 겁니다."

그런데 수치화된 인사 점수는 100% 객관적인 것일까? 수능 성적은 학생 능력을 온전히 반영할 수 있을까? 서울 강남 대치동에서 사교육을 받은 학생이 지방 농어촌 학생보다 높은 점수를 얻는 건 전적으로 그의 능력 덕분일까? 수년간 공항 보안검색 업무를 담당해온 비정규직의 노력과 업무 노하우가 치열한 경쟁을 뚫고 입사 시험을 통과한 신입사원보다 떨어진다고 볼 수 있을까?

시험 성적에 의존하는 공정은 절차적 공정이나 절차적 정의에 갇히기 쉽다. 시험은 모두 같은 장소에서 치르니 부정행위만 막으면 공정성은 확보되는 것처럼 보인다. 교육 환경의 차이나 교육제도와 같은 좀더 커다란 문제는 오히려 부차적인 것이 되어버린다.

그 밑바탕엔 기회의 평등이 보장되면(정확히는 보장되는 것처럼 느끼면) 그에 따른 성과와 보상은 정당하다는 능력주의가 깔려 있다. 누구나 노력하면 성공할 수 있다는 아메리칸드림은 능력주의의 미국식 표현이다. 이것이 한국에서 훨씬 첨예한 공정 논란으로 옮아간 데엔 1980년대 이후 한국 사회의 변화가 놓여 있다.

김윤태 고려대학교 공공정책대학 사회학 교수는 한국 사회에서 능력주의 확산은 1980년대 이후 폭발한 교육 열풍과 밀접한 관련이 있다고 말했다. 김윤태 교수에 따르면, 교육을 통한 지위 성취의 열망은 평등주의보다 개인주의와 능력주의 가치를 강화했고 특히 1990년대 들어 입시에서 학생 능력보다 '아빠의 경제력과 엄마의 정보력'이 중요하게 부각될 정도로 학벌주의를 강화했다. 능력에 기반한 소비가 새로운 지위의 상징이 되면서 소비 양태가 성공을 보여주는 지표가 되었다.

2020년 12월 일타 학원강사 이지영이 유튜브 방송에서 100억 원대의 통장 잔고와 명품 백들을 보여주고 슈퍼카 여러 대를 갖고 있다고 자랑한 건 상징적인 예다. 그 방송이 나간 날, 이지영 이름은 모든 포털사이트의 실시간 검색어 1위를 장식했다. 댓글도 '그 정도 노력했으면 그런 호사를 누릴 자격이 있다'거나 '자기 노력으로 일군 것이라 누구도 비난할 수 없다'는 게 많다. 능력이 있으면 그에 걸맞은 보상을 받는 건 정당하다는 생각이다. 예전엔 상상하기 힘들었던 반응이다.

그 점에서 지금의 능력주의는 철저히 '개인적 능력주의'다. 기회의 평등을 넘어서 사회 전체적으로 '결과의 평등'을 추구하자는 이야기는 외면을 받는다. 이지영은 개인 사례지만, 이것이 기업에선 막

대한 성공보수 지급과 함께 경영진과 노동자의 임금 격차를 급속히 벌리는 걸 정당화하는 기반이 된다. 삼성전자가 세계 초일류 기업에 오른 건 '1명의 천재가 10만 명을 먹여 살린다'는 논리를 입증하는 사례로 종종 활용된다. 김윤태 교수는 "이것은 공정을 매우 협소하게 바라보는 것이다. 존 롤스가 말했던 전통적 의미의 '공정·정의'와는 거리가 멀다. 좁은 의미의 절차적 공정만 이야기하는 건 오히려 약육강식을 용인하는 결과를 낳는다"고 말했다.

기회가 평등한 것은 아니다

노력은 누구나 한다. 다른 방식으로 할 뿐이다. 가수 겸 프로듀서 박진영은 몇 년 전 인터뷰에서 "내가 성공한 것이 노력 덕분인가 운 때문인가 심각하게 고민한 적이 있다. 노트에 내가 성공할 수 있었던 계기를 죽 적어보았다. 그랬더니 노력은 30%, 나머지 70%는 운이었다. 하늘에 감사했다. 누가 있구나. 그리고 주변 사람들을 돕기 시작했다"고 말한 적이 있다.

박진영은 하늘에 감사했지만, 마이클 샌델 교수는 우리가 함께 사는 사회에 감사해야 한다고 말한다. 2020년 『공정하다는 착각』을 펴낸 샌델 교수는 "모두가 평등한 기회를 얻는다면 승리는 온전히 승자의 것이 된다. 이것이 능력주의가 이상적으로 생각하는 핵심이다. 그러나 모두에게 평등한 기회가 주어지는 것은 아니며, 원칙 자체에도 결함이 있다. 성공하도록 도와준 운의 영향을 망각하게 만든다는 점이다. 능력주의는 승자를 교만의 길로 인도하고 패자에겐 굴욕을 안긴다는 점에서 공익을 해친다"고 말했다.

그러나 결과의 평등, 공동체에 대한 의무감은 현 시기 '공정' 담론에선 현저히 약화되어 있다. 박용호 교수는 "예전엔 사회 전체 차원의 공정, 사회적 정의를 중시했다면 지금은 내가 느끼는 공정과 정의가 훨씬 중요하다. 우리 사회가 공정한가, 우리 사회가 정의로운가, 그 판단의 중심엔 내가 있다. 내 노력에 비해서 다른 사람의 노력은 적은데도 똑같은 성과를 얻는다고 생각하면, 불공정하다고 분노한다. 왜 그럴까 학생들과 대화를 해보면, 어렸을 적부터 너무 심한 경쟁에 시달려온 탓이 큰 것 같다"고 말했다.

나를 중심에 놓은 '공정'이 다른 사람에게도 똑같은 '공정'이 되기란 어렵다. 서울시에서 비정규직 업무를 총괄했던 주진우(현재 서울시사회서비스원 대표)는 이런 이야기를 했다. 서울시는 2010년 박원순이 보궐선거에서 새 시장에 당선된 뒤 가장 먼저 산하 공기업의 비정규직을 정규직화하기 시작한 지방자치단체다.

"지금의 '공정'은 좀 단순하게 이야기하면, 누군가 공공기관에서 일하다 정규직이 된다고 할 때 다른 이들과 똑같이 시험과 같은 절차를 거치는 게 공정한 것이다. 그런데 비정규직으로 일했던 그 사람은 업무를 하면서 경력을 쌓은 거고, 매년 재계약을 하면서 업무 능력을 인정받은 것으로 봐야 한다. 입사 시험을 치르는 사람보다 업무 능력에선 검증이 끝나 있는 셈이다. 물론 낙하산은 막아야 한

평등이 사라진 공정과 정의

다. 그러나 일로서 검증받은 사람을 한 번 시험으로 패스한 사람보다 업무에 적합한 사람으로 보는 게 반드시 '공정'이란 기준에서 어긋난다고 볼 수 있을까? 더구나 고도의 전문직이 아니라 단순직일수록 경험의 중요성은 더 커질 수밖에 없는 것 아닐까? 인국공 사태에서 제기된 '공정' 담론엔 이런 한계가 분명히 있다."

주진우의 말처럼, 공채公採라는 절차가 응시하는 사람들에겐 '공정'한 것이지만, 회사나 비정규직에겐 오히려 '불공정'한 것이 될 수도 있다. 다른 자질은 시험 점수에 가려져 버리기 때문이다. 나의 '공정'이 다른 이의 '공정'과 항상 같을 수는 없는 이유다.

인국공 사태든 공공의대 설립 논란이든, 개인적 공정의 틀에 갇혀 사회적 '평등과 분배'의 노력을 포기한다면 그건 바람직하지 않다. 모든 비정규직을 정규직화하진 않더라도 최소한 정규직과 비정규직의 차별을 없애고, 공공 의료서비스의 기반을 확대하는 건 포기할 수 없는 진보의 가치다. 중요한 건, 박용호 교수의 말처럼 성장 정체 사회의 젊은 세대가 겪는 아픔에 제대로 공감하지 못한 기성세대와 기성 진보의 뼈아픈 성찰과 반성일 것이다.

고도성장 시대와 달리, 지금은 개인이 아무리 노력해도 열매를 따기가 어렵다. 좋은 일자리에 대한 젊은 세대의 강렬한 요청은 그런 상징적 표현이다. 이들의 고민에 공감하지 못하고선 한 걸음도 문제 해결을 진전시킬 수가 없다. 먼저 공감하고, 그 토대 위에서 세대 갈등의 담론이 아니라 일자리와 주택 등 개별 사안을 해결해나가는 데 정책적 노력을 집중해야 한다.

정치란 바로 그런 것을 하기 위해 존재하는 것이다. '기회의 평등, 과정의 공정, 결과의 정의'를 약속했던 문재인 정부가 정작 젊은 세대의 거센 비판을 받는 건 이 점에서 부족했기 때문이다. 부동산 가격을 잡지 못한 건 단적인 예다. 그 책임이 어디 문재인 정부만의 것일까? 진보정당과 언론을 비롯한 모두가 이 책임에서 자유로울 수는 없다.

젊은 세대에게
왜
연대가
필요한가?

사회적 상승 또는 계층의 사다리

능력주의는 보수의 전유물이 아니다. 엘리트 중심의 진보운동과 진보(또는 리버럴) 정치 세력의 집권은 '진보 역시 사회의 기득권층'이란 인식을 불러일으켰다. 미국과 유럽도 비슷하다. 2016년 일어난 두 개의 세계적 사건, 즉 미국 대선에서 도널드 트럼프가 힐러리 클린턴을 꺾은 것과 영국이 국민투표에서 유럽연합 탈퇴(브렉시트)를 결정한 것은 '능력주의 엘리트에 대한 포퓰리즘적 반발의 의미가 있다'고 마이클 샌델 교수는 말했다.

　마이클 샌델 교수는 "능력주의에 대한 불만은 두 가지다. 하나는 체제가 능력주의적 약속을 충족하지 못해 일어나는 불만이다. 또 다른 불만은 능력주의적 약속은 이미 지켜졌고 자신들은 볼 장 다 봤다는 절망에서 우러나온다"며 후자가 훨씬 강렬하다고 말했다. 전자는 계층 이동의 사다리를 과감하게 확장함으로써 어느 정도 수렴이 가능하다. 그러나 후자와 같은 절망감을 해소하기란 쉽지 않다. 트럼프 당선과 브렉시트는 대표적 사례다. 2020년 11월 대선 패배 직후 트럼프 지지자들이 의사당을 폭력 점거하는 초유의 일을 벌인 건, 정치적 좌절감의 극단적인 표출일 것이다.

미국 민주당이나 영국 노동당이 보수주의 정당보다 개방적이고, 소수자와 약자를 위한 정책에 적극적이란 점은 분명하다. 2004년 워싱턴 특파원 시절, 미국 민주당과 공화당의 대선후보 선출 전당대회를 현장에서 직접 취재한 적이 있었다. 민주당 전당대회는 NBA 보스턴 셀틱스의 홈구장인 보스턴 플리트센터에서 열렸는데, 정말 자유로움이 넘쳐난다는 느낌을 받았다. 다양한 인종과 계층의 사람들이 청바지와 티셔츠를 입고 한바탕 축제를 벌인다는 느낌이었다.

반면에 뉴욕 매디슨스퀘어가든에서 열린 공화당 전당대회장의 분위기는 전혀 달랐다. 정장과 연미복을 입은 남자들, 이브닝드레스를 입은 여성들로 넘쳐나는, 정치 행사라기보다는 고급 사교장에 온 것 같은 느낌이 들었다. 민주당과 공화당의 차이가 이렇게 크다는 걸 단적으로 느낄 수 있는 광경이어서 지금도 기억에 생생하다.

바로 그 민주당이 주창해온 게 사회적 상승 또는 계층의 사다리였다. '계층 이동을 제약하는 구조를 바꾸겠다. 계층의 사다리를 확대하겠다'고 민주당의 빌 클린턴과 버락 오바마와 힐러리 클린턴은 약속했다. 포용과 개방과 확대는 의미가 있지만, 그것만으론 충분하지 않았다. 트럼프 지지자들은 민주당의 그런 말이 결국은 엘리트 중심의 기존 체제를 강화할 거라 생각했다고 마이클 샌델 교수는 말했다.

이는 '기회의 평등, 과정의 공정, 결과의 정의'를 내세운 문재인 정부가 왜 젊은 세대에게 거센 비판을 받는지 이해할 수 있는 단초를 제공한다. 특목고를 폐지하고 다양한 계층·집단의 대학 입학 기회를 확대하려 애쓰는 진보정부의 정책이 그리 환영받지 못하는 것도 비슷한 이유다. 지역 공공의대 설립 논란 때 "시민단체 간부 자녀들의 특례입학을 위한 제도"라는 가짜뉴스가 급속하게 퍼진 건 이 불신의 고리를 파고들었기 때문이다. 그 밑바닥엔, 진보적 가치에 따른 정책도 결국 기존의 기득권 구조를 바꾸지 못할 것이라는 좌절과 회의감이 깔려 있다.

'사회적 공정'과 '사회적 정의'

이런 정서가 2019년 하반기 조국 전 법무부 장관 논란을 계기로 폭발했다. '기회의 평등'을 약속했던 문재인 정부에서 오히려 기회의 불평등과 과정의 불공정이 드러났다고 젊은 세대는 여겼다. 김윤태 교수는 "논란의 핵심은 애초 검찰개혁 문제였다. 그런데 자녀의 입시 스펙을 만드는 과정에서 '기회의 평등'에 어긋난 요소가 있었음을 부인하긴 어렵다. 젊은 세대에겐 이게 더 중요했다. 촛불을 거친 문재인 정부는 좀더 공정하리라는 기대가 있었는데 이게 허물어진 데 따른 분노의 표출이었다"고 말했다.

방아쇠는 조국 전 법무부 장관이 당겼을지 모르나, 공정과 정의에 관한 우리 사회 갈등의 골은 이미 깊어질 대로 깊어져 있었다. 단지 이명박·박근혜 정부에선 그게 두 보수 대통령의 탓이라 생각했을 뿐이다. 갈등의 본질을 정확하게 깨닫지 못한 건 보수 정치 세력만이 아니었다. 정도의 차이가 있지만, 진보정당을 포함한 진보 진영도 비슷했다. 민주노동당과 통합진보당에서 핵심 역할을 했던 인사는 이런 이야기를 했다.

"1980~1990년대 사회운동·진보운동이 주장했던 건, 뭔가를 하지 말라는 거였다. 예를 들면 고문하지 말라, 그래서 육체적 고문은 지금 거의 사라졌다. 이제 그다음 단계에선 어떻게 가자는 거냐에 대한 방법을 제시해야 하는데 그러지 못했다. '공기업 들어가기가 얼마나 힘든데 비정규직을 정규직화하느냐'라는 취준생 주장에 답할 수 있는 내용이 마땅치가 않다. 그들은 정말 막막한 상황이고, 내가 젊었을 때보다 몇십 배는 더 고통스러울 텐데, 적극적인 취업 보장이나 생활·주거의 안정 이런 게 최소한이라도 갖춰져 있으면 그렇게까지 목소리 높여 반대하진 않을 것이다. 최저임금에 미달하는 노동자가 16% 정도인데, 그 상당수가 청년층이다. 점점 더 불안해지는 젊은 세대의 삶의 모습, 경제적 위기, 그 속에서 불안한 마음의 상태,

이런 것에 진보정당이 더 빨리 주목했어야 했다. 20~30대에게 세상을 어떻게 바꾸었으면 좋겠냐고 물어보면 '자살을 막았으면 좋겠어요', '혐오 표현을 막았으면 좋겠어요' 이런 이야기를 꽤 한다. 이른바 586세대는 세상을 바꾸었다는 생각을 갖고 있다. 젊은 세대에겐 그런 경험이나 자부심이 없다. 사는 것의 어려움이 자신의 문제로 너무 일찍 다가와버린 세대인데, 그런 절박함에 덜 주목했다는 후회가 든다."

흔히 586세대라 불리는 지금의 한국 사회 주도층은 1981년 대학 정원을 두 배로 늘린 졸업정원제 시행 탓에 대학입시를 비교적 수월하게 치렀다. 이들이 사회에 진입한 시기는 한국 경제가 성장을 거듭했다. 그때도 능력주의에 기반한 사회였지만, 과실을 나눠줄 여유는 있었다. 또 그 당시 진보 세력이 추구한 '공정과 정의'는 시대적 과제였던 정치·사회 민주화라는 대의와도 일맥상통했다. 군부독재 정권을 종식하고 검찰·경찰·안기부의 권력 남용을 제어해서 인권을 확장하는 일은 곧 약자의 편에 서서 기득권 위주의 체제를 재편하는 것과 같은 의미였다. 586세대에게 공정은 '사회적 공정'이고, 정의는 '사회적 정의'로 간주되었다.

조국 전 법무부 장관 논란이 벌어지기 훨씬 전인 2018년 2월 한국리서치가 실시한 '한국 사회의 공정성 인식 여론조사'를 보면 흥미로운 대목이 적지 않다. '우리나라는 계층 상승의 기회가 열려 있다'는 주장에 '동의하지 않는다'는 응답은 전체의 74%로 압도적이었다. 그런데 세대별로 유의미한 차이가 드러났다. 60대 이상에서는 66%가

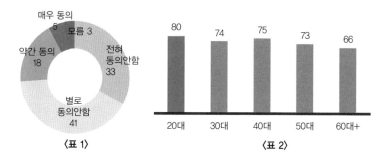

〈표 1〉 '우리 사회는 계층 상승의 기회가 열려 있다'는 주장에 동의하는가 (단위 %)
〈표 2〉 세대별 '계층 상승 기회가 열려 있다'는 주장에 동의하지 않는 비율 (단위 %)

'동의하지 않는다'고 답한 반면, 20대에서는 80%가 '동의하지 않는 다'고 답했다. 젊을수록 성공의 기회가 닫혀 있다는 절망감이 크다는 뜻이다.

이번엔 '정치적 자유와 질서 유지 중 어느 가치가 더 중요한가'라 는 질문을 던졌다. 젊은 세대로 갈수록 '정치적 자유'를, 나이 든 세 대일수록 '질서 유지'를 택했다. 20대에선 '질서가 우선'이라는 응답 이 41%에 불과했지만, 이 비율은 50대에선 64%, 60대 이상에선 68% 로 높아졌다. 반대로 '정치적 자유가 우선'이라는 응답은 20대에선 46%에 달했지만 60대 이상에선 28%에 불과했다.

'시민 불편을 초래해도 집회·시위를 허용해야 하는가'라는 질문 에 대한 답변 추이도 비슷했다. 20대에선 '그래도 허용해야 한다'가 46%로, '허용하지 말아야 한다'는 응답(44%)보다 많았다. 이 비율은 30대부터 역전되기 시작해 60세 이상에선 80%가 '허용하지 말아야 한다'고 응답했다. 진보는 보편적 인권과 기본권을 중시한다. 정치 적 자유와 집회·시위에 관한 질문의 답변 추이는 우리가 흔히 생각

〈표 3〉 '정치적 자유'와 '질서 유지' 중 어느 가치가 중요한가 (단위 %)
〈표 4〉 '집회시위의 자유 vs 시민 불편'에 대한 세대별 인식 (단위 %)

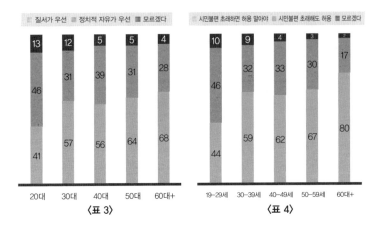

〈표 3〉 　　　　　　　　　　　　〈표 4〉

〈표 5〉 '공익을 위해 개인 재산권을 제한해도 좋은가'에 대한 세대별 인식 (단위 %)

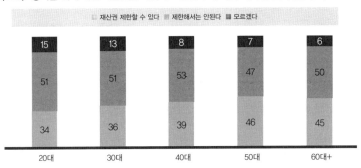

하는 '젊은 층=진보적'이라는 등식과 맞아떨어진다.

　그런데 흥미로운 지점이 있다. '공익을 위해 개인의 재산권을 제한해도 좋은가'라는 질문에 대한 답변은 사뭇 달랐다. '공익을 위해 개인 재산권을 제한할 수 있다'는 응답은 20대 34%, 30대 36%, 40대 39%, 50대 46%, 60대 이상 45%로 나타났다. 나이가 젊을수록 공익보다 개인을, 나이가 많을수록 개인보다 공익을 우선하는 경향을 보이는 것이다. 같은 질문에 대해 진보 성향 응답자의 51%가 '공익을 위해 개인 재산권을 제한할 수 있다'고 답한 반면, 보수 응답자 중엔 40%만이 이런 대답을 했다.

세상을 바꾸지 않고 내 삶을 바꿀 수 없다

오랫동안 진보는 공익을, 보수는 사적 자유를 중시해왔다. 진보가 중요한 가치로 여겼던 '공동체주의'는 젊은 세대에게선 약화되는 경향이 뚜렷한 셈이다. 이는 개인과 공동체의 이익이 충돌할 때 젊은 세대는 언제든지 진보 정치 세력에 대한 지지를 철회할 수 있다는 뜻이기도 하다. 최근 우리 사회에서 벌어지는 수많은 논란, 즉 비정규직과 정규직, 공공의대 설립, 사법시험 부활, 정시·수시 대입제도 등은 큰 틀에서 보면 공동체와 개인의 자유가 충돌하는 양상을 반영한다. 2022년 대선을 앞두고 20대에서 보수정당인 국민의힘 지지율이 더 높게 나오는 건, 이런 인식의 변화와 무관하지 않다.

여론조사를 진행한 이관후 경남연구원 연구위원은 "한국 사회에서 정의를 둘러싼 갈등은 사회 전체의 공정성과 정의감이 높아져서가 아니라, 불공정과 부정의에 대한 사적 포용성이 낮아졌기에 나타나는 것으로 보인다. 1970~1980년대의 고도성장기엔 타인의 부정의가 어느 정도 용납 가능했지만, 외환위기 이후 20여 년간 지속된 경쟁적 사회 구조는 불공정·부정의에 대한 개인의 포용 수준을 크게 낮췄다"고 해석했다.

이관후 연구위원은 "세대에 따라 공정을 보는 시각이 다르기 때문에 어떤 정책을 펴도 논란은 불가피하다. 먼저 사회적 합의를 이루려는 노력을 부단히 해나가지 않으면 아무리 진보 가치를 담은 정책이라도 성공하기 어렵다는 것을 인식해야 한다"고 말했다. 누군가의 '갑질'에 격한 분노를 쏟아내는 인터넷 여론이 이주노동자와 난민 문제에 냉담한 건 이와 관련이 있다. 젊은 세대는 세상을 바꾸는 것보다 내 삶을 바꾸는 게 더 중요하다고 여긴다. 그러나 세상을 바꾸지 않고 내 삶을 바꾸기란 어렵다. 젊은 세대의 '연대'가 중요한 건 이 때문이다.

2020년 9월 의사 파업 때 전공의들의 강경 투쟁을 이끌었던 박지현 전 대한전공의협의회장은 기자회견에서 "망가져가는 부동산 정책, 인천국제공항 정규직 전환 과정에서 공정성 따위는 안중에도 없는 정부에 맞서 이 땅의 청년들과 함께 연대하겠다"고 말했다. 지금은 회장직을 그만두고 병원으로 돌아온 박지현 전 회장에게 구체적으로 어떤 연대를 모색했는지 물었다. 그는 "간호사들과 생각을 공유했고, 여성 문제에 관해 이공계 대학원생들과도 많은 이야기를 나눴다"고 말했다. 이런 대화의 확대는 의미 있는 일이다. 하지만 공정 담론의 성격과 파장에 비춰보면 매우 제한적이고 일시적이다. 이것만으로는 세상을 바꾸기 힘들다.

연대와 단결의 방식이 과거처럼 집회·시위나 성명 발표와 같은 형식으로 이루어질 필요는 없다. 조효제 성공회대학교 교수는 영웅 서사를 담은 게임처럼 신명 나게 놀면서, 힘을 합치면 어떤 난제도 극복할 수 있는 신나는 저항의 서사를 개발할 필요가 있다고 제안한다. 어떤 방식이든 젊은 세대가 스스로 찾아내야 한다. '낡은 진보'를 비판하면서 반사적으로 '낡은 보수'에 손을 내미는 태도로는 젊은 세대가 생각하는 '내 삶을 바꾸는 공정과 정의'를 실현하기란 쉽지 않다.

이제는
외면할 수 없는
북한 인권

"한국 정부, 무관심하다"는 국제사회의 시각

2021년 4월 미 하원의 대북전단금지법 청문회에 참석했던 전수미 변호사(화해평화재단 이사장)는 민주당과 공화당을 가리지 않고 미국 의회에 팽배한, 한국을 북한 인권을 외면하는 인권 후진국처럼 보는 분위기에 깜짝 놀랐다고 한다.

"기본 프레임이 이미 잡혀 있는 게, 한국 정부는 북한 인권을 외면하고 있고 탈북민 인권을 유린하고 있다는 거였어요. 그래서 탈북민 인권운동 변호사로 활동하는 저를 굉장히 안쓰럽게 보더라고요. 저를 미얀마에서 인권운동을 하는 사람처럼 대하더라고요."

이런 분위기는 미국만의 현상은 아니다. 그 직후 독일 단체의 초청을 받아 줌Zoom으로 독일 시민단체 관계자들에게 강의를 했는데, 독일의 분위기도 미국과 크게 다르지 않았다. 촛불시위로 탄생한 정부라고 자랑하는 문재인 정부가 참혹한 수준의 북한 인권에는 왜 그렇게 소극적인지, 북한 인권 개선을 위해 애쓰는 북한 민주화 단체들을 오히려 대북전단금지법으로 옭아매는 건 아닌지라는 질문이 전수미 변호사에게 쏟아졌다고 한다.

미국과 유럽의 이런 분위기는 대북전단금지법의 입법 배경을 제대로 알지 못했기에 나온 현상일 수 있다. 국제사회에서 비판적 여론을 불러일으킨 대북전단 살포금지 조처는, 국내적으로 볼 때는 불가피한 측면이 있다. 극소수 강경 단체가 주도하는 전단 살포는 북한 정부와 군을 자극할 뿐, 외부 정보를 북한 주민들에게 주입하는 실질 효과는 거의 없다는 데 많은 대북 전문가는 동의한다.

항상 편서풍이 부는 휴전선 일대의 풍향과 풍속을 고려하면, 경기도 평야지대에서 전단을 실은 풍선을 날리더라도 동부 산악 지역에 떨어지거나 남쪽 비무장지대에 떨어지는 게 대부분이다. 북한민주화네트워크 김영환 연구위원은 "2000년대 초반 풍선에 GPS를 달아 낙하지점을 추적한 적이 있는데, 대부분이 동부 비무장지대에 떨어지는 걸로 나타났다. 대북전단 살포는 국제적 관심을 끄는 데는 효과적일지 모르나 실제 북한에 정보를 들여보내는 효과는 미미하다"고 말했다.

북한반인도범죄철폐국제연대ICNK 권은경 사무국장도 "4~5년 전

탈북자들과 함께 전방 군부대로 강연을 간 적이 있는데, 갑자기 비상이 떨어져 강연이 취소되었다. 남쪽 단체에서 날린 대북전단이 고스란히 우리 쪽 지역에 떨어져 병사들이 그걸 수거하러 동원된 거였다. 그런 일이 처음이 아니라고 하더라"고 말했다. 이 때문에 종교단체 등은 USB에 한국 드라마나 뉴스 등을 담아서 몰래 반입하는 방식으로 북한에 외부 정부를 전달한다.

몇몇 대북 단체가 남한 당국의 강력한 제지에도 '삐라(전단)'를 날리는 건, 이게 국내외적으로 후원금을 모으는 데 매우 효과적인 방법이기 때문이다. 조금 가혹하게 말하면, 북한군의 사격 위협으로 군사적 긴장이 높아지는 대가로 일부 대북 민간단체는 경제적 이득을 취하고 있는 셈이다.

그러나 국제사회에선 대북전단금지법 입법을 '표현의 자유'를 침해하는 행동으로 보는 시각이 많다. 인권 사각지대인 북한 주민을 돕기 위한 외부의 자발적인 행동을 정치적 이유로 막는 반인권·반민주주의 법안이라는 것이다. 한반도는 아직도 종전終戰이 아닌 휴전休戰 상태다. 하지만 남북 접경지역의 평화와 안정을 유지하려는 한국의 특수한 상황은 인권이라는 보편적 가치에 밀리고 있는 게 지금 국제사회 분위기인 것이다.

북한 인권이 국제사회의 이슈로 떠오른 건 2012년 유엔이 북한인권조사위원회를 구성하고 이듬해인 2013년 2월 북한 인권 문제의 심각성을 담은 보고서를 제출하면서부터다. 유엔 총회는 2014년 이 보고서를 채택했다. 그리고 '북한에서 조직적이고 심각한 인권침해가 이루어지고 있으니 반인도적 범죄의 책임자를 국제형사재판소에 기소하라'고 안전보장이사회에 요청했다. 이때부터 미국과 유럽 등 국제사회에선 북한 인권 문제에 지속적인 관심을 쏟기 시작했다. 한국 역시 국제사회 분위기를 외면할 수 없어 북한인권법 제정 논의를 본격화했고, 제20대 총선을 코앞에 둔 2016년 3월 국회 본회의에서 북한인권법을 통과시켰다.

'인권'보다 한반도의 '평화와 통일'이 우선이다

노무현 정부 시절인 2005년 천주교 인권위원회는 천주교주교회의 정의평화위원회와 함께 『인권백서』 발간을 추진한 적이 있다. 김대중 정부에 이어 진보정부의 재집권이 이루어졌으니, 사회 각 분야의 인권 상황을 전체적으로 점검해보자는 생각에서였다. 그때 인권위원이던 박준영은 『인권백서』의 한 항목으로 북한 인권 보고서를 넣자고 제안했고, 스스로 초안을 썼다. 그러나 북한 인권에 관한 부분은 마지막에 빠졌다. 박준영은 "인권위의 다른 인사들이 '북한 인권을 바라보는 기본 관점에 동의하기 어렵다'며 문제 제기를 했던 것으로 기억한다"고 말했다.

벌써 십수 년 전의 일이다. 그러나 북한 인권을 바라보는 진보 진영의 시각은 그때나 지금이나 크게 달라지지 않았다고 박준영은 말했다. 당시 많은 사람이 문제를 제기했던 박준영의 기본 관점은, 북한 인권도 글로벌 스탠더드의 기준에서 바라보자는 것이었다. 『인권백서』에서 빠진 그의 보고서엔 북한 인권을 접근하는 기본 원칙이 이렇게 기술되어 있다.

"첫째. 유엔이 선언했듯 인권은 보편적이며, 보편적 기준이 있고, 따라서 북한만 예외가 아니다(특수성은 그다음에 거론할 2차 문제다). 둘째. 북한은 국제인권협약 A조약과 B조약 둘 다 가입했으며, 따라서 이를 지킬 의무가 있다. 셋째. 북한 인권 문제의 핵심은 사상의 자유이며, 경제난도 민주주의와 연관이 있다. 넷째. 북한과의 인권 대화는 통일 노력에 방해가 되기보다는 오히려 도움이 된다."

지금 보더라도, 그가 제시한 4가지 원칙은 논란의 여지가 크다. 하물며 십수 년 전에 진보 진영에서 이런 문제를 제기했으니, 반발이 얼마나 거셌을지 쉽게 짐작할 수 있다. 북한 인권 문제의 핵심이 '사상의 자유'라는 건 보수의 시각으로, 진보 세력은 오랫동안 북한 인권을 '자유권보다 사회경제적 권리가 우선한다'는 시각에서 접근해왔다. 북한과의 인권 대화가 통일에 도움이 될 거라는 박준영의 주장도, 북한 정부의 격렬한 반발을 생각하면 그리 현실적으로 보이진 않는다. 하지만 '북한 인권 역시 보편적 가치란 차원에서 바라봐야 하고, 국제인권협약이라는 글로벌 스탠더드를 지켜야 한다'는 주장은 충분히 논의해볼 가치가 있는 것이었다. 이 점을 간과했기에 지금 북한 인권은 진보의 가장 아픈 손가락이 되어버렸다.

진보는 이제까지 '한반도 평화와 남북 관계'라는 틀 속에서 북한 인권을 바라보았다. '북한 주민의 인권보다 중요한 건 한반도의 평화와 통일이다. 한반도에 평화가 정착되면, 그래서 남북간 교류가 활발해지면 북한 인권 문제는 자연스레 해소될 것이다. 그때까지는 자유권보다 북한 주민의 경제적 어려움을 개선하고 군사적 긴장을 낮추는 데 힘을 쏟아야 한다. 빈곤에서 벗어나는 것이 지금 북한 주민에겐 가장 절실한 인권 문제다.'

이런 시각이 진보 진영 내부에선 보편적이었다. 이는 미국의 제재와 위협 속에서 살아남아야 하는 북한 체제의 어려움을 일정 부분 이해하는 데서 비롯되었다. 북한은 인권을 "사람이 사람으로서 마땅히 가져야 할 권리, 곧 사람의 자주적 권리"라고 규정하면서 "인권은 나라와 민족의 자주권을 떠나서 생각할 수 없다. 외세의 지배를 받는 나라 인민에게는 결코 인권이 보장될 수 없다"고 밝히고 있다. 자주권을 인권 앞에 내세운 북한 논리는 남한 NL계의 확산과 함께 한국 진보 세력에도 적지 않은 영향을 끼쳤다. 북한 인권의 보편성보다 분단 상황이라는 특수성을 훨씬 중요하게 생각하고 민족주의적 입장에서 인권 문제에 접근해온 것이다. 북한 인권을 다루는 진보 진영의 태도는 알게 모르게 경직될 수밖에 없었다. 북한 인권운동과 탈북민 지원 활동을 '보수의 영역'으로 밀어놓은 건 이런 이유에서다.

인권은 '인류의 보편적 가치'

미국 의회가 민주당과 공화당 가리지 않고 북한 인권 문제에 강경한 태도를 취하는 데엔, 보수 성향이 매우 강한 한국의 북한 민주화 단체들과 수십 년간 이어온 정보 제공과 협력의 끈이 예상보다 강력한 탓이 크다. 5년 임기의 진보정부(문재인 정부)가 들어서도 이 끈끈한 연대를 뛰어넘기란 쉽지 않다. 미국 의회 청문회에 참석했던 전수민 변호사가 "미 의회 관계자들이 한국 외교부보다는 국내 보수단체들로부터 일방적인 정보를 받고 있다는 느낌을 받았다"고 말한 건 이런 맥락일 것이다.

물론, 보수가 북한 붕괴의 수단으로 인권 문제를 활용하려는 자세를 먼저 버리는 건 절실한 일이다. 하지만 진보도 북한 인권을 '분단이라는 특수 상황'에서만 볼 게 아니라 '인류의 보편적 가치'라는 차원에서 접근할 때가 되었다. 우리가 내정간섭이라는 중국 정부 주장에도 홍콩의 민주화 시위를 지지하는 건, 홍콩 시민들이 요구하는 민주주의와 인권의 가치가 보편적이라고 믿기 때문이다. 군부 세력의 무자비한 탄압에 저항하는 미얀마 국민들의 시위도 마찬가지다. 미얀마와 홍콩의 인권 탄압을 비난하듯이, 북한에 대해서도 고문 등 비인간적 억압을 중단하라고 분명하게 목소리를 낼 때가 되었다. 미얀마 군경의 무자비한 진압을 비판하면서 북한 인권엔 유보적 태도를 취하는 건 국제사회 지지를 얻을 수 없을 뿐 아니라, '분단과 통일'에 훨씬 둔감한 국내 젊은 세대의 동의를 구하기도 힘들다.

우선, 진보적인 시민·사회단체들은 북한 문제에서 자신의 입장을 진보정부와 동일시하려는 강박에서 벗어날 필요가 있다. 해방 이후 반세기 넘게 이어진 '보수 우위의 사회'에서, 김대중·노무현·문재인 정부에 자기 자신을 투영하려는 인식이 진보 단체들에겐 알게 모르게 작용했다. 이런 인식은 북한 문제에서 특히 강했다. 반공·반북 이데올로기가 워낙 강고하다 보니까, 진보정부가 남북 관계 개선을 위해 북한 인권에 소극적인 태도를 취해도 이를 지지하는 게 올바른 태도라고 생각했다.

해마다 유엔에서 채택되는 대북 인권 결의안을 한국 정부가 지지하든 기권하든, 진보 단체들은 문제 삼지 않았다. 그러나 진보 단체나 진보 언론이 꼭 진보정부와 같은 태도를 취할 필요는 없다. 진보 단체와 진보 언론은 훨씬 원칙적으로 북한 인권 문제에 접근하고, 진보정부는 외교관계와 대북 교류 등을 고려해서 좀더 현실적으로 결정을 내리는 게 어찌 보면 당연한 일이다. 탈북 여성을 돕는 어느 변호사가 국내 여성단체에 지원을 요청하자, 그 단체에선 "탈북자를 도우면 나중에 북한 여성동맹과 교류를 추진하는 데 어려움이 생긴다"며 난색을 표시했다는 이야기는 북한 인권을 대하는 진보 단체의 태도를 단적으로 보여준다.

또 북한 인권의 특수성을 강조하면서 '평화와 통일이 먼저다'라는 시각에서도 벗어나야 한다. 오랫동안 진보는 북한 인권을 민족주의적 입장에서 바라보았고, 분단 상황의 특수성을 강조했다. 북한 인권 문제를 제기하면 북한 정권의 반발을 불러 평화와 통일을 앞당기는 데 오히려 걸림돌이 된다고 여겼다. 북한인권법 논란이 한창이던 2015년 2월 국회 외교통일위원회에서 어느 진보정당 의원이 했던 발언은 그런 정서를 잘 보여준다.

"우리가 북한 인권을 이야기할 때 미얀마라든가 또는 미국 흑인의 인권을 이야기하는 게 아닙니다. 휴전선을 앞두고 군사적으로 첨예하게 대치하고 있는 남북 관계에서 분단의 당사자로 그렇게 북한 인권을 이야기하고 있는 겁니다. 우리로서는 어쩔 수 없이 남북 관계의 일환으로 이 문제에 접근할 수밖에 없습니다."

충분히 공감할 만한 이런 정서가 진보 진영에서 북한 인권을 바라보는 시각에 깔려 있었다. 그러나 이 과정에서 '인권과 민주주의 가치는 특수성보다 보편성이 훨씬 중요하다'는 점을 간과했다. 북한 주민의 인권이나 미얀마 시민의 인권이나 미국 흑인의 인권이나 모두 소중하고, 유보할 수 없는 가치라는 걸 인정할 때가 되었다.

인권 문제를 제기하면 북한 정권을 자극해서 오히려 주민들의 인권을 악화시킬 거라는 우려는 현실적일까? 북한 인권, 특히 표현의 자유 등 자유권 문제를 제기하면 북한 정권은 외부와의 교류·협력을 중단할 것이고 그렇게 되면 북한 주민에 대한 경제 지원이 어려워져 생존권을 악화시킬 거란 주장은 나름 일리가 있는 것처럼 보였다. 하지만 결과적으로 외부의 지원과 압력이 독재정권 내부의 인권 개선에 도움이 되었음은, 1970년대 박정희 유신정권을 비롯해 수많은 제3세계 국가의 민주화 경험에서 어느 정도 입증된 사실이다.

북한도 예외는 아니라고 북한인권운동 단체들은 말한다. 권은경 사무국장은 "2014년 유엔 총회에서 강력한 제재 내용을 담은 북한 인권 보고서를 채택한 뒤 북한 정부의 태도는 분명히 바뀌었다고 한다. 2019년 탈북한 북한 보위성 출신 인사의 증언을 보면, 2015년 무렵에 '더이상 인권 문제 갖고서 말이 나오게 하지 말라'는 상부의 엄중한 지시가 떨어졌고 실제로 그 이후 구류장(경찰서 유치장 또는 구치소)에서 고문이나 가혹 행위가 많이 사라졌다고 한다. 이건 국제사회 압력이 북한의 인권 개선에 실질적인 영향을 끼쳤다는 증거다"고 말했다. 전수미 변호사도 비슷한 내용의 이야기를 많은 탈북자에게서 들은 적이 있다면서 "외부에서 관심을 가지면, 분명히 인권 개선의 효과는 있다"고 말했다.

인권 문제를 북한 정권 붕괴의 지렛대로 활용하려는 보수의 잘못된 접근을 뛰어넘기 위해서라도, 진보는 북한 인권에 훨씬 더 많은 관심을 기울여야 한다. 탈북민 인권을 개선하는 작업에 진보적인 인권단체들도 뛰어들어야 한다. 진보정부 역시 적극적인 태도를 보여야 할 것이다. 먼저, 여야 합의로 제정한 북한인권법에 따른 북한인권재단 출범을 서두르는 게 시급하다. 북한은 국제인권협약 A조약과 B조약 모두에 가입해 있으니 이를 근거로 인권 개선을 촉구하는 건 명분 있는 행동이다. 선진국 반열에 오른 한국이 미얀마 인권을 강조하면서 북한 인권엔 소극적인 걸로 비친다면, 국제사회에서 영향력을 확대하기는 어렵다. 이제 과거와는 다르게 접근할 시기가 되었다.

진보정권과 민주노총의 불편한 관계

진보정권과 보수정권이 다르지 않다

노동조합과 진보정권은 왜 항상 대립하고 갈등하는가? 사회를 바꿔 나가려는 노력을 함께할 수는 없는 것일까? 2021년 9월 양경수 민주 노총 위원장이 구속되면서, 문재인 정부와 노동계의 관계는 더는 개선의 여지가 사라져버렸다. 민주노총은 "문재인 정권이 이명박·박근혜 정권과 다른 게 뭐냐"고 맹비난했다. 그러나 관계 악화의 책임을 오로지 진보정권에만 묻는 건 타당하지 않다.

이걸 따지려면 먼저 노동계가 진보정권을 바라보는 시각을 살펴볼 필요가 있다. 노동계에 진보정권은 믿을 수 있는 친구인가, 아니면 정권의 이해를 최우선으로 하는 5년마다 바뀌는 권력의 하나일 뿐인가? 우문처럼 보이는 이 질문엔 노동운동이 바라보는 진보정권의 상이 오롯이 담겨 있다.

민주노총의 한 간부급 인사는 "진보정권도 1~2년 지나면 결국 자본의 요구에 굴복하는 모습을 보이고, 이런 경험이 노동계와 진보정권이 협력할 수 있는 토대를 허물었다"고 말했다.

"문재인 정부의 '노동 존중'에 대한 기대는 아주 높았습니다. 조합원 설문조사를 하면, 역대 정권 중 가장 노동계와 호흡할 수 있는 정권이란 평가가 많았습니다. 그런데 1년 정도 지나면서 노동 존중은 통과의례 이상의 의미를 갖지 못한다는 생각을 하게 됐죠. 문재인 정부도 과거 김대중·노무현 정부와 다를 게 없다는 걸 알게 된 거죠."

'정권은 유한하지만 노조운동은 계속되어야 한다'는 말은 틀리지 않다. 정치권력은 언제든지 진보에서 보수로, 또 보수에서 진보로 바뀔 수 있다. 정권의 부침에 상관없이 운동이 명분과 정당성을 가져야 한다는 생각은 노동운동뿐만 아니라 다른 시민·사회운동에서도 어렵지 않게 찾을 수 있다. 그러나 이런 생각이 노동조합운동의 순수성을 강조하는 순혈주의로 흐르는 순간, 진보정권과 보수정권의 차이를 너무 협소하게 바라보기 쉬워진다.

이명박·박근혜 정부 시절 노동계는 대화와 타협의 길이 막혀 투쟁 외엔 다른 길을 찾기 힘들었다. 그에 비하면 문재인 정부에선 좀더 다양한 가능성이 열려 있었던 게 사실이다. 그럼에도 10개 중 핵심적인 2~3개가 충족되지 않으면 다른 6~7개를 얻는 건 무의미하다는 순혈주의는 여전히 강하게 작동했다. 그렇게 5년이 흐르고 또다시 "진보정권(자유주의 정권)이나 보수정권이나 다르지 않다"는 비판이 노동계에선 나온다.

그러나 진보정권의 책임 못지않게 노동계 역시 운동의 기반 확대와 사회 전체의 이익을 위해 해야 할 일을 하지 못하고 시간을 흘려보냈다는 비판에서 자유로울 수는 없다. 이남신 서울노동권익센터 소장은 "진보정권 집권 기간엔 노·정 사이에 긴장이 있더라도 서로 협력할 건 협력하면서 파트너로서 일정 부분 진전을 이루어내는 게 필요했다. 핵심 현안에서 타협이 이루어지지 않았다고 해서 다른 사안까지 사회적 대화와 타협을 거부해서는 노조의 정치·사회적 영향력이 커질 수가 없다"고 말했다.

정말 아픈 부분은 정부와의 관계가 아니다. 진보정권과의 대립은, 비록 얻는 게 없어도 '원칙과 명분'을 내세울 수 있는 여지라도 있다. 하지만 사회적 대화와 타협에 소극적인 모습은 한국 사회에서 노동운동이 차지해온 영향력의 감소와 함께, 노조의 고립으로 나타난다. 1995년 세상에 첫 발을 내디딘 민주노총이 영향력을 확장할 수 있었던 이유는, 초기에 국민연금 개혁이나 사회안전망 확대 같은 정치·사회 현안에 목소리를 내며 시민사회 진영의 폭넓은 지지를 이끌어냈기 때문이다.

민주노총을 바라보는 시민사회의 눈길

민주노총은 지금도 다른 부문과의 연대에 적극적이라고 말한다. 양경수 위원장은 구속되기 전 『한겨레』 인터뷰에서 "민주노총이 다른 시민사회운동 부문에 손을 내밀고 그들의 이야기를 대변해줘야 한다는 데는 전적으로 동의한다. 그래서 저희는 전국민중행동이라는 조직을 통해 다양한 연대 활동을 하고 있다. 농민이나 노점상 문제를 제기하고 있고, 소상공인까지 포함하는 토론회도 연다"고 말했다.

그러나 민주노총을 바라보는 시민사회의 눈길은 예전과 확연히 다른 게 현실이다. 사회적 합의 실패로 사퇴했던 김명환 전 민주노총 위원장은 시민사회의 차가운 눈빛을 느끼는 게 몹시 힘들었다고 말했다.

"2020년에 '코로나19 극복을 위한 사회적 대화'를 추진하면서 보니까, 시민사회 인사들이 '정규직 해고를 막기 위해 그러는 거 아니냐'는 눈빛을 보내는 걸 느낄 수 있겠더라고요. 다른 부문과의 연대나 결합도가 예전에 비해 확 떨어졌다는 걸 피부로 느꼈습니다. 한국 사회와 공동체의 문제를 해결하는 파트너로서 민주노총을 바라보고, 진지한 토론과 협력의 대상으로 여기는 인식이 점점 사라지고 있는 겁니다. 민주노총의 가장 큰 고민은, 제가 보기엔 사회적 고립이에요. 그런 상황이 민주노총 위원장을 할 때도 계속 반복되니까 자괴감이 들더라고요. 개인적으로 몹시 마음이 안 좋았죠."

'대기업과 공공부문 정규직만을 위한 조직이 아니냐'는 싸늘한 시선, 민주노총이 직면한 가장 큰 위기는 바로 여기에 있다. 그 점에서 민주노총은 우리 사회의 이른바 586세대와 닮은 지점이 있다. 민주노총은 1987년 노동자 대투쟁 이후 어용노조를 극복하고 노동자의 자주권과 단결권을 확대하는 민주노조운동을 통해 성장했다. 현대자동차 같은 대기업 노조의 임금 인상 또는 노동조건 개선 투쟁은 자본의 횡포를 제어하고 불평등을 완화한다는 점에서 한국 사회 민주화와 궤를 같이했다. 민주화운동과 민주노조운동은 동전의 양면과 같았다. 이런 역사적 성과에 대한 자부심은 지금도 나이 든 민주노총 핵심 조직원들의 마음속 깊이 자리 잡고 있다.

민주노총의 핵심 간부는 "민주노총을 향한 외부의 시선을 산별노조 간부들도 모르지 않는다. 그러나 과거를 돌아보면 대한민국에서 노동에 우호적인 시기가 어디 있었나, 그걸 뚫고 하는 게 노동운동이라는 생각을 강하게 갖고 있다. 정부와 타협하지 않아도 노동운동은 계속 갈 수 있고 또 가야 한다는 믿음, 1987년 이후 민주노조운동을 하면서 거둔 성과에 대한 평가가 그런 인식의 밑바탕에 깔려 있다"고 말했다. 과거의 성과와 자부심이 지금 행동에 정당성을 부여한다는 생각은 586세대가 비판받는 그 지점과 일맥상통한다.

지난한 역사적 경험은 노동운동계 내부의 이견을 잘 용납하려 하지 않는다. 김명환 전 위원장은 "특히 IMF 이후 쌓인 경험이란 게 일자리 축소, 임금 삭감, 노조 무력화 이런 과정이니까, 1987년 이후 자본의 공세에서 조직을 지키는 게 가장 중요한 문제였으니까, 이런 경험 속에서 내부 이견을 힘들어한다. 그러니 이견을 용납하려 하지 않고 토론이 잘 이루어지지 않는다"고 말했다.

시효가 지난 민주노총의 구호

문제는 이런 과정을 거친 민주노조운동의 성과가 대기업과 공공기관 정규직의 임금·복지만 개선하는 데 그치고 비정규직을 포함한 전체 노동자로 확산되지 못했다는 점이다. 지금도 그런 확산의 의지와 노력은 잘 보이지 않는다는 비판은 뼈아프다. 한국 노동운동의 산증인인 김금수(한국노동사회연구소 명예이사장)는 이렇게 말했다.

"우리나라가 산업별 노조 체계인데도 기업별 교섭을 계속 유지하고 있으니까 임금 격차를 줄이지 못합니다. 산업별 교섭 체계와 산업별 협약의 효력 확장, 이런 게 되지 않으면 격차 해소가 어려워요. 산업별 노조 차원에서 중소기업, 비정규직 문제를 포괄적으로 다루어야지, 기업별로 교섭해서는 기득권을 허물 수가 없는 겁니다. 이런 노동시장의 분절화가 노동운동 내부에 분열로 나타나는 거죠. 대기업이나 공기업 정규직이 비정규직의 정규직화를 반대하는 경우가 실제로 나타나고 있지 않습니까?"

진보정권에 대한 노동계의 불신이 근거 없는 건 아니다. 출발점은 IMF 직후의 정리해고 시행이었다. 1998년 정리해고 즉각 도입과 노조 정치활동 허용 등을 담은 2·6 사회협약은 최초의 노사정 대타협이라는 평가와 달리 그해 2월 24일 민주노총 대의원대회에서 부결되었다. '긴박한 경영상의 이유로 해고할 수 있다'는 조항 하나로 수많은 노동자가 거리로 내쫓기고, 때론 목숨을 잃었다. 노동조합운동의 성격도 전투적으로 바뀌었다.

이에 대해 노무현 정부에서 청와대 노동비서관을 지낸 권재철은 "IMF 시기의 정리해고 허용은 대량 실업으로 이어졌고 이후 노동조합에서 비타협적인 운동 노선이 뿌리내린 것은 이해할 수 있는 측면이 있다. 정리해고는 생존의 문제니까, 그럴 수 있다. 그러나 한편으로는 민주노총이 노사정 대타협인 2·6 사회협약을 승인하고, 고용 안정을 위한 정책과 사회안전망 확대에 매달렸으면 어땠을까 하는 아쉬움이 든다. 지금 돌아보면 그렇게 하는 것이 이후 진보정권 집권 기간에 노동 문제에서 좀더 실질적인 진전을 가져오지 않았을까 생각한다"고 말했다.

오랫동안 민주노총의 구호는 '세상을 바꾸자'였다. 그러나 세상을 바꾸자고 외치는 동안, 정작 스스로를 바꾸는 데엔 소홀했다는 지적은 의미심장하다. 민주노총 출신으로 서울시에서 노동 업무를 기획했던 주진우(현재 서울시사회서비스원 대표)는 "박원순 시장이 첫 임기를 시작할 때 서울시 본청 공무원 1만 1,000명 중 노동을 전담하는 담당자가 딱 1명이었다. 그게 점점 커져서 지금은 노동권익센터를 비롯해 다양한 조직이 있다. 분명 노동정책을 다루는 데서 진보정부와 보수정부의 차이는 있다"고 말했다.

주진우는 "진보정권 아래서 노동계가 전 국민 고용보험 등을 매개로 사회적 대화에 적극 참여한다면, 그렇게 미조직 노동자들과 자영업자, 소상공인에게까지 도움을 주고 조직화를 한다면, 나중에 훨씬 큰 영향력을 발휘할 수가 있지 않을까?"라고 말했다.

문재인 정부 들어 민주노총은 조합원 수 104만 명(2020년 12월 정부 발표 기준)으로, 한국노총을 제치고 제1노총으로 올라섰다. 한국노총 조합원도 100만 명을 넘어섰다. 그러나 양대 노총의 사회적 영향력과 권위는 예전보다 훨씬 못하다. 김금수는 "민주노총과 한국노총의 조합원 숫자가 각각 100만 명을 넘나드는데, 시민단체들 회원 숫자는 얼마나 되겠나? 그런데도 정치·사회적인 권위가 시민단체들만 못하다. 정치 노선도 없고, 조직 노선도 없고, 투쟁 노선도 없고, 총노선도 없으니까 사회적 영향력이 떨어질 수밖에 없다"고 말했다.

양대 노총 모두 조합원 수를 늘렸지만, 그래도 노조 조직률은 합쳐서 전체 노동자의 11~12%에 불과하다. 그나마 전체 노동자엔 점점 숫자가 늘고 있는 특고·플랫폼 노동자들은 빠져 있다. 노조 총연맹이 낮은 대표성을 극복하려면, 양대 노총이 한목소리를 내야 할 뿐 아니라 미조직 노동자들, 특고·플랫폼 노동자들과 연대하고 그 연대 범위를 자영업자와 소상공인까지 확대해나가야 한다. 그렇게 연대 테이블을 넓힌다고 해서 민주노총과 한국노총을 정부나 언론이 1/n로 보지는 않을 것이다.

"진보정권도 다를 게 없다"고 말하는 건 쉽다. 정말 어려운 건, 노동과 사회 현안에서 작지만 의미 있는 변화를 이루어내는 것이다. 그건 사회적 대화 외엔 달리 방법이 없다. 변화의 물꼬를 민주노총을 비롯한 노동계 쪽이 먼저 여는 게 진정 세상을 바꾸는 행동이다.

정규직을
뛰어넘은
'약자와의 연대'

정규직과 비정규직이 '함께 살자'

'희망연대노조'라는 이름의 노동조합이 고용노동부 서울서부지청에 설립신고서를 낸 건 2009년 12월이었다. 케이블 설치기사와 콜센터 상담원, 방송 스태프 등을 조합원으로 하는 지역노조인 희망연대노조 설립신고서를 보더니 근로감독관은 '명칭이 너무 낯설다'며 머리를 긁적였다고 한다. 서울서부지청은 본부(고용노동부)에 문의를 해보고서야 노조 설립 신고필증을 내주었다.

희망연대노조는 이듬해인 2010년 1월 케이블방송업체 C&M(현재 딜라이브)에 첫 지부를 건설했다. 정규직 직원 150여 명이 가입했다. 그렇게 첫걸음을 뗀 희망연대노조는 10년이 흐른 지금, 딜라이브·LG유플러스·SK브로드밴드·다산콜센터 등 13개 지부에 6,000여 명의 조합원을 둔 노조로 성장했다. 케이블방송과 통신, 콜센터의 정규직·비정규직을 함께 포괄하고 있다. 2020년 12월 24일 치른 민주노총 집행부 선거에선 희망연대노조의 산파 역할을 한 김진억(희망연대노조 나눔연대사업국장)이 민주노총 서울본부장에 당선되었다. 의미 있는 전진이다.

그러나 외형적 성장보다 뜻깊은 건, 희망연대노조가 걸어온 궤적이 대부분의 노조와는 다르다는 점이다. 희망연대노조는 출발부터 정규직과 비정규직 연대를 말로만이 아니라 행동으로 실천했다. 정규직 조합원들이 비정규직 조합 설립을 적극 도왔고, 비정규직 파업에 동참했다. '연대임금'이란 이름으로 매년 정규직보다 비정규직 임금을 조금씩 더 올리며 임금 격차를 줄여나가고 있다.

그뿐만이 아니다. 희망연대노조 첫 번째 지부인 C&M 정규직 지부는 초기부터 회사 쪽과 단체협상에서 사회연대기금 조성을 명문화했다. 처음에 회사는 '사회연대기금 대신에 임금을 조금 더 올리는 게 어떠냐'고 말했다고 한다. 이 기금으로 지역 청소년과 장애인·이주노동자를 돕고, 네팔 어린이들을 지원한다. 이동훈 희망연대노조 위원장(전 C&M 지부장)은 이렇게 말했다.

"'노동자는 하나'라는 구호는 멋진 말이지만, 현실에선 그렇지 못합니다. 정규직과 비정규직으로 갈라진 노동 현장에서 '연대'와 '단결'은 말처럼 쉽지 않죠. 그래서 노조를 만들고 가장 많이 받은 질문

정규직을 뛰어넘은 '약자와의 연대'

이 '비정규직과의 연대가 어떻게 가능했냐', '어떻게 함께 싸울 수 있었냐'였던 거 같아요."

C&M 정규직 노조는 설립 이듬해인 2011년부터 협력업체 비정규직 노동자들을 조직해 '비정규직 지부'를 만드는 일에 나섰다. 그때 정규직·비정규직이 만든 노조준비모임의 이름이 '함께 살자'였다. 그렇게 2년여간 조직 작업을 한 끝에 2013년 2월 '케이블방송 비정규직 지부'를 결성했다. 2014년 비정규직 조합원 109명이 계약 해지를 당하자, 정규직은 연대 투쟁에 나섰다. 비정규직 조합원 2명이 서울 프레스센터 앞 전광판에서 고공농성에 들어간 뒤 정규직은 전면 파업으로 이들을 지원했다. 결국 이 싸움은 희망연대노조의 승리로 끝났다.

지금 다시 이동훈 위원장에게 "정규직 조합원들이 어떻게 비정규직과 함께 싸울 수 있었습니까?"라고 묻자, 이동훈 위원장은 이렇게 답했다. "사실 다른 사업장과는 좀 다른 측면이 있었어요. 협력업체 직원들은 예전에 한솥밥을 먹다가 외주화가 진행되면서 회사를 나간 사람들이 대부분이었죠. 그러니 외면하기 어렵고, 그분들이 처한 상황이 우리의 미래라는 생각이 들었습니다."

그러나 이게 전부는 아니다. C&M 정규직 지부를 만들고 첫해에 150명이 파업을 했는데, 그 기간에 김진숙·하종강 등을 초청해 강연을 들었다고 한다. "그분들이 강연에서 강조한 게 이거였어요. '여러분이 비록 저임금 정규직이긴 하지만, 더 힘든 비정규직이 훨씬 많으니 그들을 돕고 그들과 함께해야 한다.' 파업 기간에 이 문제를 갖고 정말 토론을 많이 했죠. 그러다 보니 비정규직 투쟁 지원 때 정규직 조합원들을 설득하는 게 많이 어렵지는 않았습니다."

사업장에 매몰된 노조운동을 뛰어넘다

희망연대노조 딜라이브 지부(C&M의 정규직·비정규직 통합지부)는 임금 인상 협상에서 10년 동안 지켜온 원칙이 있다. '연대임금'이라 부르는 정액 임금 인상이다. 정액 임금 인상은 임금이 낮은 비정규직과 기능직 등에 유리하다. 평균임금이 그리 높지 않은 케이블업계에서 정규직 노조가 매년 '연대임금'을 추구하는 건 쉬운 일이 아니다. 2018년엔 회사와 최저임금 1만 원에 합의해서 기술직 30여 명과 콜센터 상담직 70여 명의 통상임금이 크게 올랐다.

김진억 민주노총 서울본부장은 "2000년대 초반 민주노총에서 비정규직 업무를 담당했다. 그때 산하 노조에 '하후상박으로 정액 임금 인상을 하라'고 이야기했지만 현장에선 실행이 안 되더라. 정규직 조합원은 일단 내 임금을 지키려 한다. 임금 격차 축소와 비정규직 철폐를 외치면서도 내 사업장만은 어쩔 수 없다고 말하는 사례를 많이 보았다. 그래서 희망연대노조를 만들면서 '연대임금' 실현을 하나의 목표로 잡았다"고 말했다.

한석호 전태일재단 기획실장이 2020년 4월 희망연대노조 10주년 평가 세미나에서 발표한 자료를 보면, 300명 이상 대기업 사업장의

<표 1> 사업자 규모에 따른 노조 조직률 추이

구분	30명 미만	30~99명	100~299명	300명 이상
임금노동자 수	11,753,000명	3,891,000명	2,008,000명	2,494,000명
조합원 수	12,846명	87,500명	216,781명	1,261,634명
조직률	0.1%	2.2%	10.8%	50.6%

임금 노동자 수는 250만 명 정도인데, 이 중 절반(50.6%)이 노조에 가입해 있다. 노조 조직률이 높다는 건 그만큼 임금과 복지 개선에 유리하다는 뜻이다. 노조 조직률은 기업 규모가 작아지면서 급격히 낮아져, 30명 미만 사업장에 속한 노동자 수는 1,170만 명인데 이 중 노조에 가입한 숫자는 1만 명을 겨우 넘는다. 노조 조직률이 0.1%에 불과하다.

대기업 노동자들이 중소기업과 비정규직 노동자들에게 손을 내밀지 않으면, 임금 격차는 점점 더 벌어질 수밖에 없는 구조인 것이다. 한석호 기획실장은 "상위 노동의 절제되지 않은 임금 인상이 하위의 임금 정체 또는 축소로 귀결되는 게 현실이다"고 말했다. 지금도 희망연대노조는 작지만 의미 있는 방식으로 이 구조를 깨기 위해 노력하고 있다.

놀라운 건 또 있다. 희망연대노조는 설립 초기부터 단체협상에서 사회연대기금을 꾸준히 조성해 지역사회를 도왔다. '사업장에 매몰된 노조운동'을 뛰어넘어 지역사회 약자와 연대하는 새로운 운동을 벌여온 것이다. 코로나19 상황을 보면, 가장 타격을 덜 받는 그룹은 대기업 정규직과 공공부문 노동자들이다. 비정규직과 특고 노동자, 자영업자와 소상공인들까지 심각한 타격을 받고 있다. 그러나 정규직 중심의 노동조합들이 적극적인 사회적 연대에 나서는 모습을 찾기는 어렵다. 한석호 기획실장은 "한국 노동운동에서 평등 가치가 약해지고 사회연대가 후퇴하는 건 불편하지만 부정할 수 없는 현실이다. 희망연대노조가 걸어온 길은 평등 가치의 회복과 노조운동 고립화를 막는 유력한 실천 방식임이 분명하다. 이걸 통해서 사회적으로 노동운동의 잃어버린 주도성을 회복할 수 있다"고 말했다.

약자를 돕고 사회연대의 중심이 되다

경기도 의정부 지역 7개 사회단체 모임인 '의정부 정의로운 노동인권 네트워크(의정로넷)'는 2018년 하반기부터 매년 3,000만 원씩의 사회연대기금을 딜라이브 지부에서 지원받는다. 이 기금으로 이주 농업노동자들에게 여행 기회를 주고, 비행기를 타본 적 없는 장애인들과 함께 제주도를 찾는다. 어려운 환경의 아이들에겐 돌봄과 함께 노동·인권에 관한 교육을 펼친다. 최혜영 의정로넷 사업단장은 이렇게 말했다.

"사회공헌 사업을 하는 기업들이 대부분 홍보만 생각하고 재정 지원을 하는 데 그치지만, 희망연대노조는 조합원들이 직접 찾아와 함께 어울립니다. 장애인들과 제주도를 갈 때는 조합원 10여 명이 동행해 이들의 여행을 도왔어요. 정말 대단한 건, 지금은 정규직 전

환도 많이 되었지만 여전히 월급이 적고 비정규직도 많은데, 단체 협상에서 어떻게든 사회연대기금을 따내서 지역사회를 돕는 거예요. 자기들도 힘든데 사회적 약자를 꾸준히 돕는 게 진짜 대단하죠. 노동운동이란 게 그렇잖아요, 약자를 돕고 사회연대의 중심이 되는 건데, 지금 한국 사회에선 좀 그렇지 못한 모습을 많이 보이고 있고……. 그래서 저는 희망연대노조가 노동운동의 새 지평을 열었다고 생각해요."

그렇게 희망연대노조의 기금 지원을 받는 곳은 수도권 10여 개의 사회복지단체 연합체, 액수로는 매년 3억여 원에 이른다. 2014년부터는 효율적 지원을 위해 '희망씨'라는 사단법인도 만들었다. 희망씨 사업 중 '네팔 어린이 돕기'는 작은 노조의 연대 활동이 어디까지 뻗을 수 있는지 보여주는 상징적 사례다.

2003년 고용허가제 도입을 앞두고 법무부가 미등록 이주노동자들을 대대적으로 단속하자, 몇몇 노동자가 명동성당에서 항의농성을 벌였다. 네팔 노동자 4~5명도 참여했고, 이들은 도움을 준 당시 민주노총 본부 활동가 김진억(현재 민주노총 서울본부장)과 친분을 맺었다. 네팔 노동자들은 2009년 끝내 강제 추방되었다. 2012년 김진억과 희망연대노조 조합원들은 추방된 이주노동자들을 만날 겸 네팔을 방문했다. 그때 네팔 포카라 지역에 학교가 없어 아이들이 공부를 할 수 없다는 사실을 알게 되었다. 4,000만 원을 지원해서 2층짜리 학교 건물을 지었다. 이후 매년 교사 월급과 학습 자재 구입 비용으로 2,700만 원 정도씩을 꾸준히 보내고 있다. 처음 20명이던 학생은 80명까지 늘었다고 한다. 김은선 희망씨 상임이사는 이렇게 말했다.

"아이들의 가장 큰 소망이 한국을 방문하는 겁니다. 비용은 어찌어찌 마련할 수 있는데, 네팔에서 이 사업을 도와주시는 분들이 한국에서 강제 추방된 이주노동자들이라 재입국이 불가능하다고 해요. 재정적 어려움보다 이 문제가 아이들의 한국 방문엔 더 큰 걸림돌이 되고 있습니다."

요즘 노동 현장에서 조금씩 확산되는 '임금연대', '고용연대', '지역사회연대'의 모티브를 바로 희망연대노조가 제공했다고 해도 과언이 아니다. 한석호 기획실장은 "우리 노동운동이 울타리 안에 들어와 있는 조합원의 임금과 고용, 복지 중심으로만 가는데, 그런 운동은 안 된다면서 10년 전에 새로운 깃발을 든 게 희망연대노조다. 그래서 노동운동의 새 지평을 열었다는 말이 틀리지 않는다"고 말했다.

페미니즘 대중화,
성찰해볼 때가 되었다

페미니즘 대중화의 시대

'페미니즘 대중화의 시대'라고들 말한다. 젠더 이슈를 피해서는 어떤 담론이나 정책을 이야기할 수 없고, 정치를 이끌어갈 수 없는 시대다. 최근 몇 년간 우리 사회는 커다란 변화를 겪었다. 미투와 유력 진보 정치인들의 잇단 성폭력 사건이 드러났고, 서울 강남역 살인 사건을 계기로 여성의 집단적인 목소리가 표출했다. 한편에선 페미니즘에 반발하는 젊은 남성들의 주장이 정치적으로 주목받고 있다.

여성학자 정희진을 만난 건 이런 현상이 정확하게 무엇을 의미하는 건지 이야기를 듣기 위해서였다. 그가 2005년 펴낸 『페미니즘의 도전』은 세 차례 개정판을 내며 한국 사회에서 페미니즘 운동의 전환과 확산을 이끌어내는 중요한 기지가 되었다. "여성주의는 여성만을 위한 것이 아니다. 남성에게, 공동체에, 전 인류에게 새로운 상상력과 창조적 지성을 제공한다"는 이 책의 머리말은 10년이 채 지나지 않아 정말 우리 사회 전체에 새로운 인식의 전환을 불러왔다. 그는 지금 변화의 물결을 어떻게 바라보고 있을까? 여군 부사관 자살 사건으로 군대 내 성폭력 이슈가 불거진 직후인 2021년 9월 8일 정희진을 만났다.

요 몇 년 새 젠더 문제가 가장 중요한 정치적·사회적 담론으로 떠올랐습니다. 이런 변화를 어떻게 바라보십니까? 이런 과정을 통해서 우리 사회가 한 단계 앞으로 전진했다고 평가하십니까?

"젠더 이슈가 가시화되었다고 하지만, 워낙에 이게 드러나지 않는 문제라 정확한 상황 파악이 힘들어요. 예를 들면 여성의 지위가 향상되었다, 이걸 지표화하거나 통계화하기가 굉장히 힘들다는 거죠. 공적 영역에서 일하는 여성들의 통계는 있는데, 대부분 여성들은 통계가 잡히지 않는 5인 이하 사업장이나 비정규직, 파트타임 쪽에서 일을 하죠. 또 공적 영역에서 지위가 높아도 그게 사적 영역으로 연결되지는 않죠. 이중 노동을 하거나 더 겸손을 강요받거나 하고 있죠. 미국에서 경제적 지위가 높고 교육 수준이 높은 여성 그룹하고 그렇지 않은 그룹하고 가정폭력 발생률을 비교했는데, 똑같았다는 조사 결과도 있어요. 그래서 저는 최근 몇 년간 우리 사회에서 젠더 문제가 가시화했지만, 일단 그건 반가운 일이죠, '한 단계 앞으로 나갔냐'고 물으면 복잡한 예스라고 대답하고 싶어요. '복잡한 예스'죠. 흔히 젠더 갈등이라고 말하는데, 젠더 갈등이 아니라 성차별이죠. 예를 들면 장애인과 비장애인이 갈등을 일으키나요? 장애인에 대한 차별이 있는 거죠. '갈등'이 아니라 '차별'이죠. 요즘 '여성 혐오', '남성 혐오'라는 말을 많이 쓰는데, 이걸 대칭적인 개념인 것처럼 쓰는데, 어디 '흑인 차별'과 '백인 차별'이 같은 말일 수 있을까요? 남성 문화가 어떻게 생각하는지는 몰라도, 여성의 지위가 얼마나 나아졌을까요? 서울 중심의 중산층 이상 여성의 이미지가 과잉 재현된 것은 아닐까요? 그 점에서 저는 나아졌다고 말하기 힘들어요. 여전히 남성들은 남성 문화의 혜택을 공유하면서 자기는 아니라고 말해요. 재미있는 통계가 있는데, 프랑스에서 성폭력 가해자 처벌을 강화하자고 했더니 남성들이 여성보다 더 세게 처벌해야 한다고 대답했대요. 그 이유는 성폭력 가해자를 자신과 분리하는 거죠. 성폭력이 어떤 면에서는 규범이에요. 여성에 대한 폭력이나 차별의 규범, 가부장제 사회가 허용한 어떤 문화라는 거죠. 나는 아니고 쟤처럼 어떤 일탈적인 사람이 문제라는 식이죠. 한번 생각해보세요. 요 몇 년 간 성폭력 사건으로 사회가 뒤집어졌는데도, 지금도 육·해·공군 가릴 거 없이 매일 일어나잖아요? 군대를 보면 한국 사회가 젠더 문제에서 나아졌다고 이야기할 수가 없어요. 한국 사회에서 성폭력은 공기 같은 거예요. 그런데 대통령이나 국방부 장관은 이걸 인식하지 못해요. 내가 대통령이나 장관이라면, 여군 부사관 자살 사건이 일어났을 때 먼저 별 십수 개는 떨어뜨리고 사태 수습을 시작했을 거예요. 우리 사회 남성 리더들은 성폭력의 현실에 너무 무지합니다."

그런데 요즘 20대 남성들은 오히려 자신들이 여성에게 차별받고 있다고 말합니다. 기성세대 때는 여성 차별이 있었는지 모르지만 지금은 그렇지 않다, 오히려 역차별이 있다고 불만을 토로합니다. 20대 남성층에서 보수정당 지지율이 매우 높게 나오는 건 이런 분위기와도 관련이 있을 겁니다. 이런 현상은 어떻게 봐야 합니까?

"그거는 정답이 분명해요. 20대 남성을 억압하는 사람들은 같은 남성들이죠. 우리나라에는 세 개의 카스트가 있어요, 군대를 안 가도 되는 사람, 군대에 끌려가는 사람, 군대를 못 가는 사람. 첫 번째는 상층 남자고 두 번째는 일반 남자죠. 세 번째는 여성과 장애인입니다. 그런데 여성과 장애인이 일반 남자를 군대 보낸 게 아니잖아요. 남성과 남성의 문제인데, 그걸 젠더 문제로 돌려버린 거죠. 지금의 갈등은 사실 흙수저 젊은 남성하고 금수저 중년 남성 간의 갈등이에요, 금수저 젊은 남성이 군대 안 가는 특권을 세습하는 거니까요. 이건 세대 문제가 아니라 계급 문제죠. 그러니까 20대 남성이 싸워야 할 대상은 50대 금수저 남성이지 자기 동료가 아니고 여성은 더더욱 아니라는 거죠."

'페미니즘에 반대한다'는 것

가령 2018년 발생한 '이수역 폭행 사건'을 보면, 처음엔 여성 혐오 사건으로 알려졌는데 경찰 발표를 보니까 여성이 남성에게 먼저 심한 말을 한 게 발단이 되었거든요. 20대 남성의 페미니즘 혐오는 물론 문제지만, 일부 젊은 여성의 남성 비하 언어도 문제를 악화시키는 한 요인이 아닐까요?

"이수역 사건은 두 가지로 해석이 가능해요. 한 가지 해석은, 드물긴 하지만 여성들이 방어적으로 먼저 때리는 경우가 있어요. 가정폭력에서도 여성들이 계속 맞다 보니까 방어하는 차원에서 먼저 '도발하는' 사례가 있어요. 그래서 처음에 저는 이수역 사건도 여성들이 겁을 먹으니까 먼저 폭력을 행사한 게 아닌가 생각했어요. 나중에 경찰 발표를 보니 꼭 그렇진 않더라고요. 이건 시대적인 경험 차이가 나는 거 같아요. 성차별은 인류 문명의 동력이었습니다. 여성들이 지금까지 피해를 본 건 맞죠, 하지만 우리는 현실을 바꾸자는 거지 누적적 보상을 요구하는 건 아니거든요. 가령 일제시대 일본이 군 위안부를 강제로 동원했다고 해서 우리도 일본 여성들에게 똑같이 하자는 건 말이 안 되는 이야기잖아요. 마찬가지로 남성들에게 '한남충'이라든지 비하 발언을 하는 건 잘못된 거죠. 피해와 피해 정체성은 다릅니다. 내가 피해를 당했으면 그 피해에 관해 이야기를 해야지, 그걸 자기 존재로 규정하는 것은 결국 자신을 피폐시키는 일입니다. 그러나 저 자신도 그렇지만, 피해자 정체성을 극복하기는 쉽지 않습니다. 이게 신자유주의와 관련이 있어요. 신자유주의 시대는 역설적으로 피해자의 시대예요. 왜냐하면 신자유주의란 게 비윤리적이고 각자도생을 부추기니까, 이 시대에 유일한 도덕적 주체는 피해자예요. 모든 사람이 다 피해자가 되려고 하고, 누가 더 심한 피해를 입었나 하는 경쟁을 하죠. 젠더 문제가 그런 식으로 흘러가는 건 바람직하지 않아요. 남성 문화에 여성이 저항하는 것과 개별 남성을 적으로 일반화하는 것은 다른 거죠. 그런 게 요즘 젊은 여성들한테서 좀 보이는 측면이 있는 거 같아, 우려스러운 점이 있습니다. 저는 2020년 숙명여자대학교 사건에도 충격을 받았어요. 트랜스젠더 여성이 입학하는데 서울 시내 6개 여자대학 21개 단체가 반대 성명을 냈잖아요. 모든 여대에서 반대 목소리가 나온 거예요. 생물학적 여성이 아니라서 위험하다는 건데, 오히려 그런 생각이 위험한 겁니다. 이런 걸 보면서 저는 페미니즘의 대중화가 꼭 바람직한 걸까 하는 생각을 합니다. 페미니즘이 급속하게 대중화되었는데, 이건 반가운 현상이지만 다소 우려스러운 측면도 있어요. 일부 페미니스트들은 '생물학적 여성으로 태어났으니까 공부할 필요가 없다'는 의식이 강한데, 그런 의식이 온라인 문화하고 결합했을 때 일종의 '도그마'로 흐를 수가 있습니다. 페미니즘의 대중화가 민주주의를 의미하지는 않거든요. 페미니즘이 대중화하면서 트랜스젠더나 성소수자, 가난한 남성을 혐오하는 현상이 나타나는 건 바람직하지 않은 거죠."

페미니즘이 그런 모습을 보이는 건 전 세계적으로 비슷한 현상인가요?

"다른 곳에서도 비슷한 경향이 있긴 한데, 한국이 특히 심하다고 봅니다. 지금 여성운동의 최전선이 한국이에요. 한국만큼 미투가 활발한 데가 없어요. 다른 데에도 래디컬한 여러 페미니즘이 있죠. 아프가니스탄 여성들을 해방시키기 위해 전쟁을 일으켜야 한다는 우익 페미니즘도 있고, 여성이 권력을 갖기 위해선 물불을 가리지 말아야 한다는 식의 파워 페미니즘도 있어요. 그런데 한국처럼 난민을 반대하고 성소수자를 반대하는 페미니즘은 전 세계 어디에도 없어요. 사실 부정적인 의미에서 놀라운 현상입니다."

'여성 혐오'하고 '페미니즘에 반대한다'는 건 결과적으로 같은 말인가요?

"지금 우리나라에서 말(단어)이 엄청나게 오용되고 있는데, 여성 혐오는 일종의 타자에 대한 혐오입니다. 이주민, 탈북자, 성소수자를 싫어한다든가……. 자신을 중심에 놓고 타자를 배제하려는 편견이죠. 그런데 이 용어를 쓰니까 대칭해서 '남성 혐오'란 단어도 쓰이고 있어요. 사실 '남성 혐오'는 원래 없는 말이고 불가능한 말인데, 지금은 그게 실천이 되고 있는 거죠. '페미니즘에 반대한다'는 건 무슨 페미니즘에 반대한다는 건지, 일단 페미니즘이 엄청나게 다양하거든요. 페미니즘의 핵심은 다양성이에요. 왜냐하면 여성들이 다양하기 때문에, 이슬람 여성, 백인 여성, 아시안 여성 등 모든 집단에 여성이 있으니까, 페미니즘도 다양할 수밖에 없죠. 어떨 때는 자유주의 페미니즘이 옳고, 어떨 때는 급진주의 페미니즘이 옳고, 어떤 문제는 탈식민주의로 접근해야 하고……. 인구가 70억 명이면 70억 개의 페미니즘이 있는 거예요. 요즘 '탈코르셋'을 주장하는 페미니즘이 있잖아요, 의미 있는 운동이지만, 이 역시 여성의 위치에 따라 효과가 다르거든요. 나이 든 여성이나 장애 여성이 '추레하면' 현실적으론 더 차별받죠. 그러니 '페미니즘에 반대한다'는 건 모든 페미니즘을 하나로 보는 거고, 페미니즘에 대한 이해가 부족한 거죠. 서구에서 한국, 중국, 일본을 구분하지 않고 똑같은 동양인으로 보는 것도 일종의 차별이잖아요, 그것과 마찬가지예요. 신자유주의 아래선 남녀 간 격차보다 남·남, 여·여 간 격차가 심해집니다. 이런 상황에서 페미니즘 대중화가 어떤 식으로 바람직하게 갈 것이냐는 공동체의 역량입니다. 그런데 이 공동체 역량이 여성주의도 그렇고 한국 사회도 매우 부족해서 불필요한 갈등과 오해를 불러일으키지 않을까 걱정이 됩니다."

여성가족부는 반드시 있어야 한다

문재인 정부 출범 무렵에 어느 강연에서, 문재인 정부의 약점은 젠더 문제가 될 거라고 이야기하신 적이 있습니다. 결과적으로 현 정부의 정치적 위기가 젠더 문제에서 비롯했거나 가속화한 건 맞는 거 같습니다. 당장 민주당이 참패한 2021년 4·7 보궐선거가 상징적 사례죠. 젠더 사안에서 문재인 정부의 어떤 점이 문제였을까요?

"도덕적 우월감과 자부심이죠. 젠더는 어느 사회에서나 모든 남성의 정치적 문제인데, 이 정부에는 도덕적 우월감이 있었어요. 진보나 보수나 여성 문제에선 별 차이가 없는데도 말입니다. 젊은 여성들의 감수성을 이해하려고 하지도 않고, 여성들의 의식은 저만치 올라와 있는데도 진보적인 남성들은 자기가 무엇을 잘못했는지 몰라요. 촛불을 보세요, 처음에 시작은 미미했죠. 그런데 정유라가 이화여자대학교에 부정 입학하고 학점을 부당하게 잘 받은 사실이 알려지면서 젊은 여성들의 분노가 폭발합니다. 이게 박근혜 대통령 탄핵의 기폭제죠. 촛불을 댕긴 게 젊은 여성들인 겁니다. 촛불집회에 여성이 많이 참여하니까, 젊은 엄마들이 유모차를 끌고 참석하니까, 촛불이 비폭력으로 오랫동안 지속될 수 있었던 겁니다. 사회가 격변하면 그걸 가장 먼저 느끼는 집단이 10대하고 젊은 여성입니다. 자기 미래가 달렸으니까요. 그런데 문재인 정부는 그런 걸 몰라도 너무 몰라요. 탁현민 논란부터 안희정·오거돈·박원순 사건까지, 인식이 없기 때문에 펑펑 터지는데도 감당을 못한 거죠. 물론 보수 인사들은 논외입니다."(웃음)

여성가족부 논란을 어떻게 보십니까? 국민의힘에선 집권하면 폐지하겠다는 말을 공공연히 하고, 명칭을 양성평등부로 바꾸자는 주장도 나옵니다.

"여성가족부는 반드시 있어야 됩니다. 문제는, 작은 조직일수록 장관이 누가 가느냐에 따라 상황이 완전히 달라진다는 겁니다. 국회의원이 장관 경력 하나 쌓으려고 가거나, 대통령이 친한 사람한테 선심 쓰듯이 장·차관을 임명하면 정말 헌신적으로 여성운동 하는 사람들만 고통을 받는 거죠. 명칭을 바꾸는 문제는, 바꿀 수도 있는데 양성평등부는 아니죠. 양성만 있는 게 아니잖아요, 간성 inter-sexual도 있고 트랜스젠더도 있고……. 영어 명칭이 'Ministry of Gender Equality and Family'니까 번역하면 성 평등부가 맞죠."

젠더 이슈가 떠오르면서 징병제인 우리나라 병역 제도를 모병제(볼런티어 제도)로 바꾸자거나, 남녀 모두 군대에 가자는 주장도 나옵니다. 이건 어떻게 보시나요?

"징병 문제는 국가정책 차원에서 논의를 시작해야지 젠더 문제로 접근하는 건 옳지 않습니다. 그런 방식의 접근은 징병제가 갖고 있는 또 다른 모순을 오히려 은폐할 수 있거든요. 가령 한국이 징병제를 채택한 가장 큰 이유는 60만 대군을 유지해야 하기 때문인데, 꼭 그렇게 많은 병사가 필요한 걸까 생각해봐야죠. 한국에 60만 명의 군인이 필요하다는 논리는 북한 때문만은 아니죠. 미국의 동아시아 전략, 한·미 동맹이란 틀과 떼려야 뗄 수가 없죠. 따라서 병역 제도 개편은 병력 감축이나 전력 현대화 작업과 같이 논의해야 하는데, 이런 건 쏙 빼고 젠더 차원에서 논의하는 게 과연 진정한 해결책이 될 수 있을까요? 때로는 젠더 문제 가시화가 다른 모순이나 문제를 은폐하는 데 활용될 수 있습니다. 징병제 논란이 그런 대표적인 경우라고 봅니다."

민주주의와 페미니즘이 때론 충돌할 가능성은 없을까요? 예를 들면, 과거 독재 시절은 곧 국가검열의 시대였고 민주화가 되면서 검열이 사라지고 그 자리를 논쟁과 비판이 채운 건데, 요즘 페미니즘 이슈에선 자기 검열이 좀 강하게 작동한다는 느낌이 듭니다.

"지금까지 억눌렸던 여성들의 분노가 폭발하면서 나타나는 현상들이 있죠. 저는 솔직히 서울 강남역 살인 사건이 일어났을 때 놀랍지 않았어요. 왜냐하면 성산업 종사 여성이나 가정폭력 피해 여성이 매일 밤 수십 명씩 죽어가고 있거든요. 페미사이드Femicide(여성 살해)는 일상이에요. 여성이 남편한테 맞아죽는 건 '과실치사'인데, 여성이 남편을 죽이면 '살인'이 되어요. 여성은 정당방위를 할 수 없다는 거죠. 그런 억눌렸던 분노가 폭발하면서 조금 지나친 면도 나타나는데, 이건 다같이 돌아봐야 하는 시점인 거 같아요. 어느 나라·사회나 여성주의가, 여성 참정권운동만 빼고요, 30년 이상 여성운동이 지속된 적이 없어요. 그런데 우리는 지금 여성운동이 30년이 넘었거든요. 1983~1984년에 여성의전화, 또하나의문화 같은 단체가 만들어졌으니 그때부터 치면 40년 가까이 지속되어온 거죠. 우리나라에서 비교적 길게 여성운동이 이어진 건, 처음에 여성운동이 민주화운동과 결합했기 때문이에요. 민주화운동과 여성운동이 따로 있었던 게 아니라 민주화운동에 참여했던 여성들이 사회운동으로서, 부문운동으로서 그렇게 시작을 했던 거죠. 거기서 정말 페미니스트가 된 이들도 있고, 여전히 여성 민주화운동가로 남은 분들도 있고……. 그런데 요즘 여성들은 이런 역사를, 우리 현대사를 잘 몰라요. 관심이 없는 거 같아서 안타깝죠, 그런 역사가 현재에도 영향을 미치는 것이니까요."

어느 책에서 '페미니즘이 반드시 정체성의 정치에 기반할 필요는 없다'고 말하셨는데, 요즘 보면 페미니즘 정체성의 정치는 더 강해지는 게 아닌가 생각합니다. 제가 잘못 보고 있는 것일까요? 페미니즘이 정체성의 정치에 기반할 때 어떤 한계가 나타날 수 있습니까?

"간단히 말할까요? 본디 정체성의 정치는 불가능합니다. 정체성의 정치는 동일시의 정치인데, 그게 가능하겠습니까? 내외부로 많은 문제가 발생할 수밖에 없죠."

제3장

'진보 재집권'은
가능한가?

한국 사회의 보수화 변곡점

'진보 재집권'과 '보수 정권 교체'

집권당인 민주당과 제1야당인 국민의힘의 대선후보가 이재명과 윤석열로 정해지면서, 2022년 3월 새 대통령을 뽑기 위한 선거 열기가 달아오르고 있다. 진보정부의 재집권이냐, 보수정부로 정권 교체냐, 전망과 예측이 엇갈린다. 민주당이 압승한 2020년 4월 총선 직후만 해도 당분간 전국 선거에서 야당인 국민의힘이 승리하는 건 거의 불가능해 보였다.

총선 직후인 4월 28~29일 한국갤럽 여론조사에서 민주당 지지율은 43%, 국민의힘 전신인 자유한국당은 19%였다. 문재인 대통령의 국정 지지율은 64%에 달했다. 1년 5개월이 지난 2021년 9월 10일 한국갤럽 여론조사에서 문재인 대통령의 국정 지지율은 41%로 나타났다. 총선 직후와 비교하면 20%포인트 넘게 떨어졌지만, 임기 5년차 대통령의 지지율로선 여전히 높은 수치다.

정당 지지율 변화는 좀더 가파르다. 분기점은 2021년 4월 7일 열린 서울·부산시장 보궐선거였다. 서울·부산시장 보궐선거 직후인 4월 13~15일 한국갤럽 여론조사에선 민주당 31%, 국민의힘 30%로 두 정당 지지율이 거의 붙은 것으로 나왔다. 박근혜 대통령 국정 농단 사건 이후 국민의힘 지지율이 30%를 회복한 건 처음이었다. 두 달쯤 뒤인 2021년 7월 첫째 주, 문재인 정부의 부동산 정책에 대한 '부정' 평가는 출범 이후 최고치(78%, 한국갤럽)를 기록했다. 부동산 정책 '긍정' 평가는 8%에 불과했다. 2021년 11월 첫째 주 한국갤럽 여론조사에선, '정권 교체' 응답(57%)이 '현 정권 유지' 응답(33%)을 20%포인트 이상 앞질렀다. 2020년 8월 이후 정권 교체론과 정권 유지론의 격차가 가장 크게 벌어진 것이다.

집권 하반기에 치러지는 큰 선거는 대체로 여당보다 야당에 유리하다. 대통령 지지율은 떨어지고, 집권 세력의 각종 실책과 비리가 평가의 초점이 되기 쉽다. '정권 교체'를 바라는 응답이 '정권 재창출'을 원하는 응답보다 높은 건 그런 이유에서다. 이런 상황은 야당 지지층을 결집하고 여당 지지층은 이완시킨다. 그러나 이렇게 나오는 여론조사 지표처럼 2022년 3월에 치러지는 제20대 대통령 선거가 야당인 국민의힘에 꼭 유리하다고 볼 수는 없다. 어느 것 하나 민주당에 유리한 건 없어 보이지만, 지금의 정치 지형이 과거와는 많이 달라졌기 때문이다.

집권 5년차인 문재인 대통령의 지지율은 역대 어느 대통령보다 높은 편이다. 2021년 9월 둘째 주 한국갤럽 여론조사를 보면, 문재인 대통령이 국정 운영을 '잘하고 있다'는 응답은 41%를 기록했다. 국정 운영을 '잘못하고 있다'는 응답은 일주일 전과 똑같은 52%였다. 눈여겨봐야 할 건, 뚜렷한 계기가 없었는데도 일주일 전에 비해 '잘하고 있다'는 응답이 3%포인트 올랐다는 점이다. 문재인 대통령 지지율은 퇴임 6개월을 앞둔 2021년 11월까지도 37~38%를 유지하면서 그 밑으로 떨어지면 금세 회복하고 있다.

민주당이 2021년 4월 7일 서울·부산시장 보궐선거에서 참패한 직후엔 29%까지 떨어졌지만, 차츰차츰 올라가 다시 40% 가까이 다가섰다. 임기 후반기 대통령으로선 이례적인 복원력이다. 참고로 역대 대통령의 집권 5년차 2분기 지지율을 보면, 김영삼 7%, 김대중 26%, 노무현 24%, 이명박 25%였다.

문재인 대통령 지지율의 복원력은 지금의 정치 지형을 상징적으로 보여준다. 흔히 '기울어진 운동장'이라 불리며 보수가 절대 유리했던 정치 지형이 이젠 뚜렷하게 변화한 것이다. 우리가 느끼진 못해도 지구 중심부의 자장이 미세하게 지면에 작용하듯이, 지금 유권자의 정치적 선택엔 보수정당에 더는 유리하지 않은 세대와 지역 변수라는 자장이 작용하고 있다.

박정희와 노무현의 호감도

한 정당에 대한 유권자 지지 강도는 그 정당을 상징하는 인물의 선호도로 표현된다. 미국에서 1860년대 이후 오랫동안 흑인들이 강하게 공화당을 지지한 건, 노예해방을 선언한 링컨이라는 상징 인물에 힘입은 바 컸다. 이걸 바꾼 게 1932년 대통령에 당선된 민주당의 프랭클린 루스벨트였다. 루스벨트 이후 흑인 유권자는 민주당 지지기반으로 변했다.

한국 보수정당의 상징 인물은 박정희 대통령이다. 시기 시기마다 약간의 굴곡이 있지만, 1979년 10·26 이후 이 흐름은 변한 적이 없다. 민주당의 상징 인물은 노무현 대통령이다. 2000년대 초반까지 김대중 대통령이 상징 인물이었지만, 2009년 서거 이후 노무현 대통령이 '민주당의 상징'으로 자리 잡았다.

여론조사기관 한국리서치가 2012년부터 4년 단위로 세 차례 실시한 '박정희·노무현의 호감도 변화' 조사 결과는 그 점에서 의미심장하다. 2012년 4월 조사에서 박정희·노무현 두 전직 대통령의 호감도는 각각 66%, 67%로 비슷하게 나왔다. 20대(노무현 81%, 박정희 46%)와 30대(노무현 84%, 박정희 53%)에선 노무현 대통령이 압도적으로 높았지만, 50대(박정희 81%, 노무현 55%)와 60대 이상(박정희 84%, 노무현 40%)에선 정반대였다.

40대에선 노무현 77%, 박정희 63%로 노무현 대통령이 높지만 격차는 크지 않았다. 그해 12월의 제18대 대선에서 박정희의 딸 박근

<표 1> 박정희–노무현 호감도 변화

	박정희			노무현		
	2012년 4월	2016년 8월	2020년 1월	2012년 4월	2016년 8월	2020년 1월
전체	66%	68%	45%	67%	67%	74%
20대	46%	44%	20%	81%	86%	76%
30대	53%	51%	23%	84%	83%	83%
40대	63%	66%	31%	77%	77%	82%
50대	81%	85%	58%	55%	50%	73%
60대	84%	86%	73%	40%	44%	61%

＊이 수치는 '박정희 또는 노무현 대통령에게 호감이 간다'고 답한 사람들의 비율이다.

혜 후보가 대통령에 당선된 건 이런 박빙의 호감도가 밑에 깔려 있다고 볼 수 있다. 4년 뒤인 2016년 조사에서도 이 추세는 그대로 유지된다. 박정희 68%, 노무현 67%로 4년 전과 거의 비슷하다.

그러나 2020년 1월 조사에서 두 전직 대통령의 호감도는 노무현 74%, 박정희 45%로 크게 변화한다. 20~30대뿐만 아니라 40대(노무현 82%, 박정희 31%)와 50대(노무현 73%, 박정희 58%)에서도 노무현 대통령 호감도가 박정희 대통령을 압도한다. 직접적으론 박근혜 대통령 탄핵과 촛불시위 영향이지만, 2012년에 노무현에 강한 호감을 보이던 20~30대가 나이 들면서 인구사회학적으로 진보의 층이 두터워진 측면을 무시할 수 없다.

한국리서치 정한울 연구위원은 "각 진영의 상징 인물에 대한 호감도는 투표 성향을 가늠해볼 수 있는 매우 유의미한 지표다. 이 정도의 격차로는 보수가 진보를 선거에서 이기기가 쉽지 않다"고 말했다. 물론 박정희 대통령의 호감도가 회복될 수는 있지만, 적어도 과거와 같은 '보수 우위' 구도는 나타나기 어렵다는 뜻이다. 미국에서 루스벨트 영향력이 강하던 반세기(1930~1980년) 동안 민주당 다수파 시대가 지속되다가 1980년 로널드 레이건Ronald Reagan이 새로운 보수의 상징으로 떠오르면서 정치 주도권이 교체된 것을 떠오르게 한다.

가장 최근인 2021년 9월『시사IN』조사를 보면, 노무현과 박정희의 호감도(신뢰도) 격차는 조금 줄어든 것으로 보인다. 조사 기법이 달라 단순 비교는 어렵지만, 2017년 노무현 45.3%, 박정희 23.1%로 20%포인트 이상 벌어졌던 신뢰도 격차는 2021년 9월엔 노무현 36%, 박정희 26.3%로 좁혀졌다. 그러나 박근혜 대통령이 당선되던 2012년에 두 전직 대통령 신뢰도가 거의 동률(노무현 33.7%, 박정희 32.9%)이었던 점에 비춰보면, 격차는 아직 벌어진 상태다.

이 격차를 만회할 만한 매력적인 정치인이 출현하지 않으면, 대선과 같은 큰 선거에서 야당인 국민의힘이 승리하기란 쉽지가 않은 구도다. 윤석열 전 검찰총장이 그런 매력적인 정치인일까? 2022년 3월 대통령 선거를 앞두고 국민의힘이 여러 정치적 호재에도 힘겨운 싸움을 벌이는 데엔, '보수 우위 정치 지형'의 이점이 이제는 사라졌다는 점이 작용하고 있다.

진영의 상징 인물이 변한 데엔 세대와 지역의 변화가 깔려 있다.

과거의 '지역 갈등' 구도가 많이 약화하면서 전국 차원의 '정치·사회 갈등' 구도가 강해졌다. 지역과 세대의 변화는 현 시기 진보와 보수의 방향을 설정하는 데 중요한 계기를 제공한다.

문재인의 지지율이 높은 이유

한국갤럽은 2012년과 2019년 유권자의 정치적 이념 성향에 관한 의미 있는 조사를 했다. 자기 자신을 진보·중도·보수 중 어느 쪽이라고 생각하느냐고 묻는 '주관적 이념 성향 조사'였다. 이슈별로 세밀한 응답을 받아 이념 성향을 분류하는 '객관적 이념 성향 조사'와는 다르지만, 정치적으로 진보·보수 중 어디를 더 지지하는지 개략적으로 파악하는 데는 유용한 도구다. 조사 결과는 흥미롭다. 2012년 7만 3,105명을 대상으로 한 조사에서 '나는 보수'라는 응답 비율이 '나는 진보'라는 응답 비율보다 높아지는 나이는 47세였다. 47세 밑으로는 진보 비율이 높고, 그 위 연령대에선 보수 비율이 높다는 이야기다. 사람은 나이가 들수록 보수화한다는 통설이 맞고, 사회 전체적으로 그 변곡점은 47세라는 뜻이기도 하다.

그런데 2019년 조사(4만 7,134명 대상)에선 이 변곡점이 57세로, 7년 전에 비해 열 살 정도 올라간 점이 눈에 띄었다. 2012년 한국 사회에선 47세가 '보수가 다수가 되는 나이'였다면, 지금은 57세가 넘어야 보수가 다수를 차지하고 그 밑으로는 진보 다수의 세대가 형성

되었다는 뜻이다. 40대뿐만 아니라 50대 후반까지 진보 성향을 갖는다면, 보수정당인 국민의힘은 유리하지 않은 정치 지형에서 전국 선거를 치러야 한다는 말이 된다. 30년 전인 1990년대와 비교하면, 그때는 야당인 민주당이 항상 불리한 정치 지형에서 싸워야 했는데 지금은 국민의힘이 비슷한 처지에 놓였다는 뜻이다.

한국갤럽의 정치 성향 조사에선 또 하나 눈에 띄는 부분이 있다. 진보 성향이 도드라지는 연령대의 존재다. 2012년 조사에선 30대에서 진보 비율이 높게 나왔다. 20대나 40대에 비해 30대에 고르게 진보 비율이 눈에 띄게 높았다. 2019년 조사에선 30대 후반에서 40대 중반까지 진보 비율이 가장 높았다. 7년의 세월을 따라 '진보가 강한 연령대'가 그대로 옮겨간 셈이다. 이는 최근 여론조사에서 문재인 대통령의 지지율을 떠받치는 연령대와 일치한다.

한국갤럽의 2021년 11월 첫째 주 여론조사를 보면, 문재인 대통령이 국정 운영을 '잘하고 있다'가 37%, '잘못하고 있다'가 56%였다. 모든 연령층에서 부정 응답이 긍정 응답을 앞질렀는데, 유독 40대에서만 '잘하고 있다'가 51%, '잘못하고 있다'가 43%로 긍정 응답이 높았다. 문재인 대통령이 집권 5년차에도 40% 가까운 비교적 안정적인 지지율을 유지하는 동력이 바로 40대의 강력한 지원 덕분인 것이다. 여기엔 세대적 동질성이 깔려 있다.

장덕현 한국갤럽 연구위원은 "지금 지표로 보면 30대 후반에서 40대 초중반이 가장 안정적인 진보 세대로 나온다. 정치 성향 배경까지 정확히 분석할 수는 없지만, 그런 영역(세대적 동질성)은 분명히 있으리라 본다. 2002년 노무현 대통령 당선과 2009년 노무현 대통령 죽음을 겪었던 집단 경험, 그걸 바탕으로 박근혜 대통령 탄핵 운동에 참여했던 것이 그 세대의 정치 성향에 중요한 모티브로 작용하는 것 같다"고 말했다.

젊은 시절, 특히 20대 초반의 역사적 경험은 세대 전체에 큰 영향을 끼친다. 흔히 586세대라 불리는 지금의 50대가 과거의 50대에 비해 좀더 진보적인 건, 이들이 겪은 1980년 광주민주화운동의 경험이 삶 전체에 깊숙이 녹아내려 있기 때문이다. 별다른 정치적·지역적 배경 없이 대통령에 당선된 노무현을 20세 무렵에 보았고, 7년 뒤엔 그의 비극적 죽음을 목격했던 경험이 40대를 20대보다 훨씬 더 진보적인 세대로 만들었다. 여기에 과거에 비해선 '보수화하지 않은' 50대가 지금 한국 사회 중추로 자리 잡고 있다.

적어도 세대 분석으로만 보면 한 세대 전인 1990년대에 비해 한국 사회는 '진보가 약진한 사회'로 바뀐 건 분명하다. 진보 정치인들의 잇단 성폭력 사건, 부동산 정책 실패, 조국 전 법무부 장관 사태로 촉발된 공정성 논란 등으로 정치적 수세에 몰렸으면서도 2022년 대선을 앞두고 박빙의 싸움이 펼쳐지는 데엔 이런 인구사회학적 변화가 깊숙이 자리 잡고 있다.

2022년 대선, 수도권이 승부처다

지역을 보면, 선거가 보인다

민주노총 대변인을 지낸 손낙구가 2010년 펴낸 『대한민국 정치 사회 지도』엔 '동네가 보인다, 선거가 보인다'라는 부제가 달려 있다. 서울·경기·인천 등 수도권 1,186개 동네에 사는 사람들의 학력과 종교, 거주 형태, 투표 성향을 실증적으로 분석한 이 책을 보면, 2002~2008년 치른 네 차례 선거에서 수도권 사람들은 어떤 선택을 했는지 한눈에 볼 수 있다. 두 차례 지방선거(2002년, 2006년)와 두 차례 총선(2004년, 2008년)에서 서울 사람들은 한나라당(현재 국민의힘)에 평균 46% 지지를 보냈고, 민주당(+열린우리당)엔 36%의 지지를 보냈다. 네 차례 선거에서 진보정당(민주노동당과 진보신당)의 평균 득표율은 9%다. 전체적으로 보수와 진보의 평균 득표율은 46% 대 45%로 비슷하다.

반면 경기도의 네 차례 선거에서 한나라당은 평균 47%를, 민주당(+열린우리당)은 평균 34%를 득표했다. 진보정당 평균 득표율이 10%이니, 보수와 진보 득표율은 47% 대 44%로 3%포인트 차이가 난다. 이는 지역구 선거를 치르는 국회의원이나 기초단체장에겐 결코 작지 않은 격차다. 이런 수치는 '서울은 민주당(+진보정당) 우세, 경기는 한나라당 우세'라는 전통적인 수도권 정치 지형에 얼추 들어맞는다. 수도권은 가장 많은 의석이 걸린 최대 승부처이면서, 여야가 접전을 펼치는 경우가 많은 건 그런 이유에서였다.

그 이후 수도권의 기류는 달라진 것처럼 보인다. 2020년 4월 총선에서 민주당이 수도권(서울·경기·인천)에서 얻은 의석은 전체 121석의 80%를 넘는 103석이었다. 국민의힘 의석은 16석에 불과했다. 물론 이건 민주당이 역대급 압승을 거둔 결과일 뿐이며, 이 추세가 다음 선거에서도 이어지리라 보긴 힘들다. 당장 2021년 4월 7일 열린 서울시장 보궐선거에서 오세훈 국민의힘 후보 279만 8,788표(57.50%), 박영선 민주당 후보 190만 7,336표(39.18%)로 전세가 역전되었다. 민주당 소속인 박원순 시장의 유고로 보궐선거가 치러졌고, 선거 직전 부동산 민심에 불을 지른 LH 사건이 터진 게 결정적이었을 것이다.

다만, 수도권의 투표 성향에서 유의미하게 눈여겨봐야 할 지점은 있다. 최근 몇 년간 전국 선거에서 민주당이 과거에 비해 꾸준하게 수도권 득표를 강화해왔다는 점이다. 과거 '야도野都'라 불린 서울은 그렇다 쳐도 보수정당 우세가 뚜렷했던 경기도에서 민주당 지지가 눈에 띄게 높아진 건 주목할 만하다. 한국 정치에서 가장 중요한 변수였던 지역주의가 많이 약화되면서 수도권이 지역주의의 영향에서 벗어나 독자적인 표심을 드러내는 징후가 뚜렷하다. 수도권이 하나의 지역이 되었다는 평가는 이래서 나온다.

과거 선거에서 지역이란 영남·호남·충청을 의미할 뿐, 수도권은 지역으로 주목받지 못했다. 영·호남과 충청은 주요 정당의 정치적 기반으로 간주되었다. 1996년 제15대 총선에서 김종필의 자민련이 충청권 28석 중 24석을 석권한 건 지역주의 외엔 달리 설명할 길이 없다. 김영삼 대통령에게 '토사구팽' 당한 김종필을 고향인 충청도가 한마음으로 밀어주었기에 가능했던 일이다.

반면에 수도권은 지역 표심의 영향을 받아 여야가 엇비슷하거나, 정치 상황에 따라 진보·보수를 넘나드는 '스윙 보터swing voter'로서 역할을 한다고 평가받았다. 지금까지 대선 레이스에서 '영남 후보', '호남 후보', '충청 후보'란 말은 있어도 '수도권 후보'는 존재하지 않았던 건 이런 이유에서였다. 그런데 수도권이 다른 지역의 영향 없이 특정 정치 세력 또는 후보에 분명한 지지를 보낸다면, 대선에서 수도권 출신 정치인이 유력한 후보로 떠오르는 게 가능해진다.

수도권은 '지역색 없는 지역'

과거에도 유력한 수도권 출신 대선후보는 있었다. 1992년 서울 종로구 국회의원이던 민정당의 이종찬이 그랬고, 여야 모두에서 유력 대통령 후보로 거론되었던 이인제·손학규 전 경기도 지사가 그랬다. 그러나 세 사람 모두 뚜렷한 지역 기반이 없었기에 지지율 상승에 한계를 드러냈고, 정치적 위기가 닥치면 금세 지지율이 주저앉았다. 과거 야당 총재 시절의 김대중·김영삼이 정치적 곤경에 처할 때마다 광주나 부산을 찾아 힘을 얻었던 것과 비교된다.

지금은 다르다. 이재명이 경기도 지사 출신으로는 처음으로 여야 유력정당의 대선후보로 선출된 건 이런 변화를 상징적으로 보여준다. 이재명 민주당 후보는 성남시장과 경기도 지사를 거치면서 보여준 행정 능력이 경기도민의 평가를 받았고, 이 평가가 정치적 고비마다 힘을 발휘하며 지지율 상승을 이끌었다. 수도권이 또 하나의 지역으로서 정치적 의미를 가졌다는 뜻이다.

최근 일련의 선거는 수도권이 '스윙 스테이트swing state(정당을 넘나들며 교차 투표를 하는 지역)'를 넘어서고 있다는 분석을 가능하게 한다. 수도권 유권자 수는 서울(847만 명), 경기(1,106만 명), 인천(250만 명)을 합쳐서 2,200여 만 명에 이른다. 전체 유권자(4,397만 명)의 절반이다. 2012년 제19대 총선 이래 일곱 차례의 전국 선거에서 민주당은 수도권에서 모두 승리했다. 2021년 4·7 서울시장 선거가 예외지만, 이 선거는 보궐선거지 전국 선거는 아니었다. 또 2012년 제

	민주당	국민의힘 (바른미래당 포함)	민주당-국민의힘 득표차
2012년 (제19대 총선)	4,938,855표 (46.6%)	4,798,473표 (45.3%)	140,382표
2012년 (제18대 대선)	7,463,936표 (49.8%)	7,406,087표 (49.4%)	57,849표
2014년 (지방선거)	5,802,142표 (51.2%)	5,236,352표 (46.1%)	565,790표
2016년 (제20대 총선)	5,021,596표 (42%)	4,516,546표 (37.7%)	505,050표
2017년 (제19대 대선)	6,848,247표 (42.1%)	3,381,821표 (20.8%)	3,464,426표
2018년 (지방선거)	6,756,304표 (54.2%)	5,069,780표 (40.6%)	1,686,524표
2020년 (제21대 총선)	7,712,531표 (45.0%)	5,924,987표 (34.5%)	1,787,544표
2021년 (서울시장 선거)	1,907,336표 (39.2%)	2,798,788표 (57.5%)	−891,452표

18대 대선에선 박근혜 후보가 당선되었지만, 수도권에선 문재인 후보가 간발의 차로 박근혜 후보를 눌렀다. 적어도 최근 10년간 선거 결과로만 보면, 수도권은 '스윙 스테이트'가 아닌, '지역색 없는 지역'인 셈이다.

한번 수치로 확인해보자. 2012년 4월 제19대 총선에서 민주당은 수도권에서 493만여 표(46.6%, 지역구 기준)를 얻어 479만여 표(45.3%)를 얻은 새누리당을 14만여 표 차로 이겼다. 지지율 격차는 1.3%포인트에 불과했다. 의석수는 민주당 65석, 새누리당 43석으로 20여석 정도 차이가 났다. 그해 12월 제18대 대선에선 박근혜 후보가 승리했지만 수도권에서만은 문재인 후보(7,463,936표, 49.8%)가 박근혜 후보(7,406,087표, 49.4%)를 약 5만 7,800표 앞섰다.

박빙이던 표차는 2014년 지방선거 때부터 좀더 벌어진다. 민주당 전신인 새정치민주연합은 서울·경기·인천 지방선거에서 580여 만 표(51.2%)를 얻어 523만 여 표(46.1%)에 그친 새누리당을 눌렀다. 지지율로는 5%포인트, 표수로는 약 56만 5,000표 차이였다. 2016년 제20대 총선에선 민주당이 수도권에서 42%를 득표해 37.7%에 그친 새누리당을 4.3%포인트(50만 5,000여 표) 차로 이겼다. 의석은 민주당 82석, 새누리당 35석으로 4년 전에 비해 격차가 벌어졌다. 2017년 제19대 대선에선 문재인 민주당 후보가 홍준표 자유한국당 후보를 수도권에서만 300만 표 이상 차이로 이겼다. 이 선거는 박근혜 대통령 탄핵 직후 치러진 것이라 '300만 표 차'가 정상적인 격차라고 보긴 어렵다.

2018년 지방선거에서 민주당은 수도권에서 675만 여 표(54.2%, 광역단체장 기준)를 얻어 자유한국당(375만 여 표, 30.1%)을 크게 앞섰다. 다만 또 다른 보수 야당인 바른미래당이 131만 여 표(10.5%)를 얻었기에, 민주당과 '자유한국당+바른미래당'의 수도권 표차는 168만 여 표 정도가 되었다. 이 수치는 2020년 제21대 총선에서 민주당과 미래통합당이 얻은 수도권 득표의 격차와 거의 비슷하다.

2020년 총선에서 민주당은 수도권에서 771여 만 표(45%)를 얻었다. 592만 여 표(34.5%)를 받은 미래통합당을 178만 여 표 차로 이겼다. 의석수는 민주당 103석, 미래통합당 16석으로 더 커졌다. 2012년부터 살펴보면, 제19대 대선을 제외하더라도 민주당과 국민의힘의 수도권 득표 격차는 10만 여 표에서 50만 표, 170만 표 안팎으로 점점 벌어진 걸 알 수 있다.

'경기도' 지사 이재명은 청와대에 입성할 수 있을까?

이런 수도권의 변화는 우리 사회의 세대 변화와 무관하지 않다. '보수가 진보를 추월하는 나이'가 2012년 47세에서 2019년 57세로 높아졌다는 건, 최대 인구 밀집지역인 수도권의 정치 지형에도 영향을 주고 있다는 뜻이다. 과거 보수정당 지지세가 강했던 경기도에서 민주당이 약진하는 모습은 이런 변화와 관련이 있다. 변호사 출신으로 2020년 총선에서 당선된 민병덕 국회의원(민주당·안양 동안갑)은 2000년대 중반 서울에서 현 지역구인 안양으로 이사를 했다. 당시엔 변호사로 서울에서 전세를 살았는데, 집값 상승을 이기지 못하고 서울 강남에서 비교적 가까운 안양으로 이사를 했다고 한다.

민병덕 의원은 "경기도 선거 결과를 보면, 서울에서 가까운 지역일수록 민주당 지지세가 강해지는 경향이 뚜렷하다. 서울 집값 상승에 따른 30~40대의 수도권 이전과 이들을 수용하기 위한 신도시 개발이 경기도 정치 지형의 변화에 일정 정도 영향을 주었다고 본다"고 말했다. 이인제·손학규와 달리 이재명 경기도 지사가 민주당 대선후보로 선출된 건 이런 변화에 기반하고 있다. 이제 경기도는 보수적이지 않을뿐더러, 선거인 수에서도 서울을 넘어서는 가장 큰 '지역'인 것이다.

또 예전엔 영호남 표심이 수도권의 영호남 출신 유권자들에게 영향을 끼쳤다. 선거에서 지역감정이 태동한 건 1960년대 말에서 1970년대 초의 박정희 군사정권 시절이었다. 이제 두 세대 가까이 시간이 흐르면서 지역 표심은 수도권에 유의미한 영향을 끼치지 못한다. 2020년 총선에서 선거일이 다가올수록 제1야당인 미래통합당 참패 예상이 고개를 들면서 대구·경북과 부산·경남에선 보수표가 결집하는 경향이 뚜렷하게 나타났다. 그러나 이런 흐름은 서울 강남 일부를 제외하고 수도권에 거의 영향을 주지 못했다. 영·호남 또는 충청권 표심이 수도권과 연결되는 시대는 지나간 것이다.

유권자 절반이 몰려 있는 수도권의 지역화는 야당인 국민의힘엔 반가운 소식이 아니다. 예전엔 진보 성향이 강한 서울에선 고전하더라도 경기·인천에서 충분히 만회할 수 있다고 생각했는데, 이런 자신감은 더는 가질 수가 없다. 민주당도 부담은 있다. 2012년 이후 전국 선거에서 민주당이 선전한 건, 수도권에서 상당한 격차로 보수정당인 국민의힘을 따돌렸기에 가능한 일이었다. 수도권이 흔들리면, 민주당도 심하게 흔들릴 수밖에 없다.

여든 야든 수도권을 이기지 못하면 전국 선거에서 이기는 건 거의 불가능하다. 대통령 선거는 수도권에서 5%포인트 격차만 나도, 득표수로는 100만 표 이상의 차이가 난다. 아무리 영남 또는 호남·충청을 석권해도 이 격차를 넘어서기란 쉽지 않다. 경기도 지사 출신을 첫 집권당 대선후보로 밀어올린 '수도권의 지역화'가 이재명 후보를 청와대에 입성시키는 데까지 나갈 수 있을까? 이재명 후보가 경기도에서 앞선다면, 이재명 후보의 청와대 입성은 매우 견고한 발판을 마련한 것이나 다름없다.

20대는
정말
보수화한 것일까?

젊은 표가 세상을 바꾼다

2000년 4월 13일『한겨레』1면 톱기사 제목은 '20~30대 투표율이 승부 가른다'였다. 제16대 총선 선거일 아침 신문에 실린 기사의 내용은 이랬다.

"정당 관계자들은 일단 전체 투표율이 높을 경우 민주당 쪽이 유리하고, 한나라당 쪽에는 불리할 것이란 예측을 내놓고 있다. 투표율이 높게 나오는 것은 민주당 지지층이 상대적으로 높은 20~30대 유권자들의 투표 참여가 그만큼 증가한 데 따른 것으로 볼 수 있기 때문이다. 통상 40~50대의 경우 투표 참여율이 상대적으로 높고 비교적 보수적이어서 한나라당 쪽이 강세를 보이고 있는 것으로 분석되고 있다."

노무현 대통령이 당선된 2002년 12월 대선을 앞두고 젊은 층의 투표 참여를 독려하는 기사가 『한겨레』에 쏟아졌다. '젊은 그대들, 가자 투표장으로'(2002년 6월 13일), '젊은이여 가라 투표소로, 2030세대 투표 참여 운동 활발'(2002년 11월 12일), '젊은 표가 사회를 바꾼다'(2002년 12월 18일) 등……. 진보적인 시민·사회단체들은 선거 때마다 젊은 층의 투표 참여를 독려하는 캠페인을 열성적으로 펼쳤고, 민주당이 선거에서 패하면 20~30대 투표율이 40~50대보다 훨씬 낮아서 그랬다는 분석 기사가 신문·방송을 뒤덮던 시절이었다.

'젊은 표가 세상을 바꾼다.' 이 명제는 바꿔 말하면 젊은 세대는 투표를 하지 않기 때문에 선거에 중요한 변수는 아니라는 뜻이기도 했다. 여야 가리지 않고 '청년정치'를 강조하면서도 실제 정당에서 청년이 설 자리가 협소한 까닭이 여기 있다. 정당에서 활동하는 청년 당원들은 대부분 유력 정치인과의 간담회 일정이 취소된 경험을 한두 번 갖고 있다. 국회의원들이 바쁜 일정 탓에 여러 모임 가운데 하나를 부득이 빼야 한다면, 가장 먼저 건너뛰는 게 '청년과의 대화' 일정이다. 청년은 투표율이 낮고 정당 일체감이나 결집력이 약하다는 생각이 오랫동안 정치권과 언론엔 자리 잡고 있었다.

그런데 상황이 달라졌다. 2021년 4월 7일 서울시장 보궐선거 결과는 여야 모두에 충격을 안겼다. 방송 3사 출구조사 결과, 20대 (18~29세) 남자의 오세훈 국민의힘 후보 지지율은 무려 72.5%로, 박

〈표 1〉 2021년 4·7 서울시장 보궐선거 성별–연령별 투표 성향

연령	성별	박영선	오세훈	기타
18~19세, 20대	남	22.2%	72.5%	5.2%
	여	44.0%	40.9%	15.1%
30대	남	32.6%	63.8%	3.7%
	여	43.7%	50.6%	5.4%
40대	남	51.3%	45.8%	2.9%
	여	47.8%	50.2%	2.0%
50대	남	45.1%	52.4%	2.5%
	여	40.3%	58.5%	1.2%
60대 이상	남	28.3%	70.2%	1.6%
	여	26.4%	73.3%	0.4%

영선 민주당 후보 지지율(22.2%)을 3배 이상 격차로 압도했다. 이는 60대 이상 남자의 지지율 격차(오세훈 70.2%, 박영선 28.3%)를 뛰어넘는, 전례 없는 보수정당 쏠림 현상이다.

우리나라 선거 역사에서 20대 젊은 층과 60대 이상 노년층의 투표 성향이 이렇게 일치한 건 아마도 처음 있는 일일 테다. 반면에 20대 여성(18~29세)은 박영선 44%, 오세훈 40.9%로 여전히 민주당에 더 많은 지지를 보냈다. 같은 연령대의 남녀가 정치적 선호에서 약간의 차이를 보이는 경우는 흔하지만, 이렇게 정치 성향이 뚜렷이 갈라진 것도 보기 드문 일이었다.

이제 20대는 투표율도 다른 연령층에 비해 크게 떨어지지 않는

20대는 정말 보수화한 것일까?

다. 4·7 서울시장 보궐선거의 연령별 투표율(중앙선거관리위원회 자료)을 보면 20대 17.5%, 30대 17.3%, 40대 18.1%, 50대 18.3%, 60대 14.9%, 70대 8.2%였다. 큰 차이가 없다. 한해 전인 2020년 4월 제21대 총선에선 20대 58.7%, 30대 57.1%, 40대 63.5%, 50대 71.2%, 60대 80%의 투표율을 보였다. 젊은 층 투표 참여 운동이 활발했던 2000년 제16대 총선과 비교해보자.

2000년 총선 투표율은 20대 36.8%, 30대 50.6%, 40대 66.8%, 50대 77.6%, 60대 이상 75.2%였다. 20대와 50대의 투표율이 2배 이상 차이가 났다. 그때와 비교하면 다른 연령대에 비해 20대의 투표율이 크게 올라간 걸 확연히 알 수 있다. 물론 고령화 추세에 따라 20~30대 선거인 수보다 50~60대 선거인 수가 훨씬 많아진 건 사실이다. 그러나 투표율이 높아지고, 또 정당 쏠림 현상이 뚜렷해졌다는 것은 그만큼 선거에서 이들의 향배가 중요해졌다는 걸 뜻한다. 2022년 3월 제20대 대통령 선거를 앞두고 20대 남녀의 정치적 선택이 핵심 변수로 떠오른 건 이런 변화와 무관하지 않다.

"너희에겐 희망이 없다"

그러면 20대는 보수화한 것일까? "젊을 때 좌파 아닌 사람 없고 나이 들어서도 좌파인 사람 없다"는 말처럼, '젊으니까 진보적일 수밖에 없다'는 명제는 무의미해진 것일까? 20대 정치 성향의 극적인 변화를 보여주는 지표가 최근 『시사IN』 여론조사다. 『시사IN』은 2021년 9월 창간 14주년 여론조사에서, 20대에게 '가장 신뢰하는 전직 대통령'이 누구인지 물었다. 1위는 20대 남녀 모두에서 노무현 대통령이었다. 노무현은 2013년을 빼고 한 번도 1위를 놓친 적이 없다(이 해는 2012년 12월 대선에서 박근혜가 대통령에 당선된 이듬해다. 2013년엔 박정희가 딸의 후광을 받아 가장 신뢰하는 대통령 1위에 올랐다).

놀라운 건 2위였다. 20대 남성에선, 구속된 이명박 대통령이 박정희·김대중 대통령을 제치고 '가장 신뢰하는 전직 대통령' 2위에 올랐다. 지지율은 27.7%로, 노무현(30.4%)과 큰 차이가 나지 않는다. 20대 여성이 '가장 신뢰하는 대통령' 1, 2위로 각각 노무현(45.7%)과 김대중(22.3%)을 꼽은 것과는 확연히 다른 결과다. 전체 연령층에선 1위 노무현(36%), 2위 박정희(26.3%), 3위 김대중(16.1%), 4위 이명박(5.0%), 5위 김영삼(2.5%) 순이었다. 박근혜 대통령에 대한 실망으로 박정희를 지지하지 않는 20대 남성들이 그 대안으로 이명박을 선택했다고밖에는 달리 해석할 여지가 없다. 그만큼 20대 남성들의 '보수 선호'는 강력하다는 뜻으로 읽힌다. 또한 20대 여성의 '진보 선호' 역시 흔들리지 않고 있음을 보여준다.

20대가 보수화했다는 또 하나의 사례는, 공정과 정의 이슈에 민감한 이 세대가 사안에 따라 '선택적 분노'를 표출하고 있다는 점이다. 조국 전 법무부 장관 자녀의 스펙 쌓기에 대해선 서울대·고려대 등에서 촛불집회까지 열면서 격렬히 비판했는데, 곽상도 전 국회의원 아들의 퇴직금 50억 원 수령을 두고선 대학가에서 비판의 목소리가 그리 크지 않았다는 게 단적인 사례다. 이걸 두고 20대가 그토록 비판했던 진영 논리에 스스로 빠져서, 진보의 내로남불은 맹비난하면서 보수의 위선에 대해선 입을 닫는다는 지적이 나왔다. 조중동을 비롯한 보수 언론이 보수 정치인의 잘못엔 침묵하는 것과 뭐가 다르냐는 것이다.

20대 보수화론이 나온 건 어제오늘 일은 아니다. 시사평론가 김용민의 「너희에겐 희망이 없다」는 대학 학보 기고에서 본격적으로 논란의 불이 붙었다. 이명박 정권 시절인 2009년, 그 반동의 시기에 김용민은 20대 대학생들이 1980년대 대학생들과는 달리 모든 사안을 '가치'보다 '자신의 유불리'에 방점을 두고 사리판별을 한다고 말하면서 "지금의 너희 자리에 1980년대 군부독재 권력에 온몸으로 항거했던 386 선배들이 있었다면, 그래서 권력의 골칫거리가 되었다면, 과연 이명박은 지금과 같이 무덤덤한 태도를 보였을까?"라고 비판했다.

이후 '20대 개새끼론'이 온라인에 회자되었다. 김용민이 20대를 '개새끼'라고 부른 건 아니다. '개새끼론'이란 명명은 20대들이 기성세대의 지적에 역공을 펴기 위해 스스로 붙인 일종의 풍자적 표현이었다. 2019년엔 민주당 설훈 의원이 20대에서 민주당 지지율이 하락한 원인을 "이들이 학교 교육을 받았던 때가 이명박·박근혜 정부 시절이었다. 제대로 된 교육이 됐을까 이런 생각을 한다"고 말해 거센 논란을 일으켰다. '교육이 잘못되었다' 또는 '역사의식이 없다'는 진보 진영의 생각이 설훈 의원 발언엔 배어 있었다.

그러나 젊은 세대에 대한 비판과 폄하가 진보의 전유물은 아니다.

진보의 '꼰대질' 때문에 20대가 보수화했다는 주장은 사실이 아니란 뜻이다. 가깝게는 2021년 국민의힘 대선후보 경선 때 윤석열 후보를 지지하던 주호영 의원이 이런 말을 했다가 사과한 적이 있다. 윤석열 후보의 청년층 지지율이 낮은 이유를 묻는 라디오 앵커 질문에 주호영 의원은 "20~30대는 정치인들의 그 이전의 여러 일들을 잘 기억하지 못하고 지금 가까이 뉴스로 접하는 것을 가지고 판단하는 경향이 있다"고 말했다. '요즘 젊은이는 역사를 모른다'는 인식에선, 진보나 보수나 기성세대의 생각은 큰 차이가 없는 것이다.

『조선일보』 2011년 11월 10일에는 '2040세대 84%가 10가지 괴담 중 한 가지 이상 믿어'라는 제목의 기사가 실렸다. 인터넷과 트위터에 떠도는 정치·사회 관련 괴담에 젊은 층이 취약하다는 걸 보여주기 위한 기사였다. 그때 제시된 괴담은 '2008년 광우병 촛불집회에 참여했던 여대생이 경찰에게 목 졸려 사망했다', '이명박 대통령은 에리카 김과 부적절한 관계를 맺어 아이를 낳았다'와 같이 주로 보수 정권에 불리한 것들이었다. "싫어하는 정파에 대한 불신이 워낙 크다 보니, 믿고 싶은 쪽 이야기에만 쏠리는 현상"이라고 해석했다.

이걸 솔직하게 표현하면, 젊은 층은 얼토당토않은 괴담에 쉽게 쏠릴 정도로 분위기에 휩쓸리고 정치적 판단력이 떨어진다는 뜻이다. 이렇게 비판과 폄하의 대상이 되었던 20대가 보수 정치 세력과 보수 언론의 각광을 받기 시작한 건 다른 이유에서가 아니다. 민주당 지지를 철회하고 분명하게 국민의힘에 지지를 보내고 있기 때문이다. 한때 '괴담에 쏠린다'고 평가받던 20대는, 지금은 '공정과 정의' 열망이 충만한 세대라는 찬사를 보수 언론에서 받는다. 20대 정치 성향에 대한 평가가 얼마나 자의적이고 변화무쌍한지 보여주는 사례다.

20대에게 국민의힘이 대안인가?

이처럼 20대 보수화론은 정치적 의도에 따라서 제각기 해석되며 확산되는 측면이 크다. 적어도 여론조사로만 보면, 20대 여성은 전 연령층을 통틀어 가장 진보적이다. 4·7 서울시장 보궐선거 방송 출구조사를 보면, 20대 여성은 민주당(박영선 후보) 44%, 국민의힘(오세훈 후보) 40%로, 민주당을 더 지지했다. 전 연령층을 통틀어 국민의힘보다 민주당을 지지한 건 20대 여성과 40대 남성뿐이다. 그러나 40대 남성과 20대 여성이 다른 건, 40대 남성(2.9%)에 비해 훨씬 많은 20대 여성의 15.1%가 민주당이나 국민의힘이 아닌 제3의 후보를 지지했다는 점이다.

다른 연령층과 20대 남성에선 양당 후보 외에 제3의 후보를 지지한 유권자 비율이 최대 6%(30대 여성 5.7%)를 넘지 않는다. 20대 여성이 지지한 후보가 진보당 또는 여성의당 후보인지 아니면 또 다른 후보인지에 대한 통계는 없다. 그러나 반세기 넘게 양당 구도가 굳건한 한국 정치에서 제3의 후보를 지지했다는 것 자체는 20대 여성의 진보적 성향을 보여주는 하나의 지표라고 충분히 해석할 수 있다.

20대 남성의 국민의힘 지지를 단순히 보수화로만 해석할 수도 없다. 2018년 지방선거에서 전국 최연소 기초의원으로 당선된 조민경 인천 연수구 의원(민주당, 당시 만 25세)의 말은 음미해볼 만하다. 조민경 의원은 20대, 특히 20대 남성의 보수화에 대해 이렇게 말했다.

"최근 여론조사들이 2030 남성의 보수화라는 분석을 내놓고 있는데, 보수화라는 표현보다는 '반민주당'으로 움직였다는 표현이 정확할 거 같아요. 그렇게 된 가장 직접적인 원인은 부동산이겠죠. 제 또래들이 취업난이라든지 이런 게 다 맞물려서 폭발할 지경이었는데 그 시점에 부동산이 저렇게 폭등하니까, 진짜 영혼까지 끌어모아도 집을 살 수가 없겠구나, 그러면 결혼도 할 수 없겠구나 그런 좌절감이 엄청났을 거예요. 그래서 청년층의 이탈이 많았다고 보고, 여기에 젠더 갈등도 영향을 끼쳤으리라 봅니다. 그런데 이런 현상은 2030이 진보·보수 이념에 가장 둔감한 세대라는 걸 방증하는 겁니다. 한국전쟁을 직간접적으로 겪은 세대와 민주화운동을 당연하고 자랑스럽게 여기는 세대, 그런 진보·보수랑은 2030세대는 완전히 다르거든요. 586세대는 민주당에 정당 일체감이 있잖아요, 또 60대 이상 세대는 국민의힘에 정당 일체감이 있을 거고요. 그런데 2030은 우리가 흔히 말하는 빨갱이니 민주화니 하는 이슈에 그렇게 민감하지 않아요. 그래서 더 선하다고 생각하는 정당 또는 일체감을 느끼는 정당이 특별히 없는 거죠. 박근혜 정권 때 모두 나와서 촛불을 들었던 게 2030세대가 진보화된 게 아니라 박근혜 정권의 유례없는 실정에 너무 큰 실망을 느꼈기 때문이거든요. 그래서 정권을 교체한 거죠. 그러면 지금 상황은 어떠냐, 20대가 보수화됐다고 분석하는데 마찬가지로 국민의힘이 잘해서 지지율이 높아진 게 아니라 지금 청년 세대가 힘든 것에 대해 여당에 더 큰 책임을 묻고 있는 거라고 저는 봅니다."

20대를 세대 문제로 접근해 비난하는 건 갈등 해결에 아무런 도움을 주지 못한다. 기원전 1700년에 만들어진 수메르 점토판엔 자기 아들이 철이 없고 책임감이 없는 걸 한탄하는 아버지의 이야기가 적혀 있다고 한다. '요즘 젊은 것들은 버릇이 없어'라는 표현은, 젊은이에 대한 기성세대의 불만과 불인정이 인류 역사만큼이나 오래된 일이라는 걸 보여준다.

그러나 어느 시대 어느 나라에서나 그렇듯, 문제는 세대가 아니다. 젊은 세대가 게으르거나 학업을 등한시하고, 역사의식이 없고, 똑똑하지 못해서 망한 나라는 없다. 젊은 세대가 선거에서 보수정당을 찍는다면, 그것은 진보정당이 그들의 불만과 문제의식을 제대로 대변하지 못했기 때문이다. 세대 갈등에 집중하기보다 부동산과 자산 격차, 비정규직과 일자리의 부족, 사회적 양극화 같은 근본 이슈를 해결하는 게 실제 갈등을 완화하는 가장 빠른 길이다.

2022년 3월 대통령 선거의 키key는 젊은 세대가 쥐고 있다. 40대 이상 세대에선 '진영 결집'이 중요하지만, 20~30대에선 얼마나 이들의 마음에 다가서느냐 하는 '확장'이 중요하다. 민주당이든 국민의힘이든 선거 전략의 초점을 '젊은 세대와 확장'에 맞춰야 하는 이유다.

안철수의 중도는
왜
보수로
기울어지는가?

중도가 선거 승패를 가른다?

한국 사회가 인구사회학적으로 '보수 우위 사회'를 벗어났다는 걸 시사하는 한국갤럽 '유권자 이념 성향 조사' 결과는 또 다른 측면에서 재미있는 지점을 제공한다. 2012년 유권자의 주관적 이념 성향을 물었을 때, 전체 응답자의 30%가 보수였고 29%는 진보였다. 나머지 29%는 스스로 중도라고 대답했다.

2020년 조사에서는 진보가 늘어나, 보수라는 응답은 26%, 진보라는 응답은 30%였다. 이 조사에서도 '나는 중도'라는 대답은 28%로 적지 않았다. 제갈량의 천하삼분지계를 보듯이, 크게 보면 한국 사회는 진보·보수·중도가 거의 비슷하게 3등분되는 이념 지형을 갖고 있는 셈이다.

이런 구도로만 보면, 선거 승패의 열쇠는 언제나 중도 유권자들이 쥐고 있는 것처럼 보인다. 선거를 앞두고 언론에서 늘 "전체의 3분의 1 남짓을 차지하는 중도 유권자 표심이 중요하다"고 말하는 건 이런 이유에서다. 결국 선거란 누가 중도 유권자의 마음을 사로잡아 중원을 차지하느냐에 달려 있는 셈이다.

그런데 정말 중도는 실체가 있고 선거에서 가장 중요한 변수인 걸까? 민주당은 2020년 4월 총선까지 네 차례의 전국 선거를 모두 이겼다. 전례 없는 이런 승리는 중도 유권자의 이동으로 이루어진 것인가? 그렇다면 2021년 4월 7일 서울·부산시장 보궐선거에서 민주당이 참패한 건 중도 유권자들이 지지를 철회했기 때문인 걸까? 유권자의 주관적 이념 성향에서처럼 '진보·보수·중도'가 대략 삼분되고 중도 표심이 선거 때마다 진보나 보수 쪽으로 이동한다면, 중도를 겨냥한 전략을 쓰는 게 선거 승리엔 가장 효과적일 것이다. 과연 그럴까?

그러나 역대 주요 선거 사례를 살펴보면, 승패를 가르는 핵심은 중도 표를 누가 차지하느냐가 아니라, 진보 또는 보수 유권자를 얼마나 결집해낼 수 있느냐에 달린 경우가 많다. 대표적인 게 이명박 후보가 당선된 2007년 제17대 대통령 선거다. 이 선거에서 이명박 한나라당 후보는 48.7%를 득표해, 26.1%를 얻은 정동영 통합민주당 후보를 거의 더블스코어 차이로 이겼다. 표수로는 530여 만 표 차였다. 해방과 6·25전쟁으로 제대로 된 견제 세력이 없던 이승만 대통령 시절을 제외하고, 역대 대선에서 나타난 가장 큰 표차의 승리다. 부정·불법이 판을 치던 군사정권 시절의 1967년 대선 때도 박정희 공화당 후보(51.4%)는 윤보선 민주당 후보(40.9%)를 겨우 10.5%포인트 차로 이겼을 뿐이다.

530여 만 표라는 표차는 이명박 후보의 선전 탓이라기보다, 정동영 후보의 부진에 기인한 바 컸다. 정동영 후보가 얻은 표는 617만 표에 그쳤다. 5년 전인 2002년 노무현 후보 득표(1,201만 표)나 5년 후인 2012년 문재인 후보 득표(1,469만 표)의 절반에 불과했다. 이명박 후보의 압승은 보수의 확장(중도의 포섭)에 따른 승리가 아니라, 진보 성향 유권자의 대거 불참에 따른 반사적 승리란 뜻이다.

2007년 제17대 대선을 전후해 한나라당이 세 차례나 전국 선거를 휩쓸며 행정부와 입법부를 장악했지만, 보수 장기 집권으로 이어지지 못하고 몰락한 이유가 여기에 있다. 이명박·박근혜 대통령의 실정으로 진보 성향 유권자들은 강하게 결집하고 반대로 보수 유권자들은 이완된 것이다.

중도를 향한 기대와 열망은 어느 사회, 어느 시대나 강하다. 중도가 한쪽에 치우치지 않고 고질적인 갈등을 뛰어넘어 다수의 이익을 대변할 거라는 생각 때문이다. 동양에선 '중용中庸'을 중시해서, 지나치거나 모자람이 없는 상태 또는 어느 한쪽에 치우지지 않는 균형을 최고의 정치적 태도라고 여겼다. 그러나 중도와 중용은 엄연히 다르다. '양보와 타협'이라는 과정을 통해 이루어낸 합의는 정확하게 말

안철수의 중도는 왜 보수로 기울어지는가?

하면 '중간 지점의 타협'이 아니다. 실제로는 '진보적 합의' 또는 '보수적 가치의 합의'를 의미하는 게 대부분이다.

미국이 가장 풍요롭고 정치적 갈등이 적었다고 평가되는 1950년대가 사실은 루스벨트의 뉴딜 개혁에 기반한 '리버럴 가치에 대한 합의'의 시대였다는 건 그런 사례다. 미국 정치학자 아서 슐레진저Arthur Schlesinger가 말한 '역동적 중도Vital Center'의 개념도 이것과 비슷했다. 슐레진저는 이 단어가 보수와 진보의 산술적 중간을 의미하는 건 아니라고 말했다. 그는 정확하게 한가운데 지점은 '역동적 중도'가 아니라 '죽은 중도dead center'라고 했다. 그가 상정한 '역동적 중도'는 루스벨트 시대의 리버럴리즘liberalism처럼, 길로 치면 '중간에서 약간 왼쪽으로 치우진 지점'을 뜻했다. 다만 그는 타협과 설득, 사회적 관용이야말로 민주주의에서 '역동적 중도'의 지점을 지킬 수 있는 토대라는 점을 강조하고 싶었다.

중도는 존립할 수 없다

정치에서 '타협과 합의'는 이념적 지향을 배제하고 이루어질 수 없다. 중요한 건, 진보적 가치에 대한 합의든 보수적 가치의 합의든, 포용과 관용의 정신을 잃지 않으려는 노력이다. 이명박·박근혜 시대엔 최소한의 관용과 다양성의 인정이 사라졌기에, 광범위한 촛불시위와 대통령 탄핵이라는 정치적 대격변을 초래했다고 말할 수 있다.

진보는 사회적 약자를 위해, 더 균등한 분배를 위해 국가의 적극적인 역할을 강조한다. 반면 보수는 정부 개입을 가능한 한 줄이고 시장에 맡기는 게 바람직하다는 쪽이다. 이렇듯 진보와 보수의 차이는 국가의 역할 차이에서 비롯한다고 노무현 대통령은 『진보의 미래』에서 말했다. 중도가 매력적으로 다가오는 건 진보와 보수의 이런 차이에 기인한다. 활기찬 기업 활동을 보장하는 자유시장은 사회 전체의 재화를 확장할 수 있지만 심각한 불평등과 가난을 방치한다. 반면에 정부의 적극적 시장 개입은 불평등을 완화할 수는 있지만 비효율이란 문제를 야기한다. 결국 정부 역할이나 시장 역할만으로는 지금의 복잡한 문제를 풀기 어려우니, 딱 중간에 서면 둘의 장점을 모두 취할 수 있으리란 기대가 정치적으론 중도 세력에 대한 기대로 표현되는 것이다.

미국 싱크탱크 니스캐넌센터는 2018년 '중도는 존립할 수 있다'는 보고서에서 이런 열망을 옹호하며, "우리는 '큰 정부'와 '작은 정부'라는 잘못된 이분법을 거부하고, 시장친화적인 우파와 정부 친화적인 좌파의 가장 좋은 측면을 결합하려고 한다"고 밝혔다. 이 보고서의 제목 '중도는 존립할 수 있다The center can hold'는 몇 해 전 『뉴욕타임스』에 실린 '중도는 존립할 수 없다The center cannot hold'는 칼럼 제목을 패러디한 것으로 읽힌다.

'The center cannot hold'란 구절은 노벨문학상을 받은 아일랜드 시인 윌리엄 버틀러 예이츠의 시 「재림The second coming」에서 따온 것이다. 예이츠는 이 시에서 "모든 것은 흩어져버렸고 / 중도(또는 중심)는 유지될 수 없다.……선한 자들은 확신이 부족하고, 악한 자들은 강렬한 열정으로 가득 차 있다_{Things fall apart, the center cannot hold……The best lack all conviction, while the worst are full of passionate intensity}"고 말했다. 예이츠는 영국 지배하의 아일랜드 현실과 제1차 세계대전 직후의 혼란을 염두에 두었겠지만, '선한 정치인은 신념이 부족하고 악한 정치인은 열정에 가득 차 있다'는 구절은 모든 시대 모든 정치인에게 적용되는 상징적 수사다. 왜 선거는 항상 최악이 아닌 차악을 뽑는 과정이 되는지를 예이츠의 시는 명징하게 드러낸다.

도널드 트럼프의 극단주의가 그토록 비난을 받았음에도 2020년 미국 민주당 전당대회는 중도에 거는 기대가 사그라들었음을 상징적으로 보여주었다. 한 세대 동안 민주당 전당대회 스타였던 빌 클린턴의 연설은 4분에 불과했고 그나마 텔레비전으로 생중계되는 프라임타임 전에 끝나버렸다. 클린턴은 1990년대에 민주당 노선의 중도화를 내세우며 대통령 연임에 성공했던 민주당의 스타였다. 버락 오바마가 민주당 대통령 후보로 지명된 2008년 전당대회에선 무려 48분간 '왜 오바마가 대통령이 되어야 하는가'를 역설해 '오바마보다 더 오바마다운 연설'이란 찬사를 받았다.

그러나 2020년 전당대회에서 클린턴보다 많은 관심을 끈 건 진보 색채가 매우 강한 오카시오 코르테즈_{Ocasio-Cortez} 하원의원이었다. 『CBS』 여론조사에서 민주당원의 56%가 클린턴의 연설을 듣기를 원했지만, 그보다 많은 63%는 코르테즈의 연설을 원한다고 답했다. 『뉴욕타임스』는 이것을 "민주당이 왼쪽으로 향하고 있다는 분명한 증거"라고 평했다. 공화당이든 민주당이든 분명하게 보수·진보의 이념을 강화하는 쪽으로 움직이고 있고, 좋든 싫든 이것이 미국 정치의 갈등을 심화시키고 있다는 건 사실이다.

안철수의 '중도 실험'

한국 정치에서도 중도를 표방한 세력이 정치적으로 성공한 사례를 찾긴 힘들다. 박정희 정권 시절 이철승의 중도통합론처럼, 중도를 주장하는 것 자체가 독재에 협력하는 야합(사쿠라)으로 받아들여졌다. 그나마 현실 정치에서 중도의 가능성이 열린 건 1987년 민주화 이후, 좀더 가깝게는 1993년 문민정부를 표방한 김영삼 정권 출범 이후일 것이다. 가장 최근의 주목할 만한 중도 실험으로는, 성공적인 벤처사업가 이력을 뒤로 하고 정치에 뛰어든 안철수 국민의당 대표가 있다.

안철수 대표는 2016년 제20대 총선에서 제3당인 국민의당을 이끌고 정당 투표에서 26.74%, 의석수로는 38석을 얻는 대성공을 거두었다. 그러나 안철수 대표의 약진은 전통적으로 민주당 지지기반이던 호남과 수도권에서 선전한 것에 힘입은 바가 컸다. 진보와 보수를 대표하는 민주당과 새누리당에 실망한 광범위한 중도 유권자들의 지지를 받았다기보다는, 진보 성향 유권자들이 실망스러운 민주당의 대체재로 안철수 대표를 선택한 측면이 강했다는 이야기다. 2012년 정치 입문 직전에 펴낸 대담집 『안철수의 생각』에서 그는 정치를 하려는 이유를 '가난하고 아픈 사람들에 대한 기억'에서 찾았다.

"그렇게 무력한 사람들은 사회가 돌봐줘야 하는데, 그렇지 못한 현실을 보고 참 마음이 아팠다. 그리고 이 사회에서 어떻게 살아가야 할 것인지를 많이 고민했다"는 안철수 대표의 생각은 진보 성향 유권자를 끌어들이는 요인으로 작용했다. '진보의 새로운 대안'으로 자리매김했을 때, 안철수의 정치적 효용은 극대화했다. 반면에 2018년 2월 유승민·이준석 등 새누리당 탈당파와 손잡고 진보·보수를 뛰어넘는 바른미래당을 창당했을 때, 그의 정치적 기반은 급속히 소실되기 시작했다. 중도라는 신기루를 쫓아 사막을 헤맸지만, 어디에도 오아시스는 없었다.

재미있는 연구가 있다. 미국 인디애나대학 에드워드 카마인스 Edward Carmines 교수 팀이 지난 40년간 미국 선거 여론조사를 분석한 결과에 따르면, 정치적으로 중도란 환상에 가깝다고 한다. 카마인스 교수 팀은 유권자 성향을 진보·보수·중도의 세 범주로 분류하면 중도의 파이가 너무 커지는 착시 효과가 나타난다고 말한다. 중도엔 다양한 이해가 얽힌 그룹이 섞여 있는데, 현실 정치에선 이들의 이해를 하나로 묶을 수 있는 마법의 탄환magic bullet은 존재하지 않는다는 것이다.

카마인스 교수는 "여론조사를 보면 온건파가 미국에서 가장 큰 이데올로기 집단으로 나타난다. 그러나 이런 해석은 오해의 소지가 많다. 온건한 그룹은 '순수하게 온건한' 것이 아니라 실제로는 경제·사회 현안마다 입장이 진보와 보수를 오락가락하는 사람들이기 때문이다. 이들은 어떤 사안에선 완전히 반대 견해를 가진 그룹의 집합체다. 따라서 이렇게 다양한 유권자를 기반으로 선거연합을 구축해 승리하려는 시도는 작동하기 힘들다"고 말했다.

안철수 대표에게 딱 들어맞는 이야기다. 여야가 싸우지 말고 타협하라는 광범위한 유권자들이 있고, 호남엔 민주당에 실망한 진보 유권자들이 폭넓게 존재하고, 영남엔 '고인물'인 국민의힘을 확 바꿔버리라는 보수 유권자들의 요구가 강하니, 이 셋을 하나로 묶는 새로운 제3세력의 출현은 필연적인 것처럼 보이지 않는가?

그러나 개별 이슈로 들어가면, 이 셋의 입장은 서로 다르며 때론 정면으로 충돌한다. 2016년 총선에서 호남은 민주당 대신 안철수의 국민의당을 선택했는데, 비슷한 현상이 영남에서도 없었던 일은 아니다. '무소속 돌풍'이란 평을 들은 1996년 제15대 총선과 2008년 제18대 총선에서 각각 16명과 25명이던 무소속 국회의원의 대부분은 영남에서 당선되었다. 그러나 영남의 무소속 약진이 제3의 정치 세력의 출현으로 이어진 건 아니다. 다양한 유권자를 하나로 묶는 건 에드워드 카마인스 교수의 말처럼 작동하기 힘든 탓이다.

안철수 대표가 갈수록 보수 본류로 다가서는 건 그런 점에서 필연적이다. 그는 2021년 4·7 서울시장 보궐선거에서 오세훈 국민의힘 후보와 단일화를 했고, 2022년 3월 대선에 또다시 출마했지만 완주 여부는 불확실하다. 윤석열 국민의힘 후보와의 단일화 가능성은 대선 막판까지 열려 있을 것이다. 무엇이 문제일까? 정치적 견해가 다른 유권자를 하나로 묶을 수는 없다. 정치에서 승리하려면 분명한

안철수의 중도는 왜 보수로 기울어지는가?

정치적 지향을 내보여서 진보 또는 보수 지지층의 지지를 확고하게 받는 게 중요하다. 두 발은 분명하게 진보를 딛고 서되 타협과 포용의 유연한 자세를 보이는 것, 이것이 필요하다. 진보와 보수를 오가며 세 번째 대선 출사표를 던진 안철수 대표의 행로는 '중도 실험'의 무망함을 보여주는 또 하나의 사례가 될 듯싶다.

이준석의
세련된
보수 포퓰리즘

기득권이 된 제도 정치권에 대한 불만

이준석이 국민의힘 대표로 선출된 2021년 6월 11일 오전, 동대구역에서 텔레비전을 보던 79세 이효기는 환호하며 "썩은 정치 다 갈아엎어야지. 이번엔 꼭 정권 교체해야 해"라고 말했다고 『한겨레』 기사는 전했다. 박정희 공화당 시절부터 줄곧 그쪽만 찍었다는 이효기의 반응에서 '정권 교체'의 강한 열망을 읽는 건 어렵지 않다. 하지만 그게 전부는 아니다.

36세의 이준석을 매우 보수적인 대구 노인까지 흥분하게 한 배경의 한 자락엔, 야든 여든 기성 정치를 싹 바꾸고 싶다는 욕구가 깔려

안철수의 중도는 왜 보수로 기울어지는가?

있다. '이준석 돌풍'은 진보·보수 간 격한 대립의 산물이지만, 기득권이 된 제도 정치권에 대한 대중의 불만이라는 성격도 띠고 있다. '이준석 현상'이 신선하면서 위태로운 이유다. 민주당보다 훨씬 보수적이고 변화에 더딘 국민의힘이 30대 청년을 당대표로 뽑은 걸 보수의 혁신으로 볼지 아니면 포퓰리즘 현상으로 볼 지엔 의견이 엇갈리지만, '당대표 이준석'이 성공하려면 이 둘 사이에서 줄타기를 잘해야 하는 건 분명하다.

이준석 대표 선출이 2030세대 특히 20대 남성의 불만에 편승한 세대 갈등 또는 세대 교체의 요구라는 분석은 절반의 진실이다. 영남에서 이준석에 열광한 수많은 보수 지지자를 한번 보라. 이준석의 당선은 젊은 세대의 반란이지만, 나이 든 보수층이 그를 받아들였기에 가능했다는 해석이 훨씬 적절하다. 완고한 보수정당이 젊은 당대표를 받아준 데엔, 정치적 올바름에 대한 이준석의 솔직한 공격이 사람들의 마음을 움직인 탓도 있었을 것이다.

문재인 정부와 진보의 이중성을 공격하기엔 좋은 소재지만 내심 불편한 마음을 감출 수 없던 젠더 문제나 공정·정의 이슈에서, 이준석은 보수 진영이 갖고 있던 이율배반적인 정서를 털어내주었다. 이제 진보 진영의 내로남불을 비판할 뿐 아니라, '페미니즘 과잉의 문제점'까지 논리적으로 공격할 수 있다는 걸 이준석은 보수 유권자들에게 보여준 것이다.

그 점에서 '이준석 정치'가 포퓰리즘과 맞닿아 있다는 분석은 일리가 있다. 유독 한국에서 포퓰리즘은 보수 언론이 진보정권과 진보 대통령을 비난하고 공격하는 데 사용하는 단골 용어였다. 오죽했으면 노무현 대통령은 보수 언론의 비난에 "일부에서 포퓰리즘을 이야기하는데 전혀 사실과 다르다. 대통령이 된 후 저는 강력한 지지자들에게도 '아닌 것은 아니다'라고 말했다"고 공개적으로 반박하기까지 했을까?

정말 포퓰리즘적인 건, 군부독재에서 이어진 한국의 보수정당들이었다. 보수정당이 순수하게 이념과 가치를 추구했던 적이 단 한 번이라도 있었을까 싶다. 군사쿠데타로 집권한 박정희·전두환 정권이 가장 먼저 한 일이, 깡패들을 잡아들이는 '사회악 일소'와 유력 인사를 구속하고 재산을 빼앗는 '부정 축재자 단죄'였다는 건 상징적인 예다. 빈 말에 그치긴 했지만 2012년 대선에서 박근혜 후보의 제1 공약이 '경제 민주화'였다는 사실도 비슷한 사례다. 민심을 잠재우고 표를 얻기 위해서라면, 하지 못할 일이 없었다.

지금도 별로 다르지 않다. 2022년 3월 대통령 선거를 앞두고 국민의힘 경선에서 치열한 접전을 펼쳤던 두 사람, 윤석열 전 검찰총장과 홍준표 의원이야말로 대표적인 포퓰리즘 정치인이라는 걸 부인하기 어렵다. 이젠 이준석 당대표 선출까지 포함해서, 국민의힘은 그런 경향을 더욱 강화한 것처럼 보인다.

다만, 이준석의 포퓰리즘은 기성 정치인들의 철 지난 포퓰리즘과는 분명히 다른 측면이 있다. 이준석이 당대표에 선출되고 첫 출근하는 날, 당대표에게 제공되는 고급 승용차를 타지 않고 지하철과 따릉이(서울시의 공용자전거)로 국회의사당에 도착하자, '신선하다'

는 반응과 '쇼 아니냐'는 비판이 쏟아졌다. 이준석 대표가 안철수 국민의당 대표와 합당 문제를 논의하기 위해 만난 곳은 고급 음식점이 아닌 동네 카페였다. 따지고 보면, 유력 정치인들의 만남이 꼭 고급 한정식집일 이유는 없고, 당대표나 국회의원이 항상 기사 딸린 승용차를 타야 하는 것도 아니다. 지금까지 우리 정치인의 표준적인 모습이 국민의 눈에 그렇게 아로새겨져 있었을 뿐이다.

진심일까, 쇼잉일까?

이준석은 기존의 정치 문법을 따르지 않는다. 그는 당대표 경선 때 선거 캠프나 선거 사무실을 두지 않고, 당원들에게 단체 홍보문자 한 번 보내지 않았다고 한다. 지역을 다닐 때는 대중교통을 이용하고, 선거 비용으로 쓴 돈은 3,000만 원이 전부였다. 그 대신 태블릿 PC를 옆에 끼고 빅데이터로 이슈를 파악해서 자신의 생각을 직접 페이스북에 올려 온라인 여론을 들끓게 만들었다.

　이준석 대표가 취임한 뒤 그의 일상을 3일간 밀착 취재한 『한국일보』 기자는 "지하철이 더 편하다는 말, 진심일까 '쇼잉'일까? 4호선 노원역→동대문역사문화공원역→5호선 환승→여의도역→9호선 환승→국회의사당역→따릉이로 이어진 이 대표의 출근길 1시간 30분을 동행해보니, 지하철을 사무실처럼 활용하는 건 '팩트'였다"고 썼다. 이준석은 기존의 국민의힘 정치인과는 다른, 새로운 세대인 것이다. '절차에 따라 토론하고 그렇게 당론을 정하자'는 이준석 대표의 태도는 정치적 이해득실과 진영 논리로 당의 방향을 정해온 여야 정치권 관행을 벗어나지만, 신선하고 전향적인 느낌을 주는 건 분명하다. '싸움'은 있어도 '토론'은 없는 게 한국 정치의 특징이었기 때문이다.

이준석의 부상은 최근 한국 사회 화두로 떠오른 '공정과 정의' 담론, 젠더 이슈와 떼어놓고 생각할 수 없다. 이준석 대표는 2021년 4월 22일 『중앙일보』 칼럼에서 "공정의 문제를 제대로 다루려면 첫 단추로 할당제에 대한 집착을 버려야 한다. 민생이 왜 무너졌는가? 유은혜(교육) 장관이나 김현미(국토) 전 장관은 그 분야의 전문가가 아니다. 추미애 전 법무장관은 법률가지만 검찰개혁이라는 과제를 시행할 자질은 없었다. 이들은 내각의 30%를 여성에 할당하겠다는 할당제의 수혜자다. 민생이 급한 상황에서 최고 실력자를 기용하지 않고 수치적 성 평등에 집착했으니 불만족스러운 결과가 나온 것이다"고 비판했다.

이준석은 전혀 다른 층위인 것처럼 보였던 공정과 젠더 이슈를 하나로 연결해 보수층의 광범위한 지지를 끌어내는 데 성공했다. 2021년 4월 이준석이 처음 국민의힘 대표 경선에 출마한다고 선언했을 때, 그가 20대 남성의 절대적 지지를 받으리란 건 충분히 예상할 수 있었다. 그러나 국민의힘 당원의 주력은 지역으로 영남, 나이로는 50대 이상의 중·노년층이다. 둘 다 이준석에겐 유리한 상황이 아니었다.

이준석의 세련된 보수 포퓰리즘

문재인 정부의 내로남불을 공격하는 무기로 변한 '공정과 정의' 담론을, 이준석은 젠더 이슈와 연결했다. 여성을 더 많이 등용하기 위한 할당제는 남성에 대한 역차별이며, 이것이 오히려 '기회의 공정'을 무너뜨리고 있다고 비판했다. 단적인 예로 든 게 문재인 정부의 '여성 각료 30% 기용' 공약이었다. 문재인 대통령이 이 공약에 발이 묶여 능력도 없는 여성 장관을 너무 많이 기용했고 이것이 정책 실패로 이어졌다는 주장이다. 김현미 국토교통부 장관 재임 시기에 부동산 가격이 폭등하며 민심의 이반을 가져온 건 그런 주장을 뒷받침하는 대표적 사례로 제시되었다.

　이준석의 주장은 나이 든 국민의힘 당원들의 지지를 끌어내는 데 효과적이었다. 안희정·오거돈·박원순 사건을 정치적으로 공격하려 페미니즘에 호의적 태도를 취하지만, 내심 공정·정의·젠더 이슈의 부상에 불편한 심정을 갖고 있던 보수층은 이준석을 통해서 이런 불편함과 이율배반을 털어버릴 수 있게 된 것이다. 누구도 예상치 못한 이준석 돌풍의 배경엔, 정권 교체 열망 외에 보수 진영의 이런 정서가 자리 잡고 있다.

　이것이 우파 포퓰리즘 현상의 하나라는 지적은 그런 점에서 타당하다. 내가 마음속에 감춰두고 하지 못했던 말을 대신 해주는 지도자에 대한 갈망이 얼마나 강렬한지는 2016년 도널드 트럼프가 미국 대통령에 당선되었을 때 증명되었다. 여성, 소수인종, 동성애자에 대한 트럼프의 편협한 시각과 비하 발언은 대선 기간 내내 수많은 논란과 비난을 불러일으켰다. 트럼프는 공개적으로 "나는 정치적 올바름을 거부한다"고 말했다.

심지어 공화당 경선 토론회에서 『폭스뉴스』 여성 앵커인 메긴 켈리Megyn Kelly가 "트럼프 후보는 자신이 싫어하는 여성들을 뚱뚱한 돼지나 개, 속물, 역겨운 동물이라고 불렀다"고 지적하자, 트럼프는 이렇게 답변했다. "나는 단지 동성결혼을 한 여성 코미디언 로지 오도넬Rosie O'Donnell에게만 그랬을 뿐이다." 여성 외모와 동성애에 대한 혐오를 감추지 않고 드러낸 것이다. 트럼프는 텔레비전 토론이 끝난 뒤엔 "켈리의 눈에서 피가 나왔다. 다른 어디서도 피가 나왔을 것"이라며, 메긴 켈리가 생리 때문에 예민해져 자신을 공격했다는 취지의 어처구니없는 발언까지 했다.

2030의 언어로 말하다

트럼프에 비하면, 이준석은 훨씬 영리하고, 세련되었으며, 감정적으로 폭발하지도 않는다. 공개적으로 여성을 비난하거나 여성의 능력을 폄하하지도 않는다. 그는 당대표 당선 직후 수석대변인에 여성을 임명했다. 이준석의 발언은 젊은 남성을 격동시킬 뿐만 아니라 젊은 여성들에게도 같은 또래로서 공감대를 형성한다. 조민경 인천 연수구 기초의원(민주당)은 당은 다르지만 이준석의 언어를 이렇게 설명했다.

"이준석 대표는 2030의 언어로, 인터넷에서만 떠돌던 일종의 밈을 공식 석상에서 발언합니다. 예를 들면, 대표 당선 수락 연설에서 '제가 말하는 변화에 대한 이 거친 생각들, 그걸 바라보는 전통적 당원들의 불안한 눈빛, 그리고 그걸 지켜보는 국민들에게, 우리의 변화에 대한 도전은 전쟁과도 같은 치열함으로 비쳐질 것이고……', 이런 말을 하는데 이걸 그냥 텍스트로 받아들인 사람은 청년들의 문화 코드를 읽지 못한 거예요. '그거 임재범의 〈너를 위해〉 가사 패러디한 거 아냐' 이렇게 말하시는 분도 출처는 알아도 그 의미를 완벽히 이해하진 못한 것입니다. 이 대목은 인터넷에서 굉장히 많이 소비되고 짤로 돌아다니는 청년들의 일종의 놀이문화, 밈mim이거든요. 그걸 당선 수락 연설에 넣었다는 건, 이 대표가 '지금 우리들만 아는 언어로 내가 얘기하고 있어'라고 2030 청년들에게 말하는 것과 마찬가지인 거죠. 그런 걸 보면서 국민의힘도 바뀌고 우리 정치도 좀 바뀌었으면 좋겠다는 기대를 청년들이 걸었던 겁니다."

이준석은 2019년에 펴낸 『공정한 경쟁』에서 '정치적 올바름'에 관해 이렇게 말했다.

"실제로 미국에서는 정치적 올바름을 주도한 8% 정도의 고학력, 고수익의 백인들에 대한 반감으로 성차별주의자이자 인종차별주의자로 집중적인 공격을 받았던 트럼프가 당선되었다는 말이 있어요. 저는 진보 매체가 정치적 올바름에 대한 소수의 견해를 지나치게 많이 인용하고 있다고 봐요. 그들은 자신의 생각이 대중의 인식과 어떤 괴리가 있는지 깨닫지 못하는 사람들입니다."

그러나 정치적 올바름을 비난하며 남성 역차별을 주장하는 순간, 정책과 가치에 대한 합리적인 토론은 설 자리를 잃는다. 할당제는 여성만을 위한 제도인가? 공무원 양성평등 채용목표제로 혜택을 보는 쪽이 처음엔 여성이 훨씬 많다가 최근엔 남성이 많아진 건 어떻게 바라봐야 하는가? 이런 문제의식을 발전시켜 어떻게 남성 역차별 주장을 해소할 것인지 논의하는 게, 끝없는 할당제 폐지 논쟁보다는 더 생산적이다. 여성 장관들의 성과가 낮다는 주장도 비슷하다. 부동산 정책 실패, 교육 개혁 부진, 여성가족부 정책 성과 미흡 등은 일리 있는 지적이고 그 책임은 장관이 질 수밖에 없다.

그런데 다른 부처의 남성 장관들은 국민 기대에 걸맞게 충분한 성과를 냈다고 볼 수 있을까? 과거 정권 때부터 수많은 남성 장관이 무능하다는 소리를 들었지만, 전문성 부족이나 계파 인사 탓이라는 비판은 있어도 이들이 '남성'이라서 문제라는 비판은 없었다. 이준석 대표가 슬쩍 가리고 있는 맹점이 바로 이것이다.

민주당은 만 40세 이상에게만 대통령 피선거권을 주는 현행 헌법 규정을 고마워해야 할지 모른다. 포퓰리스트란 점에선 차이가 없지만, 이준석은 윤석열이나 홍준표보다 훨씬 경쟁력이 있는 정치인이기 때문이다. 국민의힘 대선후보에 오른 윤석열 전 검찰총장의 지지율을 떠받치는 건 그의 비전·정책에 대한 신뢰와 기대가 아니다. 120시간 노동을 서슴없이 말하고 청약통장이 뭔지도 모르는 윤석열 후보에 대한 20~30대 젊은 남성들의 기대치는 많이 떨어졌다. '1일 1실언'이란 말이 나올 정도로 정치적 준비가 안 된 사실이 드러났음에도 윤석열의 지지율이 굳건했던 건, 전통 보수층의 정권 교체 열망이 그만큼 강렬했던 탓이다.

윤석열이 아니라 이준석이 국민의힘 대선후보가 되었다면, 국민의힘은 두 마리 토끼를 다 잡을 수가 있었을 것이다. 정권 교체를 열망하는 보수층은 윤석열이든 이준석이든 상관없이 지지할 것이고, 이준석은 여기에 더해서 젊은 세대의 강렬한 지지를 얻을 수 있는 거의 유일한 정치인이기 때문이다. 그런 현상의 한 자락은 국민의힘 전당대회에서 36세 젊은 당대표가 깜짝 선출될 때 이미 모습을 보였다. 세련됨을 갖춘 우파 포퓰리즘의 등장, 이것이 이준석 돌풍의 핵심이다. 그래서 무섭기도 하지만, 한편으론 강경 보수 색깔의 국민의힘을 바꿔낼 수 있을지 깊은 의문이 들 수밖에 없다. 이준석이라는 얼굴 분장만으로 지지층의 확장을 가져오기는 힘들 것이기 때문이다. 그건 거의 전적으로 대선후보의 몫인데, 윤석열 후보에게 이걸 기대하기란 쉽지 않은 일이다.

'국민과의 소통'이
뉴딜과 미국을
살렸다

루스벨트의 노변정담

루스벨트 대통령의 뉴딜 시대를 거치며 리버럴리즘은 새롭게 정의되었다.

"프랭클린 루스벨트와 뉴딜주의자들은 국가, 즉 정치적 힘이 자본, 즉 경제적 힘을 통제해야 한다는 신념에 기반을 두어 자본주의에 피폐해진 인민의 삶을 복원시키려고 했다. 그 과정에서 뉴딜에 자유주의(리버럴리즘) 개념을 접목시켜 전통적인 개인주의와 자유방임주의적 자유주의를 넘어서고자 했다. 1933년 취임 연설에서 루스벨트는 '격렬하게 개인주의적이며 자본주의적'인 정치 문화에 파열음을 냈다. 이전 그 어느 대통령도 루스벨트가 했던 것처럼 자본가들을 '국민 여론의 법정에서 기소당할 부도덕한 환전상들', '미친 듯이 이윤을 추구하는 이기주의자 세대'로 비난하지 않았다. 그 어떤 정치인도 국가계획에 의해 주도되는 통일적 구제 행위를 요청하지 않았다. 루스벨트 전임자 중 누구도 연방정부가 '교통과 통신, 기간산업을 관장하라'고 요청하지 않았다."(김진희, 「뉴딜자유주의와 미국적 복지의 탄생」)

뉴딜 이후 리버럴리즘은 '자유주의'가 아니라 '진보주의'로 번역하는 게 훨씬 적절한 단어가 되었다. 미국 사회당(1901년에 창당해 1972년 공식 해산했다) 좌파는 뉴딜을 '야만적 자본주의와 사회주의 사이에서 갈팡질팡하는 제3의 길'이라고 비난하며 결국 실패할 것이라 주장했다. 이 예상은 대체로 빗나갔다. 뉴딜이 미국을 복지국가로 탈바꿈시키진 못했다. 하지만 그런 방향으로 사회를 움직여 노동자, 흑인, 여성들에게 권리를 보장하고 수십 년에 걸친 '리버럴 시대'를 불러온 건 사실이다.

뉴딜은 여러 면에서 불완전했고 때론 광범위한 비판의 표적이 되었다. 그걸 성공의 반석 위에 올린 건, 대통령과 국민의 끊임없는 소통이었다. 루스벨트의 라디오 연설이 대표적이다. "잠시 국민 여러분과 은행에 관해 이야기를 하고 싶습니다"라는 말로 시작한 1933년 3월 12일의 첫 라디오 연설은 화롯가에 앉아 조곤조곤 알아듣기 쉽게 설명하는 형식이라 노변정담爐邊情談, Fireside chats으로 불렸다. 그 효과는 엄청났다. 사람들은 집에서 가족과 함께, 또는 식당이나 극장에서 동료들과, 때론 길거리에 정차한 택시 주변에 모여서 루스벨트의 라디오 연설을 들었다.

노변정담의 평균 청취자 수는 약 5,400만 명(당시 미국 성인인구가 8,200만 명이었다)에 달했다. "소득을 더 공정하게 배분하지 않으면 현 체제를 지속할 수가 없습니다. 창의적 정신으로 경제를 일군 자본가들은 일을 하고 싶어 하고 또 할 수 있는 모든 사람에게 생존에 필요한 걸 벌 수 있는 수단을 제공할 의무가 있습니다."(1933년 5월 7일 라디오 연설)

노변정담은 쌍방향 소통이었다. 루스벨트가 연설 말미에 "여러분의 어려움을 저에게 이야기해달라"고 요청하자, 일주일 동안 백악관엔 45만여 통의 편지가 쏟아졌다. 편지의 주요 내용은 요약해서 대통령에게 보고되었고, 다시 재분류되어 해당 부처로 전달되었다. 루스벨트는 신문·방송을 대하는 자세도 전임 대통령들보다 훨씬 개방적이었다. 일주일에 평균 두 차례 기자들을 만나 자유롭게 질의응답을 진행했다. 전임자들이 정해진 형식에 따라 기자회견을 했던 것과는 달랐다.

'사회주의자' 또는 '독재자'라는 비난

뉴딜의 목표는 흔히 '3R'로 표현했다. 구제Relief, 재건Recovery, 개혁Reform이 그것이다. 우리가 '뉴딜' 하면 흔히 떠올리는 대규모 토목·

건설사업과 일자리 창출이 바로 '구제' 또는 '재건'에 해당했다. 하지만 진정으로 미국 사회를 바꾼 건, 세 번째 목표인 '개혁'이었다.

수치로만 보면, 뉴딜은 '경제 회복과 실업 극복'이라는 애초의 목표를 달성하지 못했다. 루스벨트 첫 임기 4년간(1933~1937년) 연평균 경제성장률은 9.6%였고 실업률은 25%에서 14%까지 떨어졌다. 그러나 두 번째 임기 중반인 1938년에 실업률은 19%까지 치솟았고 산업 생산은 20% 가까이 감소했다. 미국 경제를 늪에서 구한 건 1939년 발발한 제2차 세계대전이었다.

그러나 이것이 뉴딜의 가치를 훼손하진 못한다. 경제 위기를 극복하진 못했지만, 뉴딜은 미국 사회를 바꾸었다. 지금까지 정부의 관심 밖에 있던 사람들에게 인간적 삶을 유지할 수 있는 최소한의 안전망과 법적 울타리를 마련한 건 분명했다. 두 축은 와그너법Wagner Act(전국노사관계법)과 사회보장법Social Security Act이었다. 1935년 7월 제정된 와그너법은 노동자의 단결권과 단체교섭권을 보장하고 사용자의 부당노동행위를 금지했다. 이로써 노동조합이 강력한 정치 세력으로 등장할 수 있는 길을 텄다.

같은 해에 실업보험과 노인연금을 담은 사회보장법도 의회를 통과했다. 연금을 납입하는 이들에게만 적용되는 매우 제한적인 입법이었지만, '공적 복지' 개념을 거부했던 미국 사회의 인식을 바꾸었다는 점에선 의미가 컸다. 1938년엔 최저임금을 시간당 25센트로 정하고 노동시간을 주당 최대 44시간으로 조정하는 공정근로기준법이 제정되었다. 마지막 '뉴딜 개혁 입법'이었다.

뉴딜 개혁 입법은 하나하나가 엄청난 논란과 반발을 불러왔다. 루스벨트에겐 '사회주의자', '볼세비키' 또는 '독재자'라는 공격이 가해졌다. 전직 대통령 허버트 후버Herbert Hoover는 루스벨트가 '정치적 평등과 사상의 자유, 기회의 균등을 훼손하며 미국을 독재로 이끌고 있다'고 비난했다. 후버의 공격은 루스벨트에겐 오히려 정치적 도움을 주었다. 루스벨트는 후버를 '낡은 체제의 상징'으로 몰아붙이며 뉴딜의 정당성을 홍보했다. 후버의 그림자는 수십 년간 공화당의 발목을 잡았다. 신뢰를 잃은 정당과 정치인이 스스로 혁명적으로 바꾸지 않고, 새 집권 세력에 대한 정치적 공격만으로 국민의 지지를 되찾기 힘들다는 상징적 사례였다.

루스벨트 시대에 미국 정치 지형은 180도 바뀌었다. 1932년 루스벨트 집권 전까지 70년간 민주당 출신 대통령은 단 두 사람(그로버 클리블랜드Grover Cleveland, 우드로 윌슨Woodrow Wilson)이었다. 이 기간에 민주당이 백악관과 상하 양원을 모두 장악한 시기는 6년에 불과했다. 그러나 루스벨트 이후, 즉 1932년부터 1980년(공화당의 로널드 레이건 대통령 당선)까지 48년간 민주당은 12차례 대선 중 8차례를 이겼고 불과 4년을 제외한 44년 동안 상하 양원 모두에서 다수당을 차지했다. 다시 말해 1900년부터 1932년까지는 '공화당 시대'였다가 1932년 루스벨트가 대통령에 당선된 뒤 1980년까지 반세기 동안 '민주당 시대'가 이어졌다.

진보는 어떻게 다수파가 되는가?

극적인 변화의 밑바닥엔 유권자의 뉴딜 연합이 깔려 있었다. 뉴딜 연합은 1936년 루스벨트의 재선을 통해 모습을 드러냈다. 북부 흑인과 남부 백인, 대도시의 이민자·노동자, 중산층과 집 없는 빈민, 여성과 청년이 뉴딜 연합의 우산 아래 결속했다. 이들은 모두 뉴딜의 혜택을 입었고, 복지국가의 개념이 계속 확대될 수 있으리라 기대했다. '진보 다수파의 시대'가 현실에서 어떻게 가능한지를 뉴딜 연합은 보여주었다.

미국 정치학자 크리스티 앤더슨의 『진보는 어떻게 다수파가 되는가』는 1930년대 노동자와 이민자, 도시 빈곤층이 어떻게 민주당 지지기반으로 편입되었는지를 잘 묘사하고 있다. 루스벨트는 1932년 대선에서 2,281만 표(전체 투표자의 57.4%), 1936년 대선에선 2,774만 표(60.8%)를 얻었다. 이는 12년 전인 1920년 대선에서 민주당이 얻은 표(914만 표)의 3배에 달했다. 몇 번의 선거를 거듭하면서 민주당은 의회와 행정부 모두에서 압도적 헤게모니를 장악했다.

크리스티 앤더슨은 시카고의 흑인·이민자 거주지역에서 공화당의 총득표수는 변화가 없는데도 민주당 득표수가 크게 늘어난 점을 주목했다. 루스벨트 시대에 민주당이 약진한 건, 그동안 투표 행위 바깥에 있던 노동자와 이민자·흑인·여성들이 새롭게 표를 던졌기 때문이라고 앤더슨은 분석했다.

정치학계의 대표적 논쟁거리지만, 정당 지지층의 재편성을 통해서 극적인 정치 지형 변화가 나타난다는 이론은 한국 현실에 비춰봐도 의미가 있다. 2020년 4월 총선에서 민주당이 약진한 걸 이런 '정당 재편성'의 결과로 보는 시각도 있다. 조기숙 이화여자대학교 교수는 노무현 대통령 서거 직후부터 한국 정당의 재편성이 일어나고 있다고 주장했다. 조기숙 교수는 이렇게 말했다.

"정당 재편성은 일시에 일어나지 않는다. 여러 번의 선거를 거치면서 점점 견고해진다. 한국에서 정당 재편성은 2004년 총선부터 일어나기 시작했다. 전통적 진보층과 호남, 수도권의 중산층이 결합해 열린우리당의 승리를 이끌었다. 그러나 세 집단의 연대는 오래가질 못했다. 전통적 진보층은 민주노동당으로, 호남은 민주당으로, 수도권 중산층은 한나라당의 이명박 서울시장 쪽으로 흩어졌다. 이게 다시 복원된 것은 2010년 지방선거 때부터다. 그때부터 정당 재편성은 점점 공고해졌고 그 연장선상에 2020년 4월 총선이 있다."

전통적 진보와 호남, 수도권의 연대가 다시 복원된 결정적 계기는 2009년 노무현 대통령의 서거다. 노무현 대통령의 죽음이 한국판 '리버럴 연대'를 가능하게 하는 발판이 되었다. 그 결정판이 민주당이 180석을 얻은 2020년 4월 총선일 것이다. 외형적으로 민주당은 1930년대 미국 민주당처럼 좋은 환경에 처해 있는 것처럼 보였다. 그런데 민주당은 왜 루스벨트 민주당의 길을 가지 못하고 2021년 서울·부산시장 보궐선거에서 참패한 것일까? 민주당의 문제는 무엇이었을까?

민주당은
왜
'루스벨트 민주당'의 길을
가지 못했는가?

'뉴딜 연합'과 '촛불 연합'

루스벨트 대통령의 뉴딜 개혁은 미국 사회를 바꾸었을 뿐만 아니라, 소수파였던 민주당의 토대를 바꾸었다. 대공황 직후인 1930년 중간 선거부터 루스벨트가 대통령에 첫 당선된 1932년 선거, 1934년 중간 선거, 재선에 성공한 1936년 대선과 상·하원 선거까지, 민주당은 매번 수십 석씩 의석을 늘리며 이후 반세기 동안 상하 양원을 지배했다. 뉴딜의 혜택을 받은 북부 흑인과 노동자, 이민자, 남부 백인, 여성과 젊은 층이 만들어낸 '뉴딜 연합'이 있었기에 가능한 일이었다.

한 세기 가까운 세월을 뛰어넘어 '루스벨트 민주당'에서 한국의 민주당을 떠올리는 건, 몇 가지 점에서 정치적 상황이 유사하기 때문이다. 첫째, 미국의 민주당과 한국의 민주당은 정당 재편성, 곧 지지층의 확장과 연대를 통해 정치적 소수파에서 다수파로 탈바꿈했다는 가설을 공유하고 있다. 미국의 민주당은 1861년 남북전쟁 이후 70년간 '만년 야당'이었다가 루스벨트 시대를 거치며 행정부와 입법부 모두에서 다수파로 올라섰다. 결정적인 분기점이 1932년과 1936년의 대통령 선거와 상·하원 선거였다. 특히 1932년 선거에선 상원 12석, 하원에서 무려 97석을 늘리며 안정적인 의회 다수파의 자리에 올랐다.

한국도 2017년 대선과 2020년 국회의원 총선에서 민주당이 압승한 게 정당 재편성의 사례일 수 있다고 정치학자들은 말한다. 이준한 인천대학교 정치학과 교수는 "박근혜 대통령 탄핵을 계기로 전체 투표자의 5분의 1에서 3분의 1에 이르는 유권자가 지지 정당을 바꾼 것으로 나타난다. 여기에 18세 유권자의 투표 참여와 과거보다 높아진 투표율이 2017년과 2020년 선거를 지지 유권자층의 재편성이 일어난 '중대 선거critical election'로 만들었다고 본다"고 말했다.

물론 어떤 선거가 '중대 선거'인지는 상당한 시간이 흐른 뒤에야 분명히 알 수 있다. 루스벨트가 백악관에 입성하고 민주당이 상·하원에서 대약진을 한 1932년 선거가 향후 반세기 동안 미국 정치를 가를 분기점이었음을, 그 당시엔 누구도 정확히 알지 못했다.

둘째, 미국의 뉴딜 연합과 같은 다양한 계층·집단의 연대를 한국에선 2016~2017년 광장의 촛불 시위에서 찾아볼 수 있다는 분석이

민주당은 왜 '루스벨트 민주당'의 길을 가지 못했는가?

다. '루스벨트 민주당'은 사회·경제 개혁을 통해 '북부 공화당 대 남부 민주당'이라는 지역 대결 구도를 깨고 전국적 차원의 뉴딜 연합을 만들었다. 한국에선 2010년 지방선거 이후 수도권에서 민주당이 약진하면서 영·호남 대결 구도가 약화한 게 눈에 띈다. 2016년 제20대 총선에선 전통적 지지기반인 호남을 안철수 대표의 국민의당에 내주고도 민주당은 제1당에 올랐다. 지역 변수보다 사회·정치 쟁점과 세대 변수가 훨씬 중요해졌다는 걸 의미한다.

2016년 가을과 겨울, 박근혜 대통령을 탄핵으로 이끈 '촛불 연합' 또는 '탄핵 연합'은 1930년대 미국의 뉴딜 연합과 유사한 측면이 있다고 이준한 교수는 말했다. 이준한 교수는 "뉴딜 연합과 탄핵 연합(또는 촛불 연합)은 무엇보다 그 전과 후에 기존 정당의 지지자를 다른 정당으로 대거 이탈하게 만들었다는 점에서 비슷하다. 탄핵 연합은 뉴딜 연합만큼 사회·경제적 연합은 아니지만, 그래도 촛불의 과정에서 다양한 사회·경제 개혁 요구가 분출했음에 주목해야 한다. 다만, 분명한 차이는 존재한다. 루스벨트 대통령이 뉴딜 연합을 10년 넘게 일관성 있게 이끌었다면, 탄핵 연합에는 그러한 리더십이나 디자이너가 뚜렷이 보이지 않는다"고 말했다.

이준한 교수의 지적은 민주당이 2017년 대선에 이어 2020년 4월 총선에서 압승을 거두고도 왜 우세한 정치 지형을 이끌어가지 못했는지에 대한 해답의 단초를 제공한다. 그랜드 디자인grand design의 결여와 강력한 리더십의 부재 속에 민주당은 길을 잃어버린 것이다.

뉴딜 연합은 개혁정책으로 경제적·사회적 혜택을 받은 집단과 계층의 지지를 기반으로 했기에 공고했고 또 오래갈 수 있었다. 그에 비하면 '촛불 연합'은 폭이 넓긴 해도 '뉴딜 연합'만큼 견고하지 못했다. 박근혜 탄핵에 찬성했던 한나라당의 보수 세력은 문재인 정부 출범과 동시에 강력한 반대 세력으로 돌아섰고, 진보 진영 내부에서도 촛불의 성과와 문재인 정부 평가를 놓고 다른 목소리가 터져나왔다. 한나라당 보수 세력의 이탈은 어쩔 수 없는 측면이 있고, 또 이것만으로 촛불 연합이 심각하게 흔들리지는 않는다. 문재인 정부 출범 3년이 지난 2020년 4월 총선에서 민주당이 압승을 거둔 건 여전히 '촛불 연합' 또는 '탄핵 연합'의 힘을 보여주는 상징적 예다.

국민의 삶과 직결된 정책에서 신뢰를 잃다

중요한 건 대공황 직후의 뉴딜이 그랬듯이, 코로나19 위기 속에서 벼랑 끝에 내몰린 비정규직과 자영업자, 청년 실업자, 소외계층을 사회안전망 안으로 끌어들여 정책적으로 뒷받침하는 일이었다. 코로나19 경제위기는 전례가 없고 파장을 짐작하기 어렵다는 점에서 1929년의 세계 대공황과 닮은 측면이 있었다.

21세기의 세계가 코로나19라는 팬데믹을 마주한 건 우연이겠지만, 사회적·경제적 약자들을 끌어안고 소득과 자산 격차를 완화하는 데 성과를 거두었다면 '촛불 연대'는 좀더 지속력을 가졌을 것이다. '촛불 정부'로서 문재인 정부의 평가는 정치적 다툼보다는 이런 사회·경제 정책의 실질 성과에 달려 있었다. 이 점에서 청와대와 민주당은 유능함과 정교함을 국민에게 보여주는 데 실패했다. 부동산 정책의 신뢰를 잃은 건 치명적이었다.

집권 세력은 촛불의 요구와 방향을 어떻게 구체적으로 정책화하고 실천할 것인지에 대해 내부 공감과 조율을 이루어내지 못했다. 문재인 대통령의 높은 국정 지지율에 이끌려, 민주당은 임기 내내 청와대의 그늘에 안주하는 것처럼 국민들에겐 비쳤다. 그러다 보니 청와대에 경고음을 울려야 할 시점에 제대로 목소리를 내질 못했다. 부동산 정책과 고위직 인사 문제에서 광범위한 민심 이반이 일어나는데도 민주당은 그냥 두고 보거나 오히려 더 강경한 태도로 혼선을 부추기는 모습을 보였다. '검수완박(검찰 수사권 완전 박탈)'을 주장하며 윤석열의 정치권 진출에 명분을 만들어준 민주당 일부 의원들의 행동은 대표적이다.

그 점에서 민주당은 미국의 민주당이 대약진한 1930년대 루스벨트 대통령과 민주당의 관계에서 교훈을 찾는 게 필요하다. 뉴딜을 이끈 인기 있는 대통령 루스벨트와 민주당의 관계가 꼭 좋은 건 아니었다. 대표적인 게 루스벨트의 미국 연방대법원 개혁 시도를 민주당에서 반대한 것이었다. 연방대법원이 미국의 다양한 계층과 집단을 대표하지 못한다는 루스벨트 지적은 일리가 있었다.

연방대법원의 대법관 수는 헌법에 정해진 게 없었고, 대법관 지명권은 대통령의 권한에 속했다. 그러나 민주당의 많은 의원, 특히 보수적인 의원들이 강하게 반대했고 연방대법원 개혁 구상은 수포로 돌아갔다. 그래도 성과는 있었다. 연방대법원은 그 뒤 뉴딜 개혁 입법의 핵심인 노동관계법을 비롯한 여러 법안에서 루스벨트 정부에 유리한 쪽으로 결정을 내렸다.

이 사례는 여당이 집권 세력이면서 동시에 삼권분립의 한 축인 의회 구성원이란 사실을 잘 보여준다. 대통령이 개혁에 주저하거나 너무 앞서 나가서 국민의 지지를 받지 못할 가능성이 높아지면, 이에 대한 경고음을 울릴 책임이 집권당에 있다. 미국 하버드대학 교수인 스티븐 레비츠키와 대니얼 지블랫은 트럼프 대통령 시절에 펴낸 『어떻게 민주주의는 무너지는가』에서, 1930년대 연방대법원 재구성에 대한 민주당의 반대가 그런 사례라고 밝혔다.

두 교수는 "당시 루스벨트의 인기는 대단히 높았다. 미국 대통령 중 그만큼 강력한 정치 우위를 누린 경우는 찾아보기 힘들 것이다. 그럼에도 루스벨트의 대법원 재구성은 언론뿐 아니라 민주당의 강한 반대에 부닥쳤다. 민주당 하원의원 에드워드 콕스는 '미국 역사상 법치주의에 대한 가장 중대한 도전'이라고 경고했다"며 민주당 진보 인사들이 미국 민주주의를 지켰다고 평가했다.

문재인 정부 시기의 민주당은 그런 역할을 제대로 해내질 못했다. 대통령이 주저할 때 분명하게 목소리를 내지 못했고, 빠르고 단호하게 추진해야 할 사안에선 시기를 놓쳐 정치적 논란을 자초했다. 대표적인 게 판사 탄핵이었다. 민주당은 2021년 2월 4일 불법적인 재판 개입을 이유로 임성근 전 서울중앙지법 형사수석부장판사를 국회에서 탄핵 소추했다. 그러나 임성근 판사가 2월 28일 임기 만료로 퇴임하면서, 헌법재판소는 결국 "실익이 없다"는 이유로 국회의 판사 탄핵 심판 청구를 각하했다.

박근혜 정권의 사법 농단이 문제가 된 건 문재인 정부가 출범한 지 얼마 지나지 않아서였다. 박근혜 대통령 시절인 2015년에 가토 다쓰야加藤達也『산케이신문』서울지국장이 '세월호 사건 당일에 박근혜 대통령이 비선 정윤회(최순실 남편)를 만났다'는 기사를 써서 기소되었다가 언론자유를 인정받아 법원에서 무죄로 풀려났다. 나중에 알고 보니, 청와대가 법원행정처를 통해 임성근 판사에게 재판 개입 압력을 넣었고, 임성근 판사는 이를 그대로 따른 것으로 나타났다. 임성근 판사로선 관행적으로 했던 일이니 억울할 수도 있다. 그러나 어쨌든 '청와대가 삼권분립을 깨고 재판에 개입한 사건'이었다.

문제는 왜 2021년에 와서야 민주당은 퇴임을 코앞에 둔 임성근 판사 탄핵을 추진했을까 하는 점이다. 이미 2018년 11월 전국법관대표 자회의는 '사법 농단 판사 탄핵'을 요구하는 결의안을 채택했다. 또 2020년 2월 임성근 판사에 대한 1심 재판에선, 직권남용 혐의에 무죄를 선고하면서도 그의 재판 개입 행위가 위헌적이란 점을 분명히 지적했다. 민주당은 2020년 4월 총선에서 압승을 거둔 직후에 사법부와 여론의 지지를 받으면서 헌정 사상 초유의 판사 탄핵을 밀어붙일 충분한 명분과 추진력을 확보할 수 있었다. 그런데 그러질 않았다.

2021년 2월, 임성근 판사 탄핵소추안이 정식으로 국회 본회의에 올랐을 때 이 사안은 이미 정치적 논란거리가 되어 있었다. 추미애 법무부 장관과 윤석열 검찰총장의 지리한 싸움 속에 검찰개혁의 힘이 빠지자, 이걸 만회하려 사법부 개혁을 꺼내든 것처럼 국민의 눈에 비쳤다. 국회의 임성근 판사 탄핵 표결을 하루 앞둔 2월 3일 리얼미터 조사에선 탄핵 찬성 44.3%, 반대 45.4%로 여론이 팽팽하게 갈렸다. 코로나19와 부동산 폭등의 와중에 집권 여당이 국민의 삶에는 무관심하고 오로지 검찰개혁·사법개혁 등 '정치적 개혁 과제'에만 힘을 쏟는다는 비판의 늪에 빠져버린 것이다.

과거의 승리가 미래의 승리를 보장하지 않는다

이것이 1930년대 미국 민주당과 2020년대 한국 민주당의 가장 큰 차이점이다. 미국의 민주당은 루스벨트의 뉴딜 개혁 입법을 의회에서 뒷받침했다. 노동관계법이나 사회보장법 등 소외계층과 약자들을 지원하고 삶의 질을 개선하는 사회·경제 개혁 법안들이었다. 국민의 삶과 직결된 정책과 입법이 성공을 거두었기에, 연방대법원 논란 등에선 실패했지만 국민들은 민주당을 확고하게 지지했던 것이다. 반면에 한국의 민주당은 정치 이슈에 너무 치중했고 그마저도 시기를 놓쳐 성과를 거두지 못했다. 검찰개혁과 사법개혁, 언론개혁 모두 비슷한 길을 걸었다. 지지층은 실망하거나 분열했고, 정치적 반대파에겐 강렬한 결집의 명분을 주었을 뿐이다.

물론 민주당의 책임만은 아니다. 뉴딜 시대의 미국 민주당과 비교하면, 한국의 민주당은 대통령에게 훨씬 협조적인 게 분명하다. 대통령과 집권당의 일체감이 높아진 건 바람직한 일이다. 하지만 더 중요한 건, 대통령이 주요 정책에서 직접 국민의 지지를 이끌어내는 일이다. 루스벨트 시대 들어서 정책 수립과 결정, 집행을 책임지는 권력의 심장은 의회에서 백악관으로 이동했다. '제왕적 대통령'이란 표현이 딱 들어맞기 시작한 게 그때부터였다.

루스벨트는 핵심 현안을 직접 국민에게 설명하고 동의를 구했다. 선거 때마다 민주당에 강력한 우산을 씌워준 건 결국 대통령의 리더십이었다. 지금도 민주당 지지율을 떠받치는 건 문재인 대통령의 높은 지지율이다. 어쩌면 임기를 마칠 때까지 문재인 대통령은 레임덕이란 소리를 듣지 않는 첫 대통령이 될지 모른다. 하지만 문재인 대통령은 민주당의 협력을 국정 운영의 동력으로 충분히 활용하질 못했다. 국민들이 보기에 대통령과 집권 여당 사이 갈등은 없는데, 정책 현안의 실행을 두고선 같은 배를 탄 게 맞는지 늘 모호했다.

강민석 전 청와대 대변인이 쓴 『승부사 문재인』을 보면, 2020년 4월 총선 승리 뒤 문재인 대통령은 "2004년 노무현 대통령 탄핵 후의 총선을 거울삼아야 한다"고 말했다고 한다. 또 "2004년 열린우리당은 총선 이후 당에 개혁파가 득세해 국가보안법 등 4대 개혁 드라이브를 걸다가 망해버렸다. 문 대통령은 당시를 회상하며 '포스트 코로나를 맞아 지금은 개혁을 해야 한다는 말은 맞는데, 현실성은 있는지 봐야 한다'고 강조했다"고 말했다.

포스트 코로나, 곧 경제와 민생에 집중해야 한다는 문재인 대통령의 인식은 정확했지만, 그런 인식이 실효성 있는 정책 추진으로 이어지진 못했다. 추미애와 윤석열의 갈등은 1년 넘게 정국의 핵심 이슈로 떠올랐고, 끝내 윤석열을 제1야당의 대선후보로 올려놓는 역설만 낳았다. 내부 이견을 신속하게 해소하고 민생 입법과 정책을 추진하는 데 절실한 대통령의 리더십은, 가장 필요한 시기에 효과적으로 국민 앞에 그 모습을 드러내질 못했다. 그 점에서 2022년 대선을 앞두고 민주당이 처한 어려움은 곧 대통령이 초래한 위기이기도 하다.

지난 선거의 압승이 미래 선거의 승리를 보장하진 않는다. 2007년 12월 대선을 전후해 한나라당은 3번 연속(2006년 지방선거, 2007년 대선, 2008년 총선) 전국 선거를 이겼다. 특히 2008년 제18대 총선에선 서울의 48개 선거구 중 40개 선거구를 석권하는 역대급 승리를 거두었다. '일본 자민당처럼 보수 장기집권 시대가 열렸다'고 언론에선 평가했다. 그때 이명박 대통령 측근이던 정두언 의원은 "지방이 아닌 수도권, 중산층, 이념적 중도, 이 3중을 잡지 않으면 보수 정당의 미래는 없다"고 말했다.

정두언 의원의 예측은 예언이 되었다. 그가 말했던 3중을 잡는 데 보수정당은 실패했다. 지역과 세대의 변화는 오히려 진보 색깔을 뚜렷이 한 민주당의 손을 들어주었다. 이 교훈은 거꾸로 이젠 민주당의 과제가 되었다. 2020년 4월 총선에서 전례 없는 승리를 거둔 게 2022년 대선 승리를 보장해주진 못한다. 그래도 다행인 건, 윤석열 전 검찰총장을 급히 대선후보로 내세울 수밖에 없을 정도로 야당인 국민의힘 역시 '보수 혁신'을 통해 국민의 신뢰를 회복한 건 아니라는 점이다.

제4장

새 길을
찾다

촛불,
'혁명적'이나
'혁명'이라 부르기엔
변한 게 없다

"국민의 삶은 나아진 게 없다"

"이러려고 촛불을 들었나." 요즘 쉽게 듣는 말이다. '촛불 정부'에 대한 비판은 진보와 보수, 여와 야를 가리지 않는다. "현 정부는 국민의 촛불을 빼앗아 자기 앞길만 밝혔다. 국민은 촛불에 녹아내리고 있다"는 국민의힘의 비판은 더는 새로운 게 아니다. 심상정 정의당 대선후보는 "촛불로 탄생한 정부에서 국민의 삶은 더 나빠졌다"고 말했고, 이진순 박사는 『한겨레』 칼럼에서 "4년 전 이맘때를 기억한다. 아스팔트 냉기가 등골을 타고 올라왔지만 추운 줄 몰랐다. 지금 이런 세상 보려고 촛불 든 게 아니다"고 썼다.

화살은 밖에서만 날아오지 않는다. 집권 세력 내부에서도 나온다. 추미애 전 법무부 장관은 2021년 2월 청와대에서 검찰개혁 속도 조절론이 나오자 "촛불이 염원하는 건 그게 아니다"고 비판했다. '촛불'에 관한 한, 촛불 정부라 불리는 문재인 정부의 처지는 사면초가와 크게 다르지 않다.

그런데 촛불이 지향했던 건 정말 무엇이었을까? 2016년 가을과 겨울 온 나라를 뜨겁게 달군 촛불시위는 구체적으로 대한민국이, 한국 사회가 무엇을 달성하고 어떻게 변화하길 바랐던 걸까? 지금 촛불의 염원은 제대로 구현되고 있는 것인가? '촛불의 과제' 또는 '촛불 정신'이라는 말로 한꺼번에 뭉뚱그리기엔 그 기대와 가치가 너무 광범위하고 제각각이었던 건 아닐까?

5년 전의 촛불을 다시 돌아보는 건 그런 맥락에서 나름의 의미가 있다. 이제 열정의 구름을 걷고 좀더 냉정하게 촛불의 지향과 의미를 새길 필요가 있다. 그래야 실망과 좌절이 아닌, 새로운 전진을 위한 도움닫기가 가능하다. '진보나 보수나 다를 게 없다'는 식의 환원론이나 '문재인 정부가 무엇을 잘못한 게 있나'라는 일방적 옹호로 빠지는 걸 막기 위해서도 그렇다.

2016년 10월 29일 저녁, 서울 청계광장에서 열린 1차 촛불집회를 알리는 공지문을 보면 "집회가 급작스럽게 잡히다 보니 시간, 장소에 대한 문의가 많다"는 구절이 나온다. 두 번째 촛불이 타오르고서야 '박근혜 정권 퇴진 비상국민행동'(비상국민행동)이 결성될 정도로 시작은 갑작스러웠다. 비상국민행동 대변인을 지낸 안진걸 민생경제연구소장은 "첫 집회의 슬로건이 '모이자, 분노하자, 내려와라 박근혜'였다. 박근혜 퇴진을 구호로 내걸었지만, 정말 탄핵으로까지 이어지리라곤 누구도 생각하지 못했다"고 말했다. 준비 없이 타올랐지만, 확산 속도와 규모는 상상 이상이었다.

비상국민행동이 집계한 촛불집회 현황을 보면, 첫 집회부터 이듬해인 2017년 4월 29일 23차 집회까지 연인원 1,685만 명이 참여했다. 첫 집회의 5만 명(주최 쪽 추산)은 두 번째 집회에선 30만 명으로 6배 늘었고, 세 번째 집회엔 3배가 넘는 106만 명이 참가했다. 최대인원이 참여한 건 12월 3일의 6차 집회로, 전국에서 232만 명(서울 170만 명, 지역 62만 명)이 동참했다고 주최 쪽은 추산했다. 1987년 6월 항쟁 규모를 뛰어넘는 역대 최대 규모의 정치 시위였다.

순간 최대 운집 인원을 계산하는 경찰 추산(전국 43만 명)과는 차이가 크지만, 잠깐 집회장을 다녀간 사람까지 집계하는 주최 쪽 계산이 꼭 틀린 건 아니다. 11월 19일 서울 광화문광장에서 열린 4차 집회에 주최 쪽은 60만여 명, 경찰은 17만여 명이 참석했다고 발표했다. 그런데 조이코퍼레이션이 스마트폰 와이파이 신호 분석을 토대로 분석한 결과, 오후 2시부터 9시까지 광화문광장 주변 인파는 연인원 74만 명으로 추산되었다. 단순 이동인구를 감안하더라도 비상국민행동의 참가자 추산이 전혀 엉뚱하지는 않다는 이야기다.

촛불, '혁명적'이나 '혁명'이라 부르기엔 변한 게 없다

촛불의 동력은 무엇이었는가?

참가 시민의 숫자는 중요하다. 이것이 탄핵 촛불을 '혁명'이라고 부르거나 또는 '혁명적'이라고 부를 수 있는 가장 뚜렷한 근거다. 2016년 촛불은 그 규모와 시민의 자발적 참여라는 측면에서 한국 현대사의 다른 어떤 운동을 뛰어넘는다. 2017년 5월의 한국사회과학데이터센터 유권자 조사에 따르면, 서울·인천·경기 등 수도권에 사는 응답자 가운데 촛불집회 참여 경험이 있다고 응답한 이는 전체의 19.6%에 달했다. 5명 중 1명꼴이다. 2012년 동아시아연구원 조사에서 "평생 동안 정치 시위에 참여한 적이 있느냐"는 질문에 '참여한 경험이 있다'는 응답이 12.1%였던 것과 비교하면, 이게 얼마나 높은 수치인지 금세 알 수 있다.

조직 동원이 아닌 시민의 자발적 참여가 돋보였고, 민주주의를 후퇴시킨 권력자를 권좌에서 끌어내리는 데 성공했다는 점은 촛불집회의 성격을 규정하는 중요한 요소다. 안진걸은 2016~2017년 상황을 '촛불혁명'이라고 부르는 데 주저하지 않는다. "1987년 6월항쟁은 민주화를 추구했지만 노태우 정권 탄생으로 귀결되었다. 그러나 촛불은 짧은 시기에 대통령의 탄핵을 이끌어내는 등 실질적인 성과를 냈다"고 말했다.

촛불집회 경험이 10~20대의 정치화, 40~50대의 재정치화로 이어진 것도 작지 않은 의미가 있다. 2017년 5월에 실시한 한국사회과학데이터센터 유권자 조사를 보면, 수도권의 10대와 20대 중 44.1%가 탄핵 촛불집회에 참가한 경험이 있다고 응답했다. 이 비율은 다른 연령대(30대 24.3%, 40대 15.3%, 50대 11.5%, 60대 이상 8.3%)에 비해 월등히 높다. 여기엔 처음부터 끝까지 평화적이고 축제 형식으로 진행된 집회의 형식이 영향을 끼쳤다. 안진걸은 이렇게 말했다.

"집회 장소인 광화문광장을 안정적이고 평화적으로 유지할 수 있게 하는 것, 그래서 온 가족이 함께 모일 수 있도록 하는 데 엄청 신경을 썼다. 부모가 어린 자식들을 데리고 함께 집회에 안심하고 나오는 것, 그게 2008년 촛불(미국산 쇠고기 수입 반대 시위)과 가장 큰 차이점이었다. 2008년엔 폭력 시위 논란이 벌어진 게 이명박 정권의 물리적 탄압을 합리화하는 명분을 제공했다. 그래서 이번엔 그런 빌미를 주지 말자는 생각을 하고 집회 끝나면 쓰레기를 다 치우는 식으로 철저히 비폭력 평화 노선으로 갔다. 이게 폭넓은 집회 참여를 이끌어내는 데 도움을 주었다고 본다."

1987년 6월항쟁의 규모는 촛불에 미치지 못하고, 결정적으로 정권 교체를 이루어내지 못한 채 권위주의 통치를 연장했다는 한계를 지닌다. 반면에 헌법 개정을 했고, 절차적 민주주의와 인권의 획기적 개선의 계기를 마련했다. 노동운동의 폭발적 성장이 뒤따랐고, 남북·대미 관계에서도 새로운 접근의 길을 열었다. 그렇다면 2016년의 촛불집회는 한국 사회에 어떤 영향을 끼쳤을까? 세계적으로 유례를 찾기 힘든 시민들의 엄청난 자발성과 에너지 분출은 분명 '혁명적'이었지만, 민주주의 회복과 정권 교체 외엔 뚜렷한 가시적 성과를 떠올리기 쉽지 않다.

촛불, '혁명적'이나 '혁명'이라 부르기엔 변한 게 없다

최장집 고려대학교 명예교수는 2017년 『동아일보』 인터뷰에서 "촛불집회엔 정치적 분노뿐 아니라 사회·경제적 불만이 깊숙이 깔려 있다. 성장을 가져온 신자유주의 부작용을 실존의 차원에서 겪는 이들의 누적된 분노가 촛불의 동력이 되었다"고 말했다. 그해 8월 손호철 서강대학교 명예교수는 한 논문에서 "시민들이 단순한 박근혜 퇴진을 넘어 헬조선 탈피 등 보다 근본적인 변화를 요구하고 있다는 점에서 단순한 항쟁보다는 '시민혁명'이 더 적합하다고 생각한다"고 밝혔다. 하지만 '근본적 변화' 의지가 얼마나 강렬했는지는 논쟁의 여지가 있다. '혁명'이라고 부르기엔 너무 변한 게 없는 것처럼 보인다.

촛불은 아직 꺼지지 않았다

2017년 5월 한국사회과학데이터센터의 유권자 조사엔 눈에 띄는 부분이 있다. 소득수준별로 촛불집회에 참여한 비율을 비교했는데, 월평균 소득 600만 원 이상 고소득층에선 응답자의 25.7%가 참여했다고 답한 반면, 월평균 소득 199만 원 이하 계층에선 3.3%만이 참여한 적이 있다고 밝혔다. 촛불집회 참여도는 월평균 소득 300만 원 이상에선 큰 차이가 없었다(300~399만 원 21.5%, 400~499만 원 20.0%, 500~599만 원 22.4%, 600만 원 이상 25.7%). 그러나 월평균 소득 200~299만 원 층에선 6.6%, 199만 원 이하 계층에선 3.3%로 급격히 떨어졌다. 이는 2016년 촛불집회가 중산층 이상이 주로 참여한 정치

운동의 성격이 짙다는 걸 시사한다.

비슷한 경향은 서강대학교 조영호 교수의 논문에서도 확인할 수 있다. 이 논문을 보면, 촛불집회 참여에 강한 영향을 끼친 요소는 세대나 지역이 아니고, 정치적 지향(진보 또는 보수)과 소득수준이다. 특히 참여 동기는 계층별로 의미 있는 차이가 있다. 고소득 계층에선 '민주주의 회복'과 '자유의 가치'가 주요 동기인 반면, 중산층에선 '사회적 불평등'과 '정치적 지향'이 훨씬 강력한 동기로 작용했다.

이는 촛불 정신이 얼마나 다양하게 주장될 수 있고, 또 얼마나 제한적일 수 있는지를 보여준다. 냉정하게 보면, 촛불은 박근혜 대통령이 탄핵되고 선거를 통해 문재인 정부가 탄생하는 순간 절반의 동력을 상실했다. 민주주의 회복을 위해 촛불집회에 참여했던 고소득 계층의 눈으로 볼 때, 2017년 5월 문재인 정부 출범으로 민주주의는 회복되고 자유의 가치는 되살아났기 때문이다. 적폐 청산이란 이름으로 진행한 개혁이 지속적으로 광범위한 지지를 얻을 수 없던 이유가 여기 있다. 그러나 나머지 절반의 지지라도 문재인 정부가 계속 강력한 개혁의 동력으로 활용했는지는 의문이다.

중산층 이하에서 제기한 '사회적 불평등 해소' 요구에 문재인 정부는 성공적으로 응답하지 못했다. 소득주도성장의 좌절과 집값 안정에 실패해 부동산 자산 격차를 훨씬 벌어지게 만든 건 단적인 예다. 진보 정치 세력이 '이러려고 촛불을 들었나'라는 비판에 진지하게 귀 기울여야 하는 이유다.

비상국민행동 공동대표를 지낸 송주명 한신대학교 교수는 "시민의 힘으로 합헌적으로 권력을 변화시키고, 그 과정에서 주권자로서 시민의 위상을 재확립했다는 건 큰 의미가 있다. 이건 해방 이후 오랫동안 미루어져왔던 이른바 '민주주의 혁명'의 지연된 완결점이라고 할 수 있다. 그러나 그 이후의 프로세스가 있어야 했는데 그러질 못했다. 2016년 촛불 항쟁은 혁명적 요소와 씨앗을 잉태하고 있었지만, 지금은 시민들의 집단 경험과 기억으로만 남았다"고 말했다.

물론 촛불집회가 한국 사회에 끼친 영향이 아직 충분히 드러났다고 말할 수는 없다. 1960년 4월혁명은 곧 이은 군사쿠데타로 민주주의와 통일의 변혁적 지향이 꺾인 채 '미완의 혁명'으로 역사에 남았다. 1987년 6월항쟁이 완전한 정권 교체라는 결실로 이어진 건 10년이 흐른 1997년 대선에서였다는 걸 기억할 필요가 있다. 2022년 제20대 대통령 선거가 매우 중요한 까닭이 여기에 있다. 역설적이지만, 이제는 희미해진 촛불의 의미를 어떻게 계승하고 되살릴 수 있을지가 제20대 대선에 달려 있음을 부인할 수 없다. 2022년 3월 대선이 단순히 정권 교체 또는 정권 유지의 차원을 넘어서는 이유다.

세대 간
연대와 결합

민주주의의 퇴행과 포퓰리즘의 확산

오랫동안 민주주의는 인간이 만든 정치제도 가운데 가장 합리적이
고 타당하다고 여겨졌다. 20세기 들어 폭력과 압제에 대항한 전 세
계의 진취적 운동엔 예외 없이 '민주주의' 또는 '민주주의적'이라는
수식어가 붙었다. 1930~1940년대 파시즘에 대항한 서구 민주주의
블록의 승리와 1970년대 초부터 아시아·남미·아프리카를 휩쓸었던
제3의 민주화운동, 1989년 베를린장벽 붕괴와 동유럽 민주화, 가장
최근에는 '아랍의 봄'까지, 민주주의는 시대의 흐름이고 역사의 진보
에 부합하는 움직일 수 없는 가치라고 여겼다.

하지만 그 이후 전 세계, 특히 선진국이라 불리는 미국과 유럽의 상황은 민주주의가 항상 앞으로 전진하고 밑으로 공고하게 뿌리를 내리는 건 아니라는 점을 드러냈다. 민주주의가 정말 지속가능한 제도일까? 위기의 신호는 두 방향에서 왔다. 하나는 민주주의가 극복했다고 생각한 권위주의의 복귀였다. 세계 여러 나라에서 권위주의적 정치인이 국민의 지지를 받아 권좌에 올라 민주주의 가치를 침식하는 사례가 늘었다. 민주주의 교본 같던 미국에서 2016년 도널드 트럼프 공화당 후보가 대통령에 당선된 건 그런 사례다.

트럼프는 당시 선거 결과에 승복하지 않을 수 있다면서 공공연하게 폭력을 부추겼다. 또 힐러리 클린턴이 국민 총투표에선 300만 표가량 이겼는데도 "수백만 명의 불법 투표를 빼면 선거인단뿐 아니라 총투표에서도 내가 이겼다"고 명백한 거짓말을 했다. 4년 뒤인 2020년 11월 대선에서 트럼프가 재선에 실패한 뒤 그의 지지자들이 워싱턴 의사당을 점거하는 초유의 폭력 사태를 일으킨 건 미국 민주주의 위기가 현실화했음을 보여준다.

또 하나는 민주주의가 지향했던 '소수자와 약자 권리의 확대' 대신에 '다수 이익의 옹호'에 복무하는 극우 포퓰리즘의 확산이다. 2016년 영국의 유럽연합 탈퇴 결정에는 이슬람 난민을 받아들이라는 유럽연합 할당제에 대한 영국민들의 정서적 반발이 한 이유로 작용했다. 2019년 5월 유럽의회 선거에서 극우 교섭단체들이 약진한 건 그런 연장선상에 있다. 이 선거에서 유럽 통합에 반대하는 교섭단체 '자유와 직접민주주의의 유럽EFDD'은 41석에서 54석으로, 극우 민족주의 성향의 '국가와 자유의 유럽ENF'은 37석에서 58석으로 의석을 크게 늘렸다.

프랑스에선 마린 르 펜Marine Le Pen이 이끄는 '국민연합RN'이 74석의 프랑스 몫 유럽의회 의석 중 22석을 차지해 제1당에 올랐고, 이탈리아와 폴란드에서도 극우 성향 정당이 제1당에 올라 유럽연합의 앞날을 어둡게 했다. 이들 정당의 공통점은 이민자에게 적대적이라는 점이다. 트럼프 전 미국 대통령이 재임 시절 무슬림의 입국 규제 정책을 추진하고, 미국과 멕시코의 국경에 장벽을 세운 것은 유럽의 반反이민 흐름과 맥을 같이한다.

한국도 민주주의 퇴행의 세계적 흐름에서 예외는 아니었다. 미국과 유럽에 비해 인종과 종교 문제가 심각하게 불거지지 않은 한국에서 민주주의 후퇴는 권위주의 통치 복귀로 가시화했다. 구속된 이명박·박근혜 두 전직 대통령의 집권 기간이 그런 시기였다. 이명박 정부 시절 정보기관의 민간인 사찰과 선거 개입이 공공연하게 이루어졌다. 이런 절차적 민주주의 훼손과 기본권의 후퇴는 박근혜 정부에선 훨씬 심해졌다. 박근혜 대통령은 흡사 아버지의 시대(1970년대 유신독재)로 되돌아가려는 듯한 모습을 보였다. 특히 최순실 국정농단 사건이란 표현에서 드러나듯 아무런 공식 직책을 갖지 않은 민간인에 의해 정부 시스템이 무력화하는 사태까지 이르렀다. 1987년 6월 항쟁 이후 비록 순탄치는 않았지만 그래도 민주주의가 확산되며 공고해지고 있다는 믿음은 산산조각이 났다.

민주주의 가치와 국민주권 회복

2016년 촛불은 시대 역행에 대한 시민들의 광범위한 저항이었다. 민주주의 후퇴라는 흐름 속에서 수백만 시민의 자발적 참여로 절차적 민주주의를 회복하고, '권력의 주인은 국민'이라는 대원칙을 확인했다는 세계사적 의미를 지니고 있다. 한국의 촛불집회가 2019년 홍콩 민주화 시위를 거쳐 2021년 미얀마에서 군부쿠데타에 반대하는 시민들의 결연한 저항운동으로 이어진 것은 우연이 아니다. 미국과 유럽에서 민주주의 퇴행에 대응해, 아시아 국가들이 민주주의 가치를 지키는 역사적 역할을 하고 있다고 말할 수 있다. 김남국 고려대학교 정치학과 교수는 이렇게 말했다.

"신자유주의 확산으로 세계적 양극화가 심화하면서, 경제적 형편만 나아지면 절차적 민주주의는 유보해도 좋다는 인식이 확산되었고 민주주의 제도에 대한 신뢰도 약해졌다. 그런데 한국의 촛불집회는 절차적 민주주의를 회복하자는 가치 중심적 운동에서 시작해 '국민주권'을 분명하게 확인하는 단계까지 나갔다. 민주주의 가치를 위해 이렇게 대규모 인원이 평화적으로 집회·시위에 참여한 건 당시로선 세계적으로 드문 일이었다. 이것이 2016년 촛불의 세계사적·역사적 의미라고 본다."

보편적인 민주주의 가치와 국민주권 회복에 최우선을 두었기에 촛불은 세대를 뛰어넘었다. 2008년 미국산 쇠고기 수입 반대 촛불집회와 2016년 촛불을 비교해보자. 서강대학교 현대정치연구소는 두 차례 촛불집회에 각 연령대에서 얼마나 많은 비율의 인원이 참여했는지를 조사했다. 이 조사 결과를 보면, 2008년 촛불집회의 20대 참여자 비율은 13.7%였다. 13.7%라는 수치는 20대 100명 중 13.7명이 촛불집회에 참여했다는 의미다. 30대 참여자 비율은 14.8%, 40대는 12.8%였다. 20대와 30대, 40대의 참여율은 13~14% 안팎으로 엇비슷하다. 그런데 50대에선 참여자 비율이 6.5%로 뚝 떨어졌고 60대 이상에선 2.2%에 불과했다. 50대는 100명 가운데 6.5명만 촛불집회에 참여했다는 뜻이다.

하지만 2016년 탄핵 촛불집회를 보면, 20대부터 50대까지 참여율의 차이가 거의 없다. 20대 30.3%, 30대 29.3%, 40대 29.7%였고, 50대도 23.4%(100명 중 23.4명 참여)로 상당히 높았다. 60대의 참여율만 10.5%에 머물렀을 뿐이다. 50대 참여율 23.4%는 20~40대에 비해 약간 낮긴 하지만, 2008년 촛불집회(100명 중 6.5명 참여)와 비교하면 무려 4배나 참여 열기가 뜨거워진 셈이다.

이것이 의미하는 바는 명확하다. 어느 시대 어느 나라나, 최근 홍콩과 미얀마 민주화운동에서도 볼 수 있듯이, 정치적 항의시위의 주축은 대학생을 비롯한 젊은 세대다. 이들이 사회 부조리와 불의에 가장 민감하고 열정적이기 때문이다. 촛불시위와 집회에서 20~30대 젊은 층이 핵심이었던 건 한국도 마찬가지다. 2016년 10월 29일 서울 청계광장에서 1차 촛불이 켜지는 데엔 최순실 딸의 이화여자대학교 부정 입학과 학점 특혜 의혹에 대한 젊은 층의 분노가 결정적 역할을 했다.

50대들이 '민주주의'로 돌아왔다

그런데 그 시기 또 하나 분명하게 눈에 띄는 건, '50대의 귀환'이다. 2008년 촛불집회에 비해 2016년 4배 가까이 늘어난 50대의 참여 열기는 분명 놀라운 수준이다. 흔히 '586세대'라 불리는 50대는 30년 전인 1986년 6월항쟁을 주도했던 경험을 갖고 있다. 취직하고 나이가 들면서 점차 정치에서 관심이 멀어졌다가, 박근혜 정부의 권위주의 회귀에 분노해서 다시 '민주화 시위'에 동참한 것으로 볼 수 있다. 서강대학교 현대정치연구소장인 이현우 교수는 이렇게 말했다.

"50대가 2016년 탄핵 촛불을 지탱한 핵심 집단이란 점은 흥미롭다. 50대는 2012년 대선에서 박근혜 대통령 집권의 견인차 역할을 한 세대인데, 이들이 4년 뒤 촛불집회에 동참한 건 의미가 있다. 특히 50대 전반 유권자층이 탄핵 국면에서 빠르게 박근혜 정부에 등을 돌린 기저엔 '세대 효과'가 작용했다고 본다. 청년 시절의 경험(1987년 6월항쟁)이 민주주의 위기에 분노하고 이걸 지켜야겠다는 움직임으로 표출되었다."

이준한 인천대학교 정치학과 교수는 이것을 50대의 재정치화라고 불렀다. "박근혜 정부의 민주주의 역행에 분노해 주말마다 광화문에 모여 동문회를 열었고, 단체 카톡방이나 동호회가 활성화되면서 86세대의 재결집과 정치적 관심을 다시 높이는 계기로 작용했다"는 것이다.

헌법재판소의 박근혜 대통령 탄핵 심판을 코앞에 둔 2017년 2월

27일『한겨레』엔 '국정 농단 청산하고 촛불혁명 완수하자', '박근혜를 탄핵하라, 특검수사 연장하라'는 구호와 함께, 모금에 참여한 1만여 명의 이름이 빼곡히 적힌 전면 광고가 게재되었다. 광고를 게재한 주체는 서울대학교 민주동문회였다. 민주동문회의 현무환(77학번)은 이렇게 말했다.

"헌재 탄핵 심판을 앞두고 우리 의견을 표현하자는 뜻에서 카톡을 통해서 졸업생들에게 모금을 하자고 제안했다. 1인당 1만 원씩 내자고 했는데, 불과 며칠 만에 1만 2,000여 명이 동참했다. 평소 동문회 카톡에 참여하는 사람이 기껏해야 600여 명 수준이었던 걸 감안하면 엄청난 숫자였다. 촛불집회를 거치며 나이 든 졸업생들이 다시 '민주주의'로 돌아왔다는 생각을 했다."

민주주의 운동에서 세대를 아우르는 연대와 결합은 매우 중요하다. 2016년 촛불은 한국 현대사에서 세대 연대의 가장 성공적인 사례로 기록될 것이다. 그러나 이 연대가 의미하는 바를 당시엔 누구도 정확하게 깨닫지 못했다. 문재인 정부가 출범하고 6개월쯤 지난 2017년 11월, 여성학자 정희진은 '한겨레21' 특강에서 '문재인 정부는 여성, 특히 젊은 여성에게 빚을 지고 있다'고 말했다.

"정유라 씨가 촛불의 기폭제가 되었죠. 여성들의 대거 참여가 시위 문화를 바꾸었습니다. 만일 촛불시위가 기존처럼 일부 남성들의 선도 투쟁과 경찰 간의 폭력투쟁이었다면, 즉 남성들끼리의 각목과 최루탄이 난무한 시위였다면 오래가지 못했을 겁니다.……그런데 문재인 정부의 유일한 약점은 젠더입니다. 진보나 보수나 여성 문제, 성소수자 문제에서는 별 차이가 없어요. 젠더는 시공간을 초월해 어느 사회에서나 모든 남성의 정치적 문제지만, 이들(문재인 정부 핵심 세력)에게는 도덕적 우월감이 있어요. 도덕적 우월감과 자부심 때문에 '다른 정치', '다른 목소리'를 인정하지 않아요. 이것이 운동권, 좌파, 진보 세력의 적폐가 될 것입니다."

정희진의 예언처럼, 2년이 채 지나지 않아 젠더와 공정 담론을 발화점으로 한 세대 갈등이 분출했다. 과거엔 정권 교체나 제도 개혁을 위해 연대했다면, 이제는 국민주권의 확대와 공정한 절차·제도의 확장을 위해서 세대 연대를 지속해나가는 게 필요하다. 촛불로 탄생한 정부의 정치적 위기, 곧 문재인 정부와 민주당의 위기는 그 핵심이 세대 간 연대의 붕괴에 있다. 이걸 어떻게 복원해내느냐에 촛불이 남긴 과제가 담겨 있다. 그 점에서 촛불은 아직 끝나지 않았다.

스페인은
'세대 갈등'을
어떻게 넘어섰는가?

"우리는 정치에 관심이 없다"

이제 진보주의자를 자처하는 건 스스로 나이가 들었다는 고백과 다를 게 없다. 진보정당을 지지하는 아버지를 둔 16세의 아들은 이렇게 말한다. "모든 정당이 다 부패했다고 생각해요. 진보나 보수나 차이가 없는 거죠. 젊은이들 사이엔 환멸감이 큽니다." 청년들은 정치보다 일자리와 주거 문제가 훨씬 절박하다고 말한다.

독재를 종식하고 성공적인 민주화와 함께 경제성장을 이루었지만, 세대 갈등은 새로운 도전을 던지고 있다. 자식 세대는 이념과 이상보다 소비와 물질적 충족을 더 중요하게 여긴다. 독재에 맞서 민주주의 투쟁의 경험을 가진 부모 세대는 그런 아이들이 못마땅하다. 많은 지식인은 반독재 투쟁의 향수를 여전히 지니고 있다. 한 인사는 "정말 영웅적인 시대였죠. 경찰에 쫓기고, 최루탄이 터지고, 잡히지 않으려 도망치던 그 시절을 어떻게 잊을 수 있겠어요?"라고 말했다.

　그러나 자식 세대는 일자리를 찾고, 아파트를 마련하고, 돈을 많이 벌어 부자가 되는 데 모든 관심이 쏠려 있다. 청년 실업률은 높고 아파트를 구하기는 점점 더 어려워지니까, 젊은이들 사이에선 나이가 들어도 부모 집에 얹혀 살려는 이가 많아진다. 삶이 팍팍하니까 청년들은 이상주의에서 등을 돌린 것처럼 보인다. 한 사회학자는 "요즘 젊은이들은 과거보다 책을 덜 읽고, 소비는 더 많이 한다"고 말했다.

　젊은 세대는 이렇게 항변한다. "우리는 정치에 관심이 없습니다. 왜냐면 지금 사회 시스템에서 살아남을 방법을 찾는 게 급선무이니까요. 우리에겐 대안이 없습니다."그러니 청년들에겐 진보정당이나 보수정당이나 별 차이가 없다. 21세의 어느 법과 대학생은 "우리를 대변하는 정당은 없어요. 우리에겐 일자리나 스포츠나 연애처럼, 정치보다 훨씬 중요한 것이 많이 있습니다"고 말했다. 정치적 자유를 위한 투쟁은 승리했고 경제성장도 이루었지만, 기성

세대가 사회정의 추구는 등한시했다고 젊은 세대는 생각한다. 과거 대학생을 가장 큰 지지기반으로 삼던 진보정당의 당원들은 이제 나이 든 사람들이 대부분이다. 요즘 대학생들에게 수십 년 이어진 반독재 투쟁은 역사의 한 페이지로만 존재할 뿐이다.

세대 갈등에 관한 신문 기사의 요약이다. 어느 신문일까? 내용으로 짐작해보면 『한겨레』 또는 『중앙일보』쯤 될까? 정답은 1991년 6월 17일 『뉴욕타임스』에 실린 스페인 정치에 대한 장문의 기사다. 「스페인 정치? 세대 갈등이 입을 벌리고 있다Spanish Politics? The Generation Gap is Yawning」는 제목의 기사를 읽다 보면, 지금 우리 모습과 너무나 흡사한 점에 깜짝 놀란다. 이 기사에 인용된 몇몇 인물의 이름과 통계 출처만 바꾼다면, 요즘 한국 사회의 세대 갈등을 다룬 기사라 해도 전혀 무리가 없다. 시간의 격차는 있지만, 스페인과 한국의 현실이 비슷한 것은 두 나라가 겪은 정치적 경험이 유사하기 때문이다.

진보라는 '이념'에 얽매이지 않다

스페인은 1936년부터 3년간, 저 유명한 스페인 내전을 겪었다. 전 세계적 차원에서 민주주의 진영과 파시즘 진영이 격돌한 이 내전으로,

스페인에선 50만 명 이상이 사망했다. 앙드레 말로André Malraux, 조지 오웰George Orwell, 어니스트 헤밍웨이Ernest Hemingway 등이 직간접으로 내전에 참가해서 『희망』, 『카탈로니아 찬가』, 『누구를 위하여 종은 울리나』 같은 유명한 작품을 남겼다. 스페인 내전을 다룬 켄 노치Ken Loach 감독의 영화 〈랜드 앤 프리덤〉(1995년)을 보면, 가족이 좌우로 갈리고 형제들은 온건파와 강경파로 나뉘어 증오하고 살육하는 모습이 잘 드러나 있다. 그 점에서 동족상잔의 비극이 뿌리 깊은 상흔을 남긴 1950년 6·25전쟁과 비슷하다.

내전에서 승리한 프랑코 군부독재는 진보·좌파 세력에 대한 무자비한 탄압을 벌였다. 프랑코 총통의 강압 통치는 30여 년을 지속했다. 프랑코가 숨진 뒤 1977년 총선을 통해 비로소 민주화의 길로 들어섰지만, 그 과정은 혁명적이라기보다는 타협적이고 점진적이었다. 프랑코 독재에 뿌리를 둔 국민당과 반독재 투쟁의 구심이던 사회주의노동자당(사회노동당)이 진보와 보수의 두 축을 형성하며 스페인 정치를 이끌었다.

이는 1987년 6월항쟁 이후 대통령 직선제 개헌으로 민주화를 진행했지만, 정치 구도가 군부독재에 뿌리를 둔 강경 보수정당과 반독재 투쟁에 기반한 온건 보수정당의 양당 체제로 굳어진 한국을 연상시킨다. 한국과 스페인 두 나라의 민주화 과정을 보면, '혁명적'인 게 꼭 좋은 것이라고 말하긴 어려울 듯싶다. 스페인이나 한국이나 수많은 타협과 때론 일시적 반동을 거치며 시간이 오래 걸리긴 했지만, 큰 유혈 사태 없이 정권 교체를 제도화하면서 민주주의를 뿌리내리는 데 나름 성공했다고 평가할 수 있다.

차이점도 있다. 스페인 내전에서 승리한 프랑코 군부 세력은 사회노동당 활동을 금지하는 등 무자비한 탄압을 했지만, 그래도 반독재 투쟁의 구심은 사회민주주의 세력이었다. 1975년 프랑코 사후 민주화를 이끈 세력 역시 사민주의 계열인 사회노동당이었다. 반면에 한국에선 1950년 6·25전쟁 이후 남한 사회주의의 맥은 거의 완전히 끊겼다. 사회주의 정권이 들어선 북한과 전쟁을 거치면서, 남한에서 사회주의 또는 공산주의는 절대 넘어선 안 될 금기가 되었다. 그래서 1987년 6월항쟁 이후 민주화 과정을 주도한 건 온건 보수 성향의 민주당이었다.

스페인의 민주화가 진보·보수 양당 체제로 진행되었다면, 한국의 민주화는 강경 보수·온건 보수의 양당 체제로 이루어진 것이다. 2000년 민주노동당 창당으로 보수 양당 체제에 균열이 발생하긴 했지만, 이 균열은 지각변동으로 이어지지 못하고 2021년 현재까지도 기존 구도는 굳건히 유지되고 있다.

스페인에서 1990년대에 본격화하기 시작한 세대 갈등이 정치 현상으로 분명하게 드러난 건 2008년 금융위기 이후다. 세계적 금융위기로 경제난이 심해지고 실업률이 치솟으면서 신자유주의 정책에 반대하는 움직임이 확산되었다. 특히 젊은 층의 실업률이 40%에 달한 게 불을 붙였다. 이 거대한 불만의 흐름을 정치 행동으로 담아낸 건 2014년 출현한 새로운 정당 포데모스Podemos였다. 좌파 성향이지만 정당 이름에 '사회social' 또는 '민주democracy'라는 단어를 쓰지 않은 게 눈에 띈다. 더는 진보라는 이념에 얽매이지 않고, 전통 진보와 길을 달리하겠다는 의지의 표현이다.

2021년 5월, 총선 패배의 책임을 지고 포데모스 지도자 파블로 이글레시아스Pablo Iglesias가 정계 은퇴를 선언했다. 이는 포데모스가 우파 포퓰리즘 정당인 시우다다노스(시민당)의 약진으로 위기를 맞고 있는 상황을 상징적으로 보여준 장면이었다. 포데모스의 탄생과 성장 과정은 카리스마적 지도자 파블로 이글레시아스를 빼놓고 설명하기 어렵다. 2021년 5월 4일 그의 정계 은퇴를 다룬 『경향신문』 기사를 한번 보자.

포데모스, 양당 정치 구도를 깨다

스페인 양당 구조를 깨고 지난해 좌파연립정부를 수립한 풀뿌리 정당 '포데모스'를 이끈 파블로 이글레시아스가 5월 4일 밤(현지시간) 정계 은퇴를 선언했다. 마드리드 주지사 선거에서 보수 성향의 국민당 후보 이사벨 디아스 아유소의 독주를 막기 위해 직접 후보로 나섰지만, 이날 아유소에 패한 뒤 실패를 인정하고 물러난 것이다. 그는 "내 할 일은 끝났다. 떠날 때가 되었다. 당 리더십 개혁의 걸림돌이 되지 않겠다"고 밝혔다.

2011년 스페인 정치 무대에 등장한 이글레시아스는 대중에 신선한 충격을 안겼다. 그는 스페인 최고 명문 마드리드 컴플루텐세대학 정치학 교수로 재직하며 2000년대부터 방송 정치 해설로 유명세를 얻었다. 특유의 꽁지머리 스타일과 거침없는 언변은 그를 일약 스타로 만들었다. 극우 보수 정치인을 향해서는 '당신은 파시스트도 아니고 기생충일 뿐'이라면서 독설을 퍼붓기도 했다.

이글레시아스는 2000년대에만 30개 이상의 논문을 발표하는 등 '학자'로 활발히 활동했다. 그런 그를 정치로 이끈 것은 2008~2009년 유럽의 금융위기다. 스페인 정부는 경제위기를 극복한다며 긴축정책을 이어갔고 실업, 빈부격차, 부패, 공공 서비스 삭감 등에 고통받던 시민들은 거리로 나섰다. 2011년 5월 15일 분노한 스페인 시민들이 모여 '인디그나도스(분노한 사람들) 운동'을 시작했고, 이글레시아스는 시민들의 분노를 조직적인 움직임으로 만들었다. '분노를 정치적인 변화로 이끌어야 한다'는 생각에서였다. 2014년 유럽의회 입성을 목표로 신당 포데모스를 창당했다. 힘poder과 민주주의democracia를 결합한 포데모스는 스페인어로 '우리는 할 수 있다'는 뜻이다.

포데모스는 긴축정책 반대, 국제채권단에 대한 스페인 채무 재조정, 이윤을 내는 기업 노동자의 해고 금지, 무분별한 민영화 반대, 공공복지 확대, 기본소득 보장 등을 주장하면서 서민들의 마음을 움직였다. 창당 4개월 만에

239

120만 표를 얻고 유럽의회 선거에서 5석을 차지하는 등 정치 돌풍을 일으켰다. 운영 방식 또한 기존 정치와는 차별화했다. 풀뿌리 조직이어서 누구나 참여할 수 있고, 운영자금은 크라우드 펀딩으로 마련했다. '직접민주주의' 방식을 가동해 시민들이 '플라자 포데모스'라는 온라인 공론장에서 의원과 문답을 하거나 제안을 올리고 총선 후보도 투표로 결정했다. 당 소속 의원들은 의원 연봉 제한, 퇴직 연금 거부, 온라인 회계장비 지출 기록 등으로 특권을 버렸다.

기성정치에 신물이 난 스페인 국민들은 포데모스에 더 힘을 실어주었다. 2015년 12월 총선에선 350석 중 69석을 차지하며 제3당으로 원내 진출에 성공했다. 1936년 스페인 내전 이후 80년 넘게 국민당과 사회노동당이 돌아가며 집권해온 양당 구조를 깬 것이다. 지난해에는 사회당이 꾸린 좌파연립정부의 파트너로 집권에 성공했다. 이글레시아스는 사회부총리를 맡았고 포데모스 출신이 장관직 4개를 차지했다.

하지만 집권하자마자 코로나19 대유행이 스페인을 덮쳤다. 개혁적인 정책은 제대로 펴보지도 못한 채 방역책을 비판하는 여론의 희생양이 되었다. 마드리드 주지사였던 아유소 당선자는 코로나19 대유행에도 '지역 경제 살리기'를 강조하며 봉쇄 정책에 반대해 사회당 페드로 산체스 총리가 이끄는 좌파 중앙정부와 갈등을 빚었다. 이번 주지사 선거 또한 아유소 주지사가 연립정부를 구성했던 당이 자신을 몰아내려 한다며 스스로 정부 구성을 해산한 뒤 열린 것이었다. 이글레시아스는 선거 결과에 대해 '비극적인 트럼피즘 우파의 승리'라면서 '선거 운동 기간 우파의 공격과 파시스트 담론을 공론화한 언론의 희생양이 되었다'고 했다.

이글레시아스의 퇴장은 포데모스 위기를 상징하지만, 그래도 포데모스가 프랑코 사후 30년간 스페인을 지배했던 양당 구도를 허물어뜨리고 지형을 바꾼 정치적 의미는 퇴색하지 않는다. 한국보다 앞서 첨예한 세대 갈등의 폭풍 속으로 진입하고, 한국보다 앞서 양당 정치 구도를 무너뜨린 스페인의 경험은 우리에게 시사하는 바가 크다.

2021년 한국에서도 강경 보수 색깔의 보수정당에서 36세의 청년이 경선을 통해 당대표 자리에 올랐다. 세대 갈등과 포퓰리즘 확산은 이미 세계적 현상으로, 더는 한국 정치에서도 이를 외면하거나 피해갈 수는 없다. 피할 수 없다면 받아들이고, 그런 흐름 속에서 얻을 수 있는 교훈이 무엇인지 깨닫는 게 중요하다. 우파 포퓰리즘이 트럼피즘Trumpism으로 대표된다면, 좌파 포퓰리즘의 대표적 사례는 스페인 포데모스일 것이다. 스페인 포데모스의 탄생 과정을 다시 돌아보고, 성공과 실패의 교훈을 되새기는 건 그래서 의미가 있다.

스페인은 '세대 갈등'을 어떻게 넘어섰는가?

스페인의
포데모스와
포퓰리즘

'인민'과 '정치 카스트'의 대결

포데모스의 뿌리는 2011년 5월 15일 마드리드 푸에르타 델 솔Puerta del Sol 광장에서 열린 대규모 '긴축 반대' 대중시위라 할 수 있다. 이 시위는 '금융자본 반대, 긴축 반대'라는 좌파 진영의 전통적 슬로건을 내걸었지만, 참석자들의 성향은 전혀 달랐다. 좌파의 핵심 기반인 노조가 집회·시위의 주축이 아니었다. 노조에 관심이 적은 청년층과 2008년 금융위기로 자산 거품이 꺼지면서 커다란 타격을 받은 중산층이 대거 참여했다. 이들은 높은 실업률과 금융위기에 따른 긴축 정책으로 커다란 고통을 받는 사람들이었다.

스페인에서 좌파의 상징은 1936년 내전 때 프랑코 군부 세력에 의해 무너진 공화국의 깃발이다. 1931년 군주제 폐지로 출범한 제2공화국은 프랑스혁명의 삼색기에서 영감을 받은 새 깃발을 공화국 국기로 채택했다. '자유에 대한 희망과 돌이킬 수 없는 승리의 감정'을 표현했다는 설명이 이 깃발에 붙었다. 프랑코 군부독재 시절엔 공화국 깃발을 갖고 있는 것만으로도 경찰에 체포되었다. 지금도 노조와 진보정당 집회엔 공화국 깃발이 휘날린다.

그런데 이 대규모 시위에선 시민들이 공화국 깃발에 열광하기보다는 조금은 어색하게 반응했다고 한다. 집회 참가자들이 전통 진보 또는 좌파 그룹과는 다른 성격을 갖고 있음을 단적으로 보여주는 장면이었다. 2016년 겨울 박근혜 대통령 탄핵 촛불집회에 나온 시민들의 모습도 그러했을까? 절반은 맞고 절반은 틀린 듯싶다. 탄핵 촛불집회를 주도한 세력은 전통적인 진보·시민단체들이었다. 그러나 참여한 시민들의 면면은 예전의 집회와는 확연히 달랐다. 훨씬 그 폭이 넓고, 젊은 세대의 참여가 특히 눈에 띄었다.

이들은 아무런 자격도 갖지 못한 최순실이 국정에 개입한 것, 최순실 딸 정유라가 대학입시와 학점 관리에서 특혜와 불법을 저지른데 분노했다. 새로 출범한 진보정부는 이를 자신들에 대한 전적인 지지로 생각했지만, 사실 이 정서는 과거와는 사뭇 다른 것이었다. 기존의 진보·보수 개념으로는 새로운 세대를 이해할 수 없었다. 스페인의 경험을 보면, 좌우 대립 개념이 아니라 기득권 중심의 위·아래 대립 개념이 십수 년 전부터 일상화했고, 한국에서도 성큼 우리

곁에 가까이 다가와 있었다. 단지 2016년 촛불집회 때는 그걸 깨닫지 못했고 새로운 변화를 준비하지 못했을 뿐이다.

포데모스는 정확하게 '5월 15일 운동'의 연장선상에 있었다. 이 운동에 영감을 받은 일단의 지식인들이 새로운 차원의 정당을 만드는 데는 3년이 채 걸리지 않았다. 2014년 1월 17일 포데모스를 창당했을 때, 자금도 없고 정책도 없고 기존 시스템에 의존하지도 않은 이 정당이 지속할 수 있으리라 생각한 사람들은 거의 없었다. 영국의 『가디언』은 "포데모스는 금융위기로 인한 긴축 정책에 분노하는 분위기에 편승한 수많은 긴축 반대 정당 중 하나로, 몇 달 안에 사라질 운명 같았다"고 평했다.

불과 1년 뒤인 2015년 1월 31일, 15만 명의 군중이 빼곡히 들어찬 푸에르타 델 솔 광장을 가로질러 연단 위에 오른 포데모스 지도자 파블로 이글레시아스는 이렇게 외쳤다. "정치 엘리트들로부터 권력을 되찾아 국민에게 넘기겠다. 우리를 포퓰리즘이라 비난하고 싶다면, 그렇게 하라." 포데모스는 기존의 좌우 대립 구도를 뛰어넘었다. 진보와 보수의 대립이 아니라, 특권층인 기성 정당과 아무것도 가진 게 없는 일반 대중의 대립 구도를 형성했다. 스페인에서 전통적 좌우 개념이 아닌, '위와 아래의 대결'이라는 새로운 정치 구도가 등장한 것이다.

금민은 "5월 15일 운동은 그 자신을 좌파가 아니라 '상식'이라 규정했고, 그래서 전선은 상식 대 비상식, 아래의 '인민' 대 위의 '정치 카스트' 대결로 그어졌다. 이런 대립 구도에선 스페인 정치를 이끌어온 두 개의 거대 정당, 즉 국민당(보수)과 사회노동당(진보)은 정치 카스트를 대표하며, 두 당이 주거니 받거니 하는 양당 체제는 정치 카스트 체제로 이해되었다"고 한 논문에서 밝혔다.

스페인엔 한국의 '87년 체제'를 연상시키는 '78년 체제'가 있다. 한국에선 1987년 6월항쟁의 성과물로 헌법 개정이 이루어졌다. 민주화의 상징 구호였던 대통령 직선제를 담은 개헌이다. 그러나 대통령 임기를 4년 중임제가 아닌 5년 단임제로 정한 데엔, 독재의 후예인 민정당과 3김씨(김대중·김영삼·김종필)의 제도권 야당들 사이에 이해가 맞아떨어진 측면이 컸다.

군부 출신의 노태우와 민주화운동을 이끈 김영삼·김대중, 세 사람이 돌아가면서 모두 대통령에 당선되었으니, 결과적으로 87년 개헌의 취지엔 부합한 셈이었다. 4당 또는 3당 체제가 잠깐 출현한 적은 있지만, 1987년 이후 한국 정치의 축은 강경 보수(민정당 계열)와 온건 보수(민주당 계열)의 양당 체제였다. 민주당 계열은 2002년 노무현 정부를 거치며 온건 보수에서 리버럴 정당으로 점차 진화했다. 스페인에선 1978년 개헌을 통해 독재자 프랑코의 후예인 국민당과 진보 성향인 사회노동당의 양당 체제가 굳어졌다. 사회노동당은 1997년 마르크스주의를 공식 포기하고 리버럴 정당으로 변신했다.

정치 카스트 제도의 맨 윗자리를 차지한 특권층

포데모스는 30년 이상 지속된 스페인의 양당 체제를 뒤집었다. 핵심은 '위와 아래의 대립'이었다. 보수인 국민당이나 진보인 사회노동당이나 자신의 이익만을 수호하는 기득권 정당으로 몰면서 둘 다 일반 대중의 이해에서 멀어졌다고 공격했다. 그 점에서 포데모스의 주장은 '보수나 진보나 다 부패했다. 특권층이란 점에선 차이가 없다'는 스페인 젊은이들의 불만을 반영하고 있었다. 이제 스페인에서 진보 또는 좌파는 '꿈과 이상'을 가리키는 단어가 아니었다.

포데모스는 전통 좌파의 기반인 노조 지지를 받지 않고도 다양한 계층과 집단의 지지를 끌어내는 데 성공했다. 스페인 정치는 양당 체제에서 4당 체제(우파 포퓰리즘 정당인 시민당까지 포함)로 변화했다. 2021년 들어 포데모스는 지지율 하락으로 정치적 위기를 맞고 있지만, 한 세대 이상 지속된 양당 체제를 깨뜨린 정치적 의미는 충분히 평가받을 만하다. 그런데 포데모스가 일으킨 변화의 물결은 한국 정치에서도 가능한 일일까?

스페인은 여러 면에서 한국과 흡사하다. 앞서 소개했던 『뉴욕타임스』 1991년 6월 17일 기사는 지금 한국 사회가 처한 세대 갈등의 모습과 너무나 닮아 있다. '586세대' 또는 '노무현 세대'라 불리는 한국의 40~50대는 과거 품었던 꿈과 이상의 실현을 위해 지금도 분투하고 있지만, 젊은 세대에겐 '기득권을 지키려는 몸부림'으로 받아들여지는 게 아픈 현실이다. 강경 보수인 국민의힘이나 리버럴 색깔의

〈표 1〉 스페인 의회에서 정당별 의석수 변화(350석)

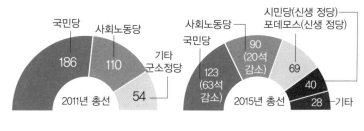

민주당이나, 파블로 이글레시아스 표현을 빌리면 '정치 카스트 제도의 맨 윗자리를 차지한 특권층'으로 비치는 셈이다.

　스페인이 아주 작은 나라여서 한국보다 실험적인 정치가 더 잘 작동할 수 있는 구조는 아니다. 스페인 인구는 4,600만 명이다. 한국(5,200만 명)과 큰 차이가 없다. 물론 정치체제는 다르다. 의원내각제인 스페인과 대통령제인 한국은 정치 문화 차이가 매우 클 수밖에 없다. 또 하나 중요한 건 선거제도의 차이다. 국회의원 소선거구제를 채택하고 있는 한국에선, 가능성 있는 신생 정당이 출현해도 원내 진출을 하는 게 현실적으로 매우 어렵다. 소선거구제는 유망한 제3의 후보보다 양당 후보 가운데 한 사람을 선택하는 쪽으로 유권자를 몰아간다. '선거란 최악이 아니라 차악을 선택하는 것'이란 주장이 선거 때마다 공공연히 나오는 건 이런 흐름을 합리화하려는 정치 논리다.

포데모스가 스페인의 오랜 진보·보수 양당 구도를 깨고 유력 정당으로 올라선 데엔, 창당 4개월 만에 유럽의회 선거에서 5명의 당선자를 배출한 게 큰 기반이 되었다. 포데모스는 2014년 5월 유럽의회 선거에서 8%의 지지율로 5석을 얻었는데, 단순 다득표자가 당선되는 소선거구제였다면 불가능했을 일이다. 5석은 결코 많은 수가 아니지만, 아직 정당의 꼴이 채 갖춰지기도 전에 이 정도의 성과를 얻은 건 이듬해 총선에서 포데모스의 약진을 불러오기에 충분했다. 그런데 이런 디딤돌을 놓기 힘든 정치 환경이라면, 새로운 정당의 출현이나 도약은 거의 불가능해진다. 스페인의 포데모스 현상을 이해하려면, 한국의 대통령제와 국회의원 소선거구제라는 정치제도 문제를 되돌아보는 게 반드시 필요하다.

그러나 포데모스가 던지는 정말 중요한 논점은 다른 데 있다. 정치 구도를 '진보·보수' 대립이 아니라 '위와 아래', 즉 기득권층과 일반 시민의 대결로 보는 건 바람직한가? 이것은 이념에 따른 가치와 정책 차이를 잠재우고 일시적인 대중 분노에 기반한 정치, 곧 포퓰리즘의 발호가 아닌가?

파블로 이글레시아스가 "우리를 포퓰리즘이라 비난하고 싶다면, 그렇게 하라"고 외친 건 단순한 수사적 표현이 아니다. 그리스 시리자SYRIZA(급진좌파연합)에 이은 스페인 포데모스의 부상은 포퓰리즘에 대한 새로운 해석의 필요성을 제시했다. 비슷한 시기, 프랑스에선 마린 르 펜의 국민전선FN이 떠올랐고 미국에선 도널드 트럼프가 집권했다. 포퓰리즘이 좌우를 가리지 않고 시대적 흐름으로 떠오른 게 아닌가 하는 생각마저 든다.

한국도 예외가 아니다. 2021년 5월, 완고한 보수정당인 국민의힘에서 36세의 '새파랗게 젊은' 정치인 이준석을 당대표로 뽑은 건 포퓰리즘을 떠올리지 않고는 이해하기 어렵다. 포퓰리즘을 민주주의의 적 또는 병리적 현상으로 여겼던 전통 시각에서 벗어나, 새롭게 해석하고 받아들여야 하는 시대를 우리는 마주하고 있다.

민주주의와 포퓰리즘은 동전의 양면과 같다

포퓰리즘은 부정적 어감을 갖는다. '포퓰리스트'라 불리는 걸 좋아할 정치인은 아마도 별로 없을 것이다. 누군가를 '포퓰리스트'라 부르는 건, 대중의 분노와 분열 심리를 자극해서 의회민주주의 체제를 위협한다는 의미를 갖는다. 빈민층의 절대 지지를 받고 집권한 뒤 석유 수출로 쌓은 부를 복지에 쏟아부어 국가 경제를 파탄시켰다고 비난받는 베네수엘라 우고 차베스는 포퓰리즘 정치의 대표적 사례로 종종 거론된다.

포퓰리즘의 어원은 라틴어로 인민people·대중·민중이란 뜻인 포풀루스populus다. 민주주의를 뜻하는 '데모크라시democracy'가 그리스어로 인민·대중이란 뜻의 데모스demos에서 유래했다는 걸 생각하면,

유독 자기만 비난받는 게 포퓰리즘으로선 억울할 수도 있겠다. 어원이 같은 의미인 만큼, 민주주의와 포퓰리즘은 동전의 양면과 같다. 포퓰리즘을 민주주의의 '그림자' 또는 '유령'이라 부르는 건 그런 이유에서다.

전통적인 자유주의 정치학에선 포퓰리즘을 민주주의 제도가 제대로 작동하지 않을 때 나타나는 잘못된 현상으로 여겼다. 민주주의에서 변이된 '악성 종양'으로 본 것이다. 민주주의가 점잖고 이성적인 지킬 박사라면, 포퓰리즘은 포악하고 통제 불가능한 하이드 같은 존재와 같았다. 따라서 포퓰리즘 발호를 막는 게 건강한 민주주의를 지키는 지름길이라고 생각했다. 포퓰리즘을 향한 격렬한 비난은 이런 인식에 기반했다. 그런데 지킬과 하이드가 한 몸이라면 하이드를 완전히 분리해내기란 불가능하다. 오히려 서로가 서로를 이해하고 받아들이며, 각각의 단점을 최소화하려는 노력이 좀더 현실적일 수 있다.

포퓰리즘의 특징은 몇 가지로 요약된다. 우선, 대중에게 직접 호소한다. 노무현 대통령을 그린 영화 〈변호인〉의 명장면. "대한민국 주권은 국민에게 있고 모든 권력은 국민으로부터 나온다. 국가란 곧 국민이다"라는 배우 송강호의 외침은 민주주의 핵심을 짚고 있다. 이에 비춰보면 대중 곧 국민에게 직접 호소하는 포퓰리즘을 반드시 나쁘다고 비난할 수는 없다. 하지만 의회민주주의가 작동하는 현대 정치에선, 직접 국민에게 호소하는 건 대의 기구인 의회를 약화시키고 정당의 역할을 축소시키는 부작용을 일으키기 쉽다.

노무현 대통령 시절, 많은 정치학자가 직접 국민에게 설명하고 지지를 호소한 노무현 대통령을 비판했던 건 이런 이유에서였다. 그런데 정말 포퓰리즘이 의회민주주의를 약화시키는 것일까? 오히려 의회민주주의가 제 기능을 상실하고 권력의 주체인 국민을 소외시켰기 때문에, 국민이 직접 자신의 목소리를 반영할 수 있는 포퓰리즘을 선택했다는 게 정확한 표현이 아닐까? 포퓰리즘과 민주주의는 종이 한 장 차이에 불과하다. 국민에게 직접 호소하는 정치를 부정적으로만 볼 수 없는 이유다.

포퓰리즘이 비난받는 더 큰 이유는, 복잡한 정치·사회 현상을 너무 단순화해서 대중의 열광적 지지를 끌어내는 방식에 있다. 도널드 트럼프 전 미국 대통령이 백인 노동자 일자리가 줄어드는 걸 '이민자가 너무 많이 들어와 우리 일자리를 빼앗아가기 때문'이라고 주장한 건 단적인 예다. 트럼프는 이런 단순 논리에 근거해 이민자와 소수 인종 혐오 정서를 불러일으키고 반反이민 정책을 추진했다. 정치적 주장의 단순·도식화는 복잡한 경제·정치 현안에서 대중의 지지를 끌어모으는 데 효과적이다.

스페인 포데모스도 처음엔 다르지 않았다. 창당 때 내세운 공약을 한번 보자. 포데모스는 보편적 기본소득 도입, 경제 핵심부문 국유화, 스페인 정부 채무 무효 선언, 나토NATO 탈퇴 등을 내걸었다. 그러나 이듬해 총선을 앞두고 정부 채무 무효 선언 대신에 '스페인 국익에 따른 재협상'을 내걸었고, 보편적 기본소득 도입과 경제 핵심부문 국유화, 나토 탈퇴는 공약 목록에서 사라졌다.

실현 불가능한 급진적 공약을 제시했다가 어느 시점에 정반대의 태도를 취하는 게 포퓰리즘 정당의 특징이라고 자주 비판받는다. 하지만 유연하게 정책을 바꾼다는 건, 그만큼 열린 자세로 대중과 현실의 요구에 민감하게 반응한다는 뜻이기도 하다. 전례 없는 코로나 19 상황에서도 재정 건전성만 강조하면서 전 국민 재난지원금에 끝까지 반대했던 홍남기 경제부총리의 태도를 '소신과 원칙'으로 평가하는 건 과연 타당한 일인가? 집권 세력이나 거대 정당들이 대중의 요구에 굼뜬 것은 기존의 관성과 현실에 안주하고픈 마음이 크기 때문일 것이다.

포데모스는 그 점에서 과격하긴 했지만 중요한 변화의 물꼬를 트는 데 주저하지 않았다. 또 그 변화가 현실적이지 못하다고 느꼈을 때, 방향을 바꾸는 데 주저하지 않았다. 포퓰리즘을 무작정 비난할 수는 없는 이유다. 포데모스의 행동이 포퓰리즘이냐 아니냐를 따지는 것보다는, 포데모스가 출현한 정치적·사회적 배경을 온전히 읽어내는 게 훨씬 중요하다.

따뜻한 진보가
필요하다

이중 엘리트 정당 체제

'강남 좌파'라는 말은 2000년대 중반 노무현 정부 시절에 보수 진영에서 처음 쓰기 시작했다. 노무현 정부에 참여하거나 적극 지지하는 586세대가 이념은 진보지만 라이프스타일은 서울 강남의 부유층과 별로 다를 게 없는 이중성을 지닌다고 비난하기 위해서 사용한 단어였다.

이 단어는 강준만 교수가 2006년 『인물과 사상』에서 언급함으로써 공론의 장으로 들어왔다. 그때 강준만 교수는 강남 좌파란 단어에 대해 "보수 언론이 노무현 정권을 공격하려는 함의로 읽히지만 본격적인 논의가 필요하다"고 밝혔다. 강준만 교수는 이명박 정부 시절인 2011년엔『강남 좌파』라는 책까지 냈다. 그때까지만 해도 강준만 교수는 '강남 좌파'가 한국 진보의 아픈 지점이 될 거라는 걸 정확히 깨닫지는 못했을 것이다. 강준만 교수는 최근 '강남 좌파'란 단어에 대해 "그때는 명암을 이야기했던 겁니다. 명明이 좀더 두드러지길 바랐는데 암暗이 더 두드러진 결과가 나온 거 같아요"라고 말했다.

처음엔 냉소적 의미였던 이 단어는 그 무렵 이명박 정권에 대한 예리한 비판으로 주목을 받던 조국 서울대학교 법학전문대학원 교수가 "나는 우리 사회가 발전하기 위해서는 강남 좌파, 영남 좌파가 더 많아져야 한다고 생각한다"고 말하면서 긍정적인 함의를 획득했다. 존재와 인식의 약간의 불일치를 솔직하게 인정하면서, 그래도 사회 부조리와 불평등 타파를 위해 애쓰는 건 칭찬할 일이지 비난할 수 없는 일이었다. 인간이라면 누구나 존재와 인식의 괴리를 피할 수 없다. 적어도 돈과 사적 이익을 드러내놓고 추구하는 '강남 우파'보다야 훨씬 인간적인 것 아닌가?

1980~1990년대 한국 사회의 민주화와 노동운동 조직화를 이끈 중심 세대는 중년으로 접어들며 각 분야에서 한국 사회 중추로 자리 잡아가고 있었다. 이들은 '강남 우파'처럼 충분한 재력을 갖지는 못했지만, 전문직 또는 대기업과 공공기관 정규직으로서 자식에겐 최고의 교육을 쏟아부을 만한 열정과 능력을 갖추고 있었다.

교육을 통한 입신양명立身揚名은 동양 사회에선 가장 바람직한 출세의 징표였다. 맹자의 어머니가 자식 교육을 위해 세 번이나 이사를 하고, 한석봉 어머니가 눈을 가린 채 자신은 떡을 썰고 아들에겐 붓글씨를 쓰게 했다는 이야기는 자식 교육에 헌신하는 건 미덕이라는 동양적 가치의 대표적인 일화였다. 586세대는 교육의 대물림이 부의 대물림보다 합리적이고 양심적이라고 생각했다. 그러나 교육의 통로 자체가 사회계층을 반영하는 불평등의 바로미터가 되어버린 저성장 시대에 젊은 세대는 이걸 용납하지 않았다. 2019년 조국 전 법무부 장관 논란을 계기로 '공정과 정의' 욕구가 분출하며 진보 세력은 어려운 상황에 처했지만, 사실 이 사안이 아니었더라도 진보의 위기는 피할 수 없는 일이었다.

그 점에서 토마 피케티Thomas Piketty가 말한 '브라만 좌파 대 상인 우파'의 이중 엘리트 정당 체제는 서구뿐만 아니라 한국에서도 약간 변형된 형태로 현실화했다. 피케티는 1948년부터 2017년까지 70년간 프랑스와 미국, 영국의 좌파 또는 리버럴 정당이 선거에서 누구의 지지를 받았는지 실증적으로 분석했다. 프랑스와 미국에선 1960년대까지 사회당 또는 민주당의 주된 지지층은 저학력·저소득 노동자였다. 그러나 1970년을 전후해 고학력 유권자들의 좌파(리버럴) 정당 지지도가 높아지기 시작한다. (《표 1》)

이런 현상은 2000년대 들어선 더욱 뚜렷해졌다. 프랑스에선 1950~1960년대 고졸 이하 유권자가 좌파 정당에 투표한 비율이 대졸 유권자가 좌파 정당에 투표한 비율보다 20%포인트 가까이 높았지만, 2000년대엔 오히려 대졸 유권자의 비율이 고졸 이하 유권자보다 10%포인트 정도 더 높아졌다. 좌파 정당의 지지층이 저학력 노동

〈표 1〉 진보정당, 고학력층의 당이 되다

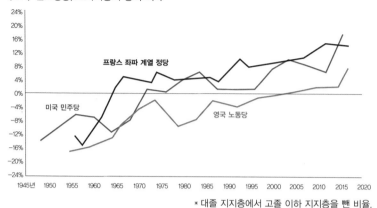

* 대졸 지지층에서 고졸 이하 지지층을 뺀 비율.
가령 4%이면 대졸 지지층이 고졸 이하 지지층보다 4%p 많다는 뜻이다.

〈표 2〉 4년제 대학을 나오지 않은 백인의 정당 선호도(1999~2019)

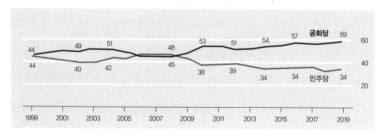

〈표 3〉 4년제 대학을 나온 백인의 정당 선호도(1999~2019)

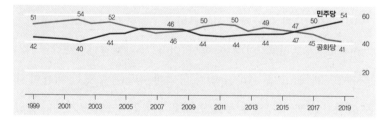

자에서 고학력층으로 변했다는 이야기다.

　미국 민주당의 변화는 더욱 극적이다. 여론조사기관 갤럽은 1999년부터 2019년까지 백인 유권자들이 학력에 따라 어떤 정당을 더 지지했는지 하나의 그래프로 만들어 제시한 적이 있다. (〈표 2〉, 〈표 3〉) 이 그래프를 보면, 1999년엔 4년제 대학 졸업장을 갖지 못한 백인 유권자들이 각각 44%씩 똑같이 민주당과 공화당을 지지했지만, 2019년엔 34%만이 민주당을 지지하고 59%는 공화당을 지지하는 걸로 나타났다. 20년 사이 저학력층의 공화당 쏠림 현상이 훨씬 심해진 것이다.

　반면에 4년제 대학 학위를 가진 백인 유권자의 민주당 지지 비율은 42%(1999년)에서 54%(2019년)로 올랐고, 공화당 지지 비율은 51%(1999년)에서 41%(2019년)로 떨어졌다. 1950~1960년대부터 변화의 추이를 감안하면, 미국의 민주당은 저소득·저학력 노동자 정당에서 갈수록 고소득·엘리트 계층 정당으로 변모해온 셈이다. 이것이 2016년 도널드 트럼프가 백인 노동자들에게서 몰표를 얻어 당선된 배경 중 하나라고 말할 수 있다.

가난하고 소외된 이들의 목소리를 반영하지 못하다

토마 피케티의 말을 빌리면, 미국이나 유럽이나 정치의 갈등 구도가 변화했다. 과거 '노동자·서민의 정당 대 자본가·부자의 정당' 대결 구도에서 '교육 엘리트를 대변하는 정당' 대 '비즈니스(상인) 엘리트를 대변하는 정당'의 싸움으로 바뀌어버린 것이다. 어느 정당이든 엘리트를 대변한다는 점에서, 가난하고 소외된 이들의 목소리가 정치에 반영될 수 있는 길은 점점 더 좁아졌다. 한국에 피케티의 논리를 적용하면, 부유층인 강남 우파가 고급 아파트와 주식 등 재산을 직접적으로 자식에게 상속했다면, 교육 엘리트인 강남 좌파는 자식에게 좋은 학벌을 물려주려 노력했다고 말할 수 있다.

진보(리버럴) 정당이 교육 엘리트를 대변하는 정당으로 바뀌면서 새롭게 등장한 약점이 바로 정치적 올바름 논란이다. 진보정당이 사회적 불평등 문제에 집중했을 때는 그 누구도, 심지어 보수정당조차 그게 잘못이고 위선이라는 공격을 하지는 못했다. 그러나 지지기반이 바뀌면서 진보 인사들의 언행 불일치와 내로남불 논란이 거세졌다. 안희정 충남지사에서 시작해 오거돈 부산시장을 거쳐 박원순 서울시장까지 이어진 성폭력 사건은 단적인 사례다. 입으로는 남녀평등과 페미니즘을 말하면서 정작 그에 어울리지 않는 행동을 했다는 사실에 국민, 특히 젊은 여성들은 큰 배신감을 느꼈다. 조국 전 법무부 장관을 향한 너무나도 가혹한 여론의 밑바닥에도 이런 정서가 깔려 있다는 걸 부인하긴 어렵다.

진보와 보수 정치 세력이 거의 대등하게 각축하는 한국 사회에서 진보의 강점은 도덕성과 사회적 약자를 향한 포용성이었다. 보수에 비해 훨씬 깨끗하고, 약자를 위해 자신을 희생할 줄 알며, 누군가의 아픔에 공감할 수 있다는 게 지난 수십 년간 진보의 지지기반을 넓힐 수 있던 기반이었다. 반면에 1945년 해방 이후 반세기 넘게 정치·경제 권력을 독점했던 보수는 능력은 있을지 몰라도, 부패하고 정의롭지 못했다. 격차 해소보다 가진 자들의 이익을 지키려고 애쓴다는 인식에서 벗어나질 못했다.

보수의 핵심 가치는 예나 지금이나 경쟁이다. 보수는 사회를 움직이는 동력을 경쟁이라고 본다. 돈을 더 많이 벌겠다는 욕망, 성공하고자 하는 욕구, 이런 것들이 개개인의 열정을 부추겨 사회 전체의 발전을 추동한다고 믿는다. 대기업이 막대한 이익을 내고, 고소득자가 서울 강남의 고급 아파트를 사서 시세 차익을 얻는 걸 비난하지 않는다. 경쟁에서 탈락한 이들을 어느 정도 보호는 해야겠지만, 기본적으로 어쩔 수 없는 일이라고 본다. 진보는 다르다. 노무현 대통령의 『진보의 미래』에 담긴 만원버스 사례는 진보의 지향을 상징적으로 보여준다.

과거엔 그래도 진보적인 승객들이 있는 버스라면 누구나 올라탈수가 있었다. 그런데 저성장이 일상이 된 시대엔 비록 입석이라도 버스에 올라탈 수 있는 여지가 매우 좁아졌다. 버스 바깥엔 오르지 못한 수많은 사람이 남아 있는 시대가 된 것이다. 그동안 진보는 버스에 올라탄 이들을 포용하고 함께 가는 데는 익숙했지만, 버스 바깥 사람들의 존재와 분노에 대해선 깊게 인식하질 못했다.

따뜻한 진보가 필요하다

"나는 당신의 고통을 잘 알고 있다"

민주당은 노무현 대통령을 거치며 '호남 보수정당'에서 '리버럴 전국 정당'으로 한 단계 진화했다. 노무현의 비극적인 죽음을 계기로 그가 말한 진보(리버럴)의 가치를 받아들여 지평을 넓힌 결과다. 그러나 한국 사회도 미국이나 유럽처럼 어느새 좌우 대립이 아니라 위아래의 대립, 울타리 안과 밖의 대결 구도로 바뀌고 있음을 민주당과 진보정당, 시민사회단체들은 깨닫지 못했다. 밑으로 내려가지 못했고, 울타리 밖을 성공적으로 끌어안지 못했다. 개발독재 시대에 노동자·농민 등 기층 민중의 아픔에 공감하고 연대했던 진보가, 지금은 힘든 현실에 찌든 젊은 세대와 울타리 바깥의 미조직 노동자에겐 또 다른 엘리트 집단이 되어버렸다.

미국의 민주당이 노동자와 도시 빈민, 흑인을 지지층으로 끌어안던 1930~1940년대 루스벨트 대통령 시대에, 진보 또는 리버럴을 '피를 흘리는 심장을 가진 사람들bleeding-heart liberal'이라고 불렀다. 처음엔 비아냥거리는 의미를 담고 있었다. 1937년 민주당이 흑인들에 대한 사적 보복을 금지하는 법안을 의회에서 입법하려 하자, 보수 칼럼니스트 웨스트브룩 피글러Westbrook Pegler는 "그런 사적 보복은 1년에 8건에 불과하다. 그걸 위해서 법안을 만들려는 민주당은 피를 흘리는 심장bleeding heart을 가졌나 보다"고 조롱했다.

하지만 시간이 흐르면서 '피를 흘리는 심장'은 따뜻한 마음을 가리키는 뜻으로 바뀌었고, 보수가 갖지 못한 진보의 장점이 되었다.

보수주의 상징인 로널드 레이건 대통령은 "나도 한때는 피를 흘리는 심장을 가진 리버럴bleeding-heart liberal이었다"며 자신이 민주당원이었음을 감추지 않았다. '보수는 가난하고 소외된 이들에게 무관심하고 냉정하다'는 인식을 뛰어넘으려는 의도였다. 그 점에서 보수의 취약점이 바로 공감이라는 걸 레이건은 정확하게 꿰뚫고 있었다. 8년간의 빌 클린턴 민주당 정권을 끝내고 2000년 백악관에 입성한 조지 W. 부시 대통령의 대선 슬로건이 '온정적인 보수compassionate conservative'였던 것도 같은 이유에서다.

지금 한국의 진보에 필요한 건 바로 이것이 아닐까 싶다. 얼마 전까지 많은 사람은 진보가 보수보다 따뜻하고 개방적이라고 느꼈다. 진보는 경쟁에서 탈락한 사람들이 겪는 고통을 잘 알고 있었기 때문이다. 요즘 진보는 그런 따뜻함과 공감 능력을 현저히 잃어버렸다고 평가받는다. 울타리 바깥 사람들을 안전망 안으로 끌어들이는 데 너무 늦고 더디다. 여성·환경·공정·인권 이슈에서 공감의 확산을 이루어내지 못한다. 진보정당인 정의당이 공정·정의와 같이 윤석열도 말하는 이슈 외에, 사회적 불평등과 가난의 문제에서 국민의 기억에 뚜렷하게 남는 활동을 보여준 적이 얼마나 있을까? 페미니즘 정체성의 정치를 뛰어넘어 20대 젊은이들에게 다가서려 노력을 기울인 적은 몇 번이나 될까?

1992년 미국 대선의 분기점 중 하나는 조지 H. W. 부시(조지 W. 부시의 아버지) 대통령과 빌 클린턴 민주당 후보의 두 번째 텔레비전 토론이었다. 경기 불황에 고통받는 한 청중이 후보들에게 이렇게 물었다.

"부채가 후보의 삶에 구체적으로 어떤 영향을 끼쳤습니까? 저는 주택 융자금과 자동차 할부를 갚을 여력이 없어 고통받는 사람들을 압니다. 후보가 그런 감정을 모른다면 어떻게 진정으로 우리를 도울 수 있겠습니까?"

부시 대통령은 당황한 듯 말이 꼬였고 "질문의 정확한 의미를 다시 설명해달라"고 되물었다. 빌 클린턴은 달랐다. 그는 그 청중에게 한 발짝 다가서면서 이렇게 말했다.

"저는 12년간 작은 주(아칸소)의 주지사를 지냈습니다. 중산층에 대한 워싱턴의 지원은 줄어드는 반면, 부유한 사람들이 세금 감면을 받는 걸 지켜보았습니다. 직장을 잃고, 공장 문을 닫은 사람들을 만났습니다. 저는 당신의 고통을 잘 알고 있습니다."

따뜻하고 공감할 줄 아는 진보가 그 어느 때보다 필요한 때다.

증오의 정치를
뛰어넘다

한국의 정치적 갈등이 가장 심각하다

2021년 10월 미국의 퓨리서치센터Pew Rearch Center는 전 세계 주요 국가들을 대상으로 한 주목할 만한 여론조사 리포트를 발표했다. '선진국들의 다양성과 분열'이란 제목의 리포트는 세계 주요 국가 국민의 정치적·사회적 갈등에 관한 인식을 보여주고 있다. 이 리포트를 보면, 한국의 갈등 수준에 깜짝 놀라게 된다. 우리나라는 유럽이나 미국에 비해 인종·종교·도농 간 갈등은 비교적 낮을 거라고 흔히 생각한다. 조사 결과는 그렇지가 않다. 특히 정치적 갈등은 미국과 함께 세계 최고 수준을 기록했다. 오죽하면 이 리포트의 작은 제목 중

〈표 1〉 국가별 정치·인종·종교·지역 갈등이 얼마나 심각한지에 대한 선진 17개국 인식 조사

	서로 다른 정치 세력을 지지하는 그룹 간에 매우 강한 또는 강한 정치적 갈등이 있다	다른 인종이나 민족적 배경을 가진 그룹 간에 매우 강한 또는 강한 갈등이 있다	다른 종교를 믿는 그룹 간에 매우 강한 또는 강한 갈등이 있다	도시와 지방의 갈등이 심각하다
미국	90%	71%	49%	42%
한국	90%	57%	61%	43%
타이완	69%	22%	12%	15%
프랑스	65%	64%	56%	45%
이탈리아	64%	57%	37%	23%
스페인	58%	32%	19%	12%
독일	56%	55%	46%	30%
영국	52%	48%	38%	27%
그리스	50%	50%	36%	17%
벨기에	46%	54%	46%	24%
캐나다	44%	43%	30%	29%
오스트레일리아	41%	40%	30%	22%
일본	39%	36%	31%	18%
네덜란드	38%	43%	37%	22%
뉴질랜드	38%	37%	25%	21%
스웨덴	35%	50%	34%	18%
싱가포르	33%	25%	21%	—
평균	50%	48%	36%	23%

제4장 새 길을 찾다

하나가 '미국과 한국의 정치적 갈등이 가장 심각하다'는 것이었을까? 갈등과 분열에 관한 퓨리서치센터 리포트를 보면, 정치적으론 좀 싸워도 사회적·문화적으론 동질성이 어느 나라보다 높다고 여겼던 믿음은 여지없이 깨져버린다.

이 여론조사 내용을 한번 들여다보자. '서로 다른 정치 세력을 지지하는 그룹 간에 매우 강한 또는 강한 정치적 갈등이 있다'는 질문에 한국과 미국 응답자의 90%가 '그렇다'고 대답했다. 17개 조사 대상 국가 중 가장 높은 수준이다. 그다음엔 타이완이 뚝 떨어져서 69%로 3위였고, 프랑스(65%), 이탈리아(64%), 스페인(58%)이 뒤를 이었다.

더 놀라운 건 종교·인종 갈등에 대한 시각이다. '다른 종교를 믿는 그룹 간에 매우 강한 또는 강한 갈등이 있다'는 항목에서 한국은 61%가 '그렇다'고 대답해 이 역시 17개 국가 중 가장 높았다. 기독교와 이슬람교 갈등이 심심찮게 외신을 타는 프랑스(56%)나 미국(49%)보다 높다. '다른 인종이나 민족적 배경을 가진 그룹 간에 매우 강한 또는 강한 갈등이 있다'는 항목에서 1위는 미국이었다. 2020년 흑인 조지 플로이드George Floyd가 경찰에 체포되는 과정에서 질식사해 '흑인의 생명도 소중하다Black lives matter'는 운동이 들불처럼 번졌던 나라인 만큼, 미국인의 71%가 '인종 갈등이 심각하다'고 응답한 건 어쩌면 당연했다.

이슬람 이민자들이 정치·사회 현안으로 떠오른 유럽 국가들도 인종 갈등이 심각하다는 응답률이 높다. 프랑스 64%, 이탈리아 57%,

독일 55%, 영국 48% 등이다. 그런데 '한민족'을 자랑하는 한국에서도 인종 갈등이 심각하다고 응답한 비율은 57%로, 유럽 국가들에 못지않았다. 일본(36%), 싱가포르(25%), 타이완(22%) 같은 아시아 국가들에 비해선 현저히 높은 수준이다.

미국이나 유럽처럼 인종 분규나 폭동을 경험한 적은 없지만, 외국인 노동자와 난민을 둘러싼 사회적 논란이 영향을 끼친 것으로 해석된다. 특히 일부 젊은 층과 보수 그룹에서 난민, 외국인 노동자, 중국 동포를 혐오하는 분위기가 매우 강해지는 것과 관련이 깊은 걸로 보인다. '도시와 지방의 갈등이 심각하다'는 항목에서도 한국인의 43%가 '동의한다'고 응답해, 프랑스(45%), 미국(42%)와 함께 세계 최고 수준이었다.

정치적 양극화와 대통령제의 위기

퓨리서치센터 조사로만 보면, 이제 우리나라는 한민족이 아니다. 세계 어디서도 볼 수 없는 단결력을 갖추고 '금 모으기' 운동과 자발적인 전 국민 마스크 착용으로 국난을 넘어서는 한국은 존재하지 않는 것처럼 보인다. 인종, 종교, 지역 등 모든 분야의 갈등을 이끄는 건, 압도적으로 높은 정치적 갈등이다. 갈수록 심각해지는 정치 갈등과 정치적 양극화를 풀지 않고선 우리 사회는 예전의 통합력을 과시할 수 없는 지경에 이르렀음을 이 여론조사 리포트는 보여준다.

똑같이 대통령제를 채택하고 있는 한국과 미국의 정치적 갈등이 선진 국가들 가운데 가장 심각한 수준이란 사실은 의미심장하다. 전 세계적으로 볼 때 대통령제를 채택한 나라는 그리 많지 않다. 그중에서도 미국과 한국은 대통령제가 안정적으로 뿌리내린 대표적인 민주주의 국가로 꼽혔다. 그런데 두 나라 모두에서 정치적 양극화가 심해지며 대통령제 자체가 위기에 처했다는 신호가 나온다. 단적인 사례가 '대통령 탄핵'이 일상화할 조짐을 보이는 점이다. 2017년 최순실 국정 농단 사건과 이에 따른 박근혜 대통령 탄핵은 정상적 통치 체계가 무너진 상황에서 국민의 힘으로 민주주의를 복원한 역사적 사건이었다. 진보와 보수 가리지 않고 국회의원 대부분이 대통령 탄핵에 찬성했고, 수백만 시민이 몇 개월간 광장에서 촛불을 들 정도로 민심의 전폭적 지지를 얻었다.

그런데 박근혜 대통령 탄핵과 구속으로 정권이 바뀌자, 야당이 된 보수정당은 '문재인 대통령 탄핵'을 들고 나왔다. 2020년 국회의원 총선을 앞두고 미래통합당은 울산시장 선거 개입 의혹을 이유로 "총선에서 승리해 국회 다수 의석을 확보하면 문 대통령 탄핵을 추진하겠다"고 공언했다. 선거용 발언이라고 쳐도, 대통령을 손쉽게 바꾸겠다는 발상은 대통령제와 민주주의 안정성을 심각하게 훼손하는 것이다. '우리가 탄핵당했으니, 너희도 한 번 당해봐라'는 식의 보복 심리와 다름없다.

2022년 제20대 대통령 선거를 앞두고, 국민의힘에선 선거 승리를 뛰어넘어 아예 상대 후보의 정치생명을 끊어버리겠다는 식의 극단적 발언이 잇따랐다. 홍준표 후보는 "내가 대통령이 되면 인수위원회 시절에 이재명 후보를 감옥에 보내겠다"고 말했다. 윤석열 후보도 "내가 대통령이 되면 대장동 의혹의 핵심인 화천대유 주인은 감옥에 갈 것이다. 누가 뭐래도 대장동 게이트 몸통은 이재명"이라고 주장했다. 아무리 당내 경선에서 핵심 지지층을 겨냥한 말이라지만, 상대 정당 대통령 후보 구속을 공공연히 거론하는 건 전례를 찾기 힘들다. 여당인 민주당도 크게 다르지 않다. 송영길 민주당 대표는 윤석열 후보가 '고발 사주' 의혹에 휩싸인 걸 두고 "국기 문란이고 총선 개입이고 탄핵 사유다. 대통령이 돼도 탄핵 사유가 된다"고 으름장을 놓았다.

탄핵은 박근혜 대통령처럼 심각한 국기 문란 행위가 있을 때 매우 이례적으로 추진해야 하는 불행한 정치적 사건이다. 그런데 여야 모두 탄핵을 입에 올리기 시작하면, 그 순간 정치는 실종되고 극한 대립만 남게 된다. 정치권의 극단적 대립은 고스란히 사회로 전달되어 국민을 둘로 가르고 격렬한 갈등과 반목을 키우게 된다.

미국은 이미 그런 단계에 접어들었다. 트럼프 대통령은 재임 기간에 두 차례 탄핵소추를 당했다. 한 번은 우크라이나 대통령에게 민주당 대선주자였던 조 바이든과 그의 아들의 현지 행적을 조사해달라고 유도한 혐의였고, 한 번은 2020년 대통령 선거에서 패배하자 지지자들에게 의사당 점거를 선동한 혐의였다. 둘 다 결코 가볍지 않은 혐의지만, 공화당이 다수인 상원에서 통과되지 못했다.

공화당은 곧 보복에 나섰다. 조 바이든 대통령이 취임한 다음 날인 2021년 1월 21일, 공화당의 마조리 테일러 그린 Marjorie Taylor Greene 하원의원은 조 바이든이 부통령 시절 권한을 남용해 사익을 추구했다면서 탄핵소추안을 발의했다. 또 취임 8개월이 지난 시점에선 아프가니스탄 철수 결정 등을 이유로 공화당은 또다시 탄핵안을 제출했다. 트럼프 탄핵 사유에 비하면 매우 가벼운 사안으로, 둘 다 전형적인 정치 공세였다. 하지만 불과 몇 년 사이에 두 차례씩 대통령 탄핵 공방을 주고받을 정도로 미국 정치가 극단적인 증오에 휩싸여 있다는 점은 분명히 드러냈다.

증오와 보복의 정치가 개인을 얼마나 파괴하고 사회를 분열시키는지는 조국 전 법무부 장관 사태에서 볼 수 있다. 박근혜 탄핵 때만 해도 '민주주의 가치'에 공감했던 진보와 보수 세력이, 극한적 대립의 길로 들어선 결정적 계기는 조국·윤석열 사태다. 문재인 대통령이 임명한 윤석열 검찰총장이 거꾸로 야당인 국민의힘 대선후보가 된 사실은 양쪽의 감정의 골이 얼마나 패었는지를 단적으로 보여준다. 두 명의 보수 대통령(이명박·박근혜)을 구속시킨 사람을 되레 간판으로 내세울 정도로 보수 진영의 '반反문재인' 정서는 강렬했다.

반대로 진보 세력은 '윤석열 검찰'이 조국 전 법무부 장관을 사퇴시키려 그의 가족 전체를 만신창이로 만든 사실에 분노했다. "가족을 도륙당했다"고 조국 전 장관이 말할 정도로 검찰의 '조국 수사'는 한참 도를 넘었다. 오죽하면 홍준표 후보가 "검찰이 보통 가족 수사를 할 때는 가족 중 대표자만 수사를 한다. 윤석열 전 검찰총장은 과잉 수사를 했다. 집요하게 조국 동생을 구속하고 5촌 조카 구속에 딸 문제도 건드렸다"고 말했을까 싶다. 조국 전 장관은 자신의 의지와 상관없이 보수와 진보 간에 벌어지는 격렬한 증오의 싸움, 그 싸움의 칼날 위에 맨발로 서버린 셈이 되었다. 그 대가로, 윤석열 전 검찰총장 역시 장모와 아내를 둘러싼 논란까지 집요하게 파헤쳐지는 불구덩이 속으로 뛰어들어야 했다.

"증오는 마음을 흐리게 한다"

2021년 2월 27일 『조선일보』에 실린 서민 교수의 칼럼인 「조민 추적은 스토킹이 아니다, 미안해하지 않아도 된다」는 글은 우리 사회가 얼마나 정치적으로 모진 공격에 몰두해 있는지 적나라하게 보여준다. 서민 교수는 "부모의 죄가 곧 자식의 죄다. 똑똑히 지켜보고 종놈이 법을 어기면 어찌 되는지 뼈에 새기거라"는 드라마 〈미스터 션샤인〉 대사를 인용하면서, "연좌제에 반대하지만 조국 전 법무부 장관 딸을 언론이 뒤쫓는 건 연좌제가 아니다"고 주장했다. 서민 교수가 말하고 싶은 건 실은 이것이다. '때론 부모의 죄를 자식에게 물어도 된다. 반성하지 않는 자에겐 그 어떤 관용도 필요 없다.' 독재정권 시절에도 보기 힘든 정치적 보복이 가족까지 가해지는 것을 정당화하고 있다.

과거엔 고위 공직자에게 문제가 있더라도 공직을 사퇴하거나, 드물게 검찰 수사를 받고 법적 처벌을 받는 걸로 끝났다. 그러나 조국 전 장관 사례에선, 조국 자신이 기소되었을 뿐 아니라 아내는 구속되었고 딸은 부산대 의학전문대학원 입학이 취소되었다. 특히 의사가 된 조국 전 장관 딸을 겨냥한 종편과 보수 신문, 보수 유튜버들의 추적은 거의 스토킹 수준에 도달했다.

2020년 8월 29일 『조선일보』는 조국 전 장관 딸이 세브란스병원에 인턴을 요청했다는 기사를 잘못 내서 지면에 사과문을 실었다. 그렇게 오보까지 내며 추측 기사를 써야 할 정도로 조국 전 장관 딸의 동향이 국민의 알 권리에 부합하는 사안일까? 오히려 정치적 증오를 부추기기 위해 딸까지 표적으로 삼는 것이 아닌가?

그러나 설령 이런 공격이 성공한다 해도, 그걸로 매듭지어질 수가 없다. 다음 정권에선 또 다른 형태로 진보가 보수를, 또는 보수가 진보의 약점을 무자비하게 추적하고 할퀼 것이기 때문이다. 보수정당도 입으로는 타협과 협치를 말하지만, 바로 이런 정치적 증오가 사회문제 해결을 위한 대화와 타협의 길을 차단하고 있다.

김부겸 국무총리는 2021년 10월 30일 노태우 전 대통령 영결식에서, 군사쿠데타 주역인 노태우 전 대통령에게 국가장을 허용한 걸 '화해와 통합'이란 말로 설명했다. 하지만 지금과 같은 극단의 대립 시기에, 이런 단어는 생명력을 잃고 액자에 걸린 낡은 표어처럼 되어버렸다. 2022년 대선은 '증오의 정치'를 정면으로 마주하고 이를 넘어설 수 있는 방법을 제시하고 토론하는 장이 되는 게 필요하다. 정치의 양극화를 넘어서지 않고 우리 사회는 거의 모든 현안에서 한 발짝도 앞으로 나아가기 힘들기 때문이다. 극한 갈등 속에서 대통령제는 긍정적인 활력을 현저히 잃고 역사적 수명을 다해가고 있는 것처럼 보이기 때문이다.

민주당은 선거 승리와 민심을 되돌리기 위해서도 이런 자세가 필요하다. 중도 표를 잡기 위해 애쓰라는 뜻이 아니다. 중도를 잃은 것처럼 보이는 건, 실은 진보 세력이 확실한 결집을 이루지 못하고 이완되었다는 징표다. 진영의 결집과 가치의 확장은 동전의 양면과 같다. 분열을 끌어안는 포용이 핵심 키워드가 되어야 하는 이유다. 보수도 마찬가지다. 박근혜 탄핵 이후 진정한 자기 혁신 없이 오로지 '반문재인'과 '반조국'에 기댄 권력의 추구는 설령 선거에서 승리하더라도 매우 불안정할 뿐 아니라 지속적일 수 없다.

가혹한 백인 정권을 용서하고 모든 관련자를 사면한 넬슨 만델라 Nelson Mandela 전 남아공 대통령에게, 2007년 『뉴욕타임스』의 빌 켈러 Bill Keller 편집인이 물었다. "당신을 27년간이나 투옥하고 수많은 흑인을 박해한 백인 정권을 어떻게 증오하지 않을 수가 있습니까?" 만델라의 대답은 이랬다. "증오는 마음을 흐리게 합니다. 증오는 전략을 실행하는 데 방해가 됩니다. 지도자는 누군가를 미워할 여유가 없습니다." 2022년 3월 한국의 대통령 선거 결과를 예측해보라면, '증오의 정치'를 넘어서는 쪽이 승리할 것이라고 만델라는 대답하지 않을까?

다시
민주주의로

최악이 아닌 차악을 선택하는 선거

"대한민국은 민주공화국이다. 대한민국의 주권은 국민에게 있고, 모든 권력은 국민으로부터 나온다."

헌법 제1조의 내용이다. 이 구절은 2004년 노무현 대통령 탄핵 반대 촛불집회부터 2008년 미국산 쇠고기 수입 반대 집회, 2016년 박근혜 대통령 탄핵 촛불집회까지, 때론 노래로 때론 구호로 때론 일반 시민의 연설로 광장에서 울려 퍼졌다.

이 구절은 촛불과 함께 국민의 마음을 사로잡았지만, 헌법에 명문화된 건 훨씬 오래전의 일이다. 대한민국 정부 수립 시기인 1948년 유진오가 기초한 헌법 초안 제1조는 "조선은 민주공화국이다. 국가의 주권은 인민에게 있고 모든 권력은 인민으로부터 발發한다"고 되어 있다. 그 뒤 오랜 독재 치하에서도 헌법 제1조는 거의 그대로 유지되었다. 유일하게 바뀐 건 1972년 박정희 정권의 유신헌법 때였다. 박정희 정권은 헌법 제1조를 "주권은 국민에게 있고, 국민은 그 대표자나 국민투표에 의하여 주권을 행사한다"로 바꾸었다. 대통령 직선제를 간선제로 바꿔 영구집권을 꿈꾸면서, 어용 기구인 통일주체국민회의에 헌법적 정당성을 부여하기 위한 의도였다.

1987년 6월항쟁 이후 대통령 직선제를 담은 헌법 개정이 이루어지면서, 이 구절은 비로소 본래의 의미를 되찾았다. 그러나 국민이 권력의 주인으로 명실상부하게 주권을 직접 행사한 건 아마도 2016년 촛불집회가 처음이 아닐까 싶다. 그전까지 주권의 행사는 선거라는 투표 행위를 통해서만 가능했다. 국민의 뜻을 저버리고 민주주의를 후퇴시킨 대통령을 임기 도중 권좌에서 끌어내린 건, '모든 권력은 국민으로부터 나온다'는 명제를 가장 분명하고 직접적으로 드러낸 사건이었다.

"제가 지금 이 시간에 여기에 왜 나와 있는지 아시죠? 바로 박근혜 대통령 하야입니다. 선생님들은 말씀하십니다. 학생인 너희는 앉아서 공부나 해라. 왜 데모하고 시위하고 다니느냐. 그러나 저는 제가 앞으로 나가서 살아야 할 사회이기 때문에, 그리고 저와 같은 친구들, 청소년들, 미래의 후손들이 살아갈 이 땅 대한민국이기에, 제 자신의 안위만을 위해서 공부만 하고 있을 순 없습니다." (2016년 11월

대전 촛불집회에 참석한 어느 고교생의 연설)

이 고교생의 말처럼 촛불의 진정한 의미는 생기를 잃고 액자에 걸렸던 '주권재민主權在民'이란 글자에 숨을 불어넣어 되살린 데 있다. 선거 때만 '주권자'의 대접을 받는 유권자에서 벗어나, 임기 중이라도 국민의 기대를 배신한 권력자를 끌어내릴 수 있는 게 헌법 제1조의 정신임을 일깨웠다.

그러나 그 이후 국민 주권은 생활 속으로 확장되지 못했고, 때가 되면 선거의 계절만 어김없이 돌아왔다. 2021년 4월 서울·부산시장 보궐선거가 상징적으로 드러내듯, 선거란 '그때 그 사람들' 가운데 최악이 아닌 차악을 선택하는 연례행사가 되어버렸다. 촛불집회의 궁극적인 지향에 대해선 평가가 엇갈리지만, 적어도 대통령 탄핵에 그쳐선 안 된다는 점에는 누구나 공감한다. 사회적 불평등 해소 요구가 분출했고, 2018년부터 폭발적으로 전개된 '미투 운동' 역시 촛불의 성과 위에 기반했다고 말할 수 있다. 과거의 민주화운동이 절차적 민주주의, 인권과 기본권 회복에 주력했다면, 촛불 이후엔 '공정과 포용'에 초점을 맞춰 내용을 풍성하게 해야 하는 과제를 제기했다. '열린 민주주의'가 필요한 것이다.

민주주의 지평을 넓히는 중요한 지점 중 하나는 직접민주주의의 확대다. 직접민주주의가 대의제와 정당 체제를 약화시킬 거란 비판이 오랫동안 있어왔다. 하지만 최근 들어 유럽과 미국에서 이에 관한 논의가 활발해지는 건 두 가지 이유 때문이라고 정성호 서원대학교 정치학과 교수는 말했다.

"우선 디지털 기술의 발전이 모든 시민에게 거의 모든 정보를 똑같이 제공할 수 있는 토대를 마련했다. 직접민주주의를 가로막아온 기술적 한계들이 사라진 셈이다. 또 하나는 2016년 촛불 운동에서 볼 수 있듯이, 더 많은 정보를 접한 시민들의 정치의식이 과거와는 비교할 수 없을 정도로 높아졌다."

'대중'이란 단어가 흔히 내포했던 '수동적이고 선동에 쉽게 넘어가는 사람들'이란 편견을 뛰어넘어, 스스로 사회와 국가의 운명을 결정할 수 있는 명민함을 갖춘 것으로 보아야 한다는 뜻이다.

국회에 대한 신뢰가 떨어지는 이유

그 점에서 국민입법제와 같은 직접민주주의 확대는 촛불 정신의 계승이란 과제와 맞아떨어진다. 국민의 믿음을 배신한 대통령을 소환한 게 탄핵이었다면, 국민이 직접 입법 제안을 하고 주요 정책 결정을 위한 국민투표를 요구하는 건 어쩌면 당연한 시대적 흐름일 것이다. 문재인 정부 초기에 신고리 원전 5·6호기 공사 중단 여부를 결정하기 위해 시민 참여 공론화위원회를 구성했던 것도 직접민주주의 지평을 한 뼘쯤 넓힌 시도라고 평가할 수 있다.

디지털 시대에 직접민주주의 확대는 대의제와 정당 체제를 약화시키기보다 오히려 보완하는 쪽으로 작용한다. 2016년 미국 대선을 한번 보자. 대선 투표율은 2000년 이후 가장 낮은 수준(56.9%)이었고, 승자인 공화당의 도널드 트럼프가 얻은 표는 약 6,298만 표였다. 이는 민주당 후보였던 힐러리 클린턴(약 6,584만 표)보다 약 300만 표적은 수치고, 전체 유권자(2억 3,155만여 명)를 기준으로 하면 27.2%의 지지를 받은 것에 불과했다. 이렇게 낮은 지지율로 선출된 대통령이 임기 중 정책 결정과 집행에서 거의 전권을 행사하는 게 민주주의에 부합하는 건지, 아니면 중요 정책 결정을 그때그때 국민에게 직접 묻는 게 더 민주주의적인지는 논쟁할 가치가 있다.

과소 대표된 민주주의는 불안하다. 트럼프의 정치적 취약함과 이에 어울리지 않는 일방적 권력 행사가 4년 뒤 트럼프 지지자들의 폭력적인 의사당 점거 사건의 토대가 되었다고 말할 수 있다. 그 점에서 시민 참여 확대는 대의제를 위태롭게 하기보다는 핵심 정책의 관심을 높이고 소수 열성 지지자에 기댄 정치 양극화를 완화할 수 있으리라 생각한다.

국민이 직접 입법 요구를 하는 국민발안제가 의회의 입법 권한을 침해할 것이란 우려도 그리 현실적으로 보이진 않는다. 지금 국회의 신뢰와 권위를 훼손하는 건 국회 입법 권한을 누군가 제약하기 때문이 아니다. 국회의원에 대한 국민 신뢰가 땅에 떨어진 탓이 더 크다. 2021년 4월 마지막 주 한국갤럽 여론조사를 보면, 문재인 대통령의 국정 지지율은 취임 후 최저치인 29%까지 떨어졌다. 4·7 서울·부산 시장 보궐선거 패배의 영향이었다. 비록 지지율은 최저치지만, '대통령과 국회의원 중 누구를 더 신뢰하느냐'고 국민에게 묻는다면 아마도 대통령의 신뢰도가 월등히 높게 나올 것이다.

단적인 사례가 2015년 박근혜 대통령과 유승민 새누리당 원내대표의 충돌 사태다. 유승민 원내대표가 야당과 합의한 국회법 개정안에 박근혜 대통령은 거부권을 행사했다. 국회가 합의한 '국회의 룰rule'을 대통령이 굳이 거부하는 건 사실 명분이 없다. 그런데도 거부권 행사를 전후해 이틀 동안 박근혜 대통령의 지지율은 29.9%에서 37.4%로 7.5%포인트나 수직 상승했다. 대통령 지지층이 결집한 이유도 있지만, 국회와 대통령이 대립하면 대통령을 더 믿을 수 있다는 국민 정서가 작용했기 때문이다.

선거 때마다 거론되는 개헌론을 가로막는 가장 큰 장벽도 바로 이것이다. 대통령제에 수많은 비판이 제기되는데도 국민들이 선뜻 의원내각제나 이원집정부제에 찬성하지 않는 건, 국회의원은 자기 이익을 위해 일한다는 생각이 뿌리 깊게 박혀 있는 탓이 크다. 곽상도 전 의원을 한번 보라. 미디어아트 작가인 문재인 대통령 아들이 정부의 예술인 지원금을 받는다고 그렇게 비난하더니, 32세의 자기 아들은 부동산개발업체에서 6년 일하고 50억 원의 퇴직금을 받아 챙긴 걸 모른 채 눈감아버렸다. 내로남불도 이런 내로남불이 있을 수가 없다. 그러니 국민들이 국회의원을 믿을 수 없다. 그렇기에, 역으로 국회 신뢰를 높이기 위해서라도 국민발안제와 같은 제도를 확대하는 건 도움이 된다. 국민발안제는 국회의 입법권을 빼앗는 게 아니라, 오히려 국회의 실추된 신뢰를 높여줄 것이다.

단 하나를 바꿔야 한다면 '국민입법제'

엘렌 랜드모어Hélène Landemore 예일대학교 정치학과 교수는 아예 선출직 의회를 없애고 수백 명 정도의 일반 시민이 참여하는 숙의제 기구를 만들어 여기서 중요 정책을 결정하는 게 진화한 민주주의라는 도발적인 주장을 편다. 디지털 시대엔 거의 모든 정보가 온라인에 공유되니, 18세기 민주주의가 태동할 때처럼 '전문가들의 정치'는 더는 시대에 조응하지 못한다는 것이다. 이렇게까지 과격하게 하진 못하더라도, 최소한 중요한 결정을 대통령과 국회의원에게만 맡기지 않고 시민들이 직접 참여하는 제도를 확대하는 건 절실한 일이다.

제도 정치권에서도 국민입법제를 도입하자는 주장은 이미 나왔다. 2018년 대통령과 국회가 공식 제안했던 헌법 개정안엔 이런 주장의 일부가 반영되었다. 그해 국회 헌법개정특별위원회 자문위원회는 공식 보고서에서, 국민이 직접 법률안을 낼 수 있는 '국민발안제'가 왜 필요한지를 이렇게 설명했다.

"국회가 법안 통과에 소극적인 선거법이나 재벌·검찰 등의 로비에 취약한 검찰개혁·재벌개혁 법안의 효과적인 입법을 위해선 국민발안제도의 헌법적 근거를 창설하는 것이 바람직하다."

민주노동당 대표를 지낸 이정희 전 의원은 국민발안제에 더해, 국회가 만든 법률을 국민이 직접 폐기할 수 있는 '폐기 국민투표제'의 도입을 주장했다. 가령, 이젠 정착 단계에 들어선 보수 종편들은 이명박 정부의 무리한 입법이 없었다면 탄생하지 못했을 것이다. 〈미스트롯)과 같은 예능 프로그램 성공과 별개로, 종편은 보수 거대신문사가 방송까지 장악해 여론 지형을 왜곡하고 언론을 선정화한다는 비판을 받고 있다.

2009년 7월 집권 여당인 한나라당은 야당 저지를 뚫고 다른 의원의 찬성 버튼을 대신 눌러주는 위법까지 저지르면서 미디어법을 국회 본회의에서 통과시켰다. 야당은 미디어법이 원인무효라고 헌법재판소의 판단을 구했지만, 헌법재판소는 '위법하지만 그 시정은 국회에 맡기는 게 바람직하다'는 이유로 기각했다. 이처럼 명백한 문제를 지닌 법안도 일단 국회를 통과하면 어쩔 도리가 없다. '폐기 국민투표제'가 있다면, 법 시행 전에 국민투표에 회부해 원래대로 되돌릴 수가 있다고 이정희 전 의원은 말한다. 이 제도가 있다면, 화력발전소에서 일하다 숨진 김용균 사건 이후 산업현장 안전을 강화하기 위해 만든 법률안(일명 김용균법)이 정작 발전소 하청노동자들을 대상에서 제외해 '김용균 없는 김용균법'이라는 어처구니없는 비판을 받는 일도 사전에 막을 수 있었을 것이다. 이정희 전 의원은 이렇게 말했다.

"헌법에서 단 하나를 먼저 바꿔야 한다면, 국민입법제의 도입이다. 국민발안권을 인정하는 '국민발안제'와 국민거부권을 인정하는 '폐기 국민투표제'를 헌법에 명시하면, 그 절차에 따라 어떤 제도라도 국민이 결정해 만들 수 있다."

직접민주주의를 경원시한 또 하나의 이유는 극심한 정치적 대립에 대한 걱정이다. '전문적 식견'을 가진 이들이 정치를 하는 대의제와 달리, 대중이 직접 정치에 뛰어들면 감정에 쉽게 휘둘리며 극단적으로 치닫기 쉽다는 것이다. 미국에서 트럼프 대통령이 트위터를 통해 지지자들에게 직접 호소하고, 이에 지지자들이 폭력적 행동으로 호응하는 건 그런 위험성을 보여주는 사례로 지적된다.

틀린 지적은 아니다. 하지만 온라인 시대에 대의제만으로 대립과 갈등을 완화하기가 어렵다는 사실은 한국 정치를 보면 잘 알 수 있다. 1987년 민주화 이후 모든 정부가 협치를 내세웠지만, 실제로 협치가 이루어진 적은 거의 없다. 문재인 정부에서도 상황은 마찬가지였다. 오히려 당파적 갈등과 대립은 훨씬 심해졌다. 누군가는 이걸 대통령제의 근본적 한계라고 말한다. 선거에서 승리한 대통령이 모든 걸 차지하는 승자독식 구조에선 협치 또는 당파를 넘어선 협력은 불가능하다고 말한다.

개헌의 필요성은 그래서 나온다. 그러나 대통령제 효시인 미국의 역사를 보면, 당파적 분열이 지금보다 훨씬 완화되었던 시기는 전쟁이 아니더라도 여럿 있었다. 1980년대 로널드 레이건 대통령(공화당)은 토머스 팁 오닐Thomas Tip O'Neill 하원의장(민주당)과 저녁에 자주 만나거나 통화하며 정치적 대립을 누그러뜨렸다. 반면에 의원내각제를 채택한 유럽의 많은 국가에서도 정치적 갈등이 심각해지고 있는 현상은 요즘 들어 손쉽게 찾아볼 수 있다. 당파적 대립의 심화가 단지 대통령제 때문만은 아니란 뜻이다.

훨씬 많은 사람이 정치에 참여하도록 하는 것, 특히 젊은 세대가 개인이 아닌 집단으로 입법과 정책 결정에 영향을 끼칠 수 있게 하는 건 세대 갈등을 완화하고 대의제의 신뢰를 회복하는 데 도움을 줄 것이다. 모든 제도가 그렇듯이 민주주의 역시 절차와 제도의 완성으로만 생각하면 화석화하고 경직되기 쉽다. 법과 제도보다 중요한 건 민주주의 안에 스민 주권재민의 자세와 열린 태도, 관용과 자제의 정신이다.

2016년 탄핵 촛불은 민주주의가 역동적이고 내용적으로 풍부해질 수 있음을 보여준 시대적 사건이었다. 이젠 그 폭을 더 확장하고 세련되게 운용하기 위한 방법을 고민할 때다. '다시 민주주의'로 돌아가지 않고선 지금 한국 사회가 마주한 여러 장벽을 넘어서기란 불가능하다.

참고문헌

단행본

Donald Ritchie, 『Election FDR: The New Deal Campaign of 1932』, University Press of Kansas, 2007.

George Edwards·Stephen Wayne, 『Presidential Leadership』, Thomson Learning, 2003.

James Taranto·Leonard Leo, 『Presidential Leadership』, Simon&Schuster, 2004.

강민석, 『승부사 문재인』, 메디치, 2021년.

강준만, 『강남 좌파』, 인물과사상사, 2011년.

_____, 『강남 좌파 2』, 인물과사상사, 2019년.

권재철, 『대통령과 노동』, 유성, 2011년.

김진희, 『프랭클린 루스벨트』, 선인, 2012년.

노무현, 『진보의 미래』, 돌베개, 2019년.

노회찬·구영식, 『대한민국 진보, 어디로 가는가?』, 비아북, 2014년.

노회찬·홍세화 외, 『진보의 재탄생』, 꾸리에북스, 2010년.

류상영 외, 『김대중 연보』(전2권), 연세대학교 김대중도서관, 2011년.

마이클 샌델, 김명철 옮김, 『정의란 무엇인가』, 와이즈베리, 2014년.

_____, 함규진 옮김, 『공정하다는 착각』, 와이즈베리, 2020년.

사빈 포레로 멘도자, 김병욱 옮김, 『프랭클린 델러노 루스벨트』, 동아일보사, 2003년.

셰리 버먼, 김유진 옮김, 『정치가 우선한다』, 후마니타스, 2010년.

손낙구, 『대한민국 정치 사회 지도』, 후마니타스, 2010년.

스티븐 레비츠키·대니얼 지블랫, 박세연 옮김, 『어떻게 민주주의는 무너지는가』, 어크로스, 2018년.

안철수, 『안철수의 생각』, 김영사, 2012년.

E. E. 샤츠슈나이더, 박수형 옮김, 『절반의 인민주권』, 후마니타스, 2008년.

유창오, 『진보세대가 지배한다』, 폴리테이아, 2011년.

이정우, 『『21세기 자본』 이후의 『자본과 이데올로기』』(eBook), 문학동네, 2020년.

이정희, 『국민입법제를 도입하자』, 민중의소리, 2020년.

이준석, 『공정한 경쟁』, 나무옆의자, 2019년.

이준한, 『개헌과 동시선거』, 인간사랑, 2011년.

이지호·이현우·서복경, 『탄핵 광장의 안과 밖』, 책담, 2017년.

정운영, 『노회찬: 정운영이 만난 우리 시대 진보의 파수꾼』, 랜덤하우스코리아, 2004년.

정희진, 『페미니즘의 도전』, 교양인, 2013년.

정희진 외, 『지금 여기의 페미니즘 X 민주주의』, 교유서가, 2018년.

조국·오연호, 『진보집권플랜』, 오마이북, 2010년.

조지 레이코프, 유나영 옮김, 『코끼리는 생각하지 마』, 와이즈베리, 2015년.

크리스티 앤더슨, 이철희 옮김, 『진보는 어떻게 다수파가 되는가』, 후마니타스, 2019년.

논문

Sean J. Savage, 「Franklin D. Roosevelt and the Democratic National Committee」, 『The Social Science Journal』, 28:4, Elsevier, 1991.

Young Ho Cho·Injeong Hwang, 「Who defends democracy and why? Explaining the participation in the 2016~2017 candlelight protest in South Korea」, 『Democratization』 28:3, Taylor&Francis, 2021.

금민, 「포데모스, 좌파 포퓰리즘의 가능성과 한계」, 『마르크스주의 연구』 12권 4호, 경상대학교 사회과학연구원, 2015년.

김광기, 「베버, 뒤르케임, 슈츠, 그리고 2016~2017년: 촛불혁명을 보는 사회학의 시각」, 『한국사회학』 제52집 제2호, 한국사회학회, 2018년.

김윤태, 「불평등과 이데올로기: 능력, 경쟁, 확산의 담론에 대한 비판」, 『한국학 연구』 67호, 고려대학교세종캠퍼스 한국학연구소, 2018년.

김주형·김도형, 「포퓰리즘과 민주주의: 인민의 민주적 정치 주체화」, 『한국정치연구』 29권 2호, 서울대학교 한국정치연구소, 2020년.

김진희, 「뉴딜자유주의와 미국적 복지의 탄생」, 『미국사연구』 37권, 한국미국사학회, 2013년.

김철규·이해진·김선업·이철, 「촛불집회 10대 참여자의 정체성과 사회의식의 변화: 추적조사 결과를 중심으로」, 『경제와사회』 85호, 한울엠플러스, 2010년.

백창재·정하용, 「정당과 유권자: 샷슈나이더 이론의 재조명」, 『한국정치연구』 25권 3호, 서울대학교 한국정치연구소, 2016년.

서병훈, 「포퓰리즘과 민주주의」, 『이베로아메리카연구』 23권 2호, 서울대학교 라틴아메리카연구소, 2012년.

손호철, 「6월항쟁과 '11월 촛불혁명': 반복과 차이」, 『현대정치연구』 10권 2호, 서강대학교 현대정치연구소, 2017년.

이갑윤, 「촛불집회 참여자의 인구·사회학적 특성 및 정치적 정향과 태도」, 『한국정당학회보』 9권 1호, 한국정당학회, 2010년.

이재철, 「2016년~2017년 촛불집회의 정치적 항의: 수도권 유권자 분석」, 『사회과학연구』 24권 4호, 동국대학교 사회과학연구원, 2017년.

이준한, 「한국 이념의 보수화와 생애 주기 효과: 2004, 2008, 2012년 국회의원 선거를 중심으로」, 『영남국제정치학회보』 17권 1호, 동아시아국제정치학회, 2014년.

장석준, 「두 선거 이야기: 포데모스 현상, 한국에서도 가능한가」, 『중앙문화』 70호, 중앙대학교, 2016년.

정상호, 「직접민주주의의 국제 현황과 이론적 쟁점에 관한 연구: 국민투표·국민발안·국민소환을 중심으로」, 『시민사회와 NGO』 16권 1호, 한양대학교 제3섹터연구소, 2018년.

정진민, 「전후 미국 정당기반 재편과 정당체계의 변화」, 『한국정치학회보』 32권 4호, 한국정치학회, 1999년.

조기숙, 「정당 재편성 이론으로 분석한 2007 대선」, 『한국과 국제정치』 27권 4호, 경남대학교 극동문제연구소, 2011년.

홍용표·장두희, 「한반도에서 인권과 평화: 북한인권법 제정을 둘러싼 논쟁과 그 의미」, 『문화와 정치』 6권 4호, 한양대학교 평화연구소, 2019년.

신문 기사

Adam Nagourney · Peter Baker, 「For Bill Clinton, a chance to address a party that has left him behind」, 『The New York Times』, Aug. 18, 2020.

Alan Riding, 「Spanish Politics? The Generation Gap is Yawning」, 『The New York Times』, Jun. 17, 1991.

Beverly Gage, 「The Political center isn't gone-just disputed」, 『The New York Times Magazine』, Feb. 7, 2019.

Giles Tremlett, 「The Podemos revolution: how a small group of radical academics changed European politics」, 『The Guardian』, Tue. 31, Mar. 2015.

Jeannette Neumann, 「Generational Split Becomes Spain's Main Political Divide」, 『The Wall Street Journal』, Dec. 17, 2015.

John H. McWhorter, 「The Dreaded P-Word?」, 『The New York Times』, Jul. 20, 2010.

Laura Silver, Janell Fetterolf and Aidan Connaughton, 「Diversity and Division in Advanced Economies」, 『Pew Rearch Center』, Oct. 13, 2021.

Moira Weigel, 「Political correctness: how the right invented a phantom enemy」, 『The Guardian』, Wed. 30, Nov. 2016.

Nathan Heller, 「Politics without politicians」, 『The New Yorker』, Feb. 19, 2020.

Sam Rosenfeld, 「Frustrated by his own party」, 『The American Prospect』, Nov. 5, 2010.

Steven Levitsky and Daniel Ziblatt, 「Is Donald Trump a Threat to Democracy?」, 『The New York Times』, Dec. 16, 2016.

Thomas B. Edsall, 「The center cannot hold」, 『The New York Times』, Dec. 3, 2013.

「20~30대 투표율이 승부 가른다」, 『한겨레』, 2000년 4월 13일.

「2016 미 대선 투표율 56.9%…2000년 대선 이후 최저」, 『연합뉴스』, 2016년 11일 11일.

「사회민주주의, 학계서 부쩍 관심」, 『한겨레』, 1991년 3월 7일.

「조민씨·연세대 의료원에 사과드립니다」, 『조선일보』, 2020년 8월 29일.

강준만, 「'비정규직 없는 세상'은 거짓말이다」, 『경향신문』, 2021년 6월 23일.

구영식, 「노회찬이 본 설국열차, 6년 전 미공개 인터뷰」, 『오마이뉴스』, 2019년 7월

25일.

권혁철, 「직격 인터뷰-'북한인권변호사' 전수미: "미국이 정치화된 일부 탈북민 증언만 들어 안타깝다"」, 『한겨레』, 2021년 4월 7일.

김동인, 「이명박 대통령 신뢰도 상승, 20대 남자가 주도했다」, 『시사IN』, 2021년 9월 21일.

김용민, 「너희에겐 희망이 없다」, 『충대신문』, 2009년 6월 8일.

김재섭, 「참모도 사무실도 없이 판 뒤집었다, 이준석 동네 후배가 밝힌 '영업 기밀'」, 『주간조선』, 2021년 6월 13일.

김종배, 「주호영 "최재형, 윤에 섭섭해 홍 지지 추측…도덕성은 그쪽이 더 문제 될 수도"」, 『MBC 라디오: 김종배의 시선집중』, 2021년 10월 18일.

김태규·안채원·김성진, 「문, 160조→220조 '한국판 뉴딜 2.0' 선언…'휴먼뉴딜' 확대 개편」, 『뉴시스』, 2021년 7월 14일.

김한주, 「진보정당, '영광의 시대'는 돌아오지 않았다」, 『참세상』, 2020년 4월 30일.

김현빈·박재연, 「파격일까, 쇼잉일까…이준석 밀착 3일, 그는 정말 달랐다」, 『한국일보』, 2021년 6월 22일.

김호기, 「한국판 뉴딜에 대한 두 가지 생각」, 『경향신문』, 2020년 6월 24일.

김환용, 「한국 정부, 유엔 북한인권결의안 공동제안국 3년 연속 불참키로」, 『VOA』, 2021년 3월 23일.

박선숙, 「1970년의 김대중을 만나다」, 『프레시안』, 2011년 5월 2일.

박준영, 「북한 인권과 진보 세력」, 『허프포스트코리아』, 2014년 4월 25일.

박찬수, 「"20대가 보수화? 청년 세대가 힘든 책임을 집권당에 묻는 것"」, 『한겨레』, 2021년 10월 29일.

_____, 「"혐의 사실 다 인정했는데 구속? 방역 책임 회피하려는 의도"」, 『한겨레』, 2021년 8월 13일.

배지현·김규현, 「달라진 대구…정권 교체 위해 '젊은 보수' 밀었다」, 『한겨레』, 2021년 6월 14일.

배진영, 「'한국판 뉴딜 정책' 속에 숨은 정치적 속내」, 『월간조선』, 2020년 6월호.

서민, 「조민 추적은 스토킹이 아니다, 미안해하지 않아도 된다」, 『조선일보』, 2021년 2월 27일.

스테판 해거드, 「세계 도처에서 민주주의가 불안하다」, 『중앙일보』, 2016년 8월 6일.

신준봉, 「"정치가 공방 수준에 머물 때 팩트는 최고의 선동이 될 수 있다"」, 『중앙일보」, 2011년 1월 20일.

이세영, 「"관종이어도 좋다, 약자 위한 '류호정 쇼'는 계속될 것"」, 『한겨레』, 2021년 9월 1일.

이윤정, 「스페인 좌파 돌풍 '포데모스' 리더, 정계 은퇴: "당 쇄신에 걸림돌 되지 않 겠다"」, 『경향신문』, 2021년 5월 6일.

이준석, 「[진중권에 할 말 있다] 이준석 "진중권의 우려, 시대착오적 기우에 불과하 다"」, 『중앙일보』, 2021년 4월 22일.

이지혜, 「'고용안전망 강화' 첫발 뗐지만 166만 특고노동자는 빠져」, 『한겨레』, 2020년 5월 11일.

_____, 「중도층 표심, 민주당 이탈 가장 많아」, 『한겨레』, 2020년 2월 17일.

이진순, 「이러자고 촛불 든 건 아니다」, 『한겨레』, 2020년 11월 17일.

임성수, 「문 대통령 "미국 뉴딜엔 후버댐…한국형 뉴딜엔 데이터 댐"」, 『국민일보』, 2020년 6월 19일.

전혜원, 「'공정'은 어떻게 그들의 무기가 되었나」, 『시사IN』, 2020년 9월 28일.

전홍기혜, 「WP 칼럼 "미국은 한국의 대통령 탄핵에서 배워야"」, 『프레시안』, 2021년 2월 11일.

정혁, 「북한 인권, 진보의 의제다」, 『프레시안』, 2019년 11월 4일.

조계완, 「'거대한 소수'의 치밀한 승리!」, 『한겨레21』, 2004년 4월 21일.

조돈문, 「문재인 정부, 남은 임기 동안 '대선 공약' 다시 돌아보길」, 『프레시안』, 2021년 7월 14일.

조문희, 「[흑백 민주주의 ④] 출발선만 같으면 된다? '각자도생' 사회의 이상한 '공 정'」, 『경향신문』, 2020년 1월 21일.

조종엽·이지훈, 「최장집 교수 "다당제 등장이 촛불 성과…중도(中道) 중심으로 경 쟁하는 구도 필요"」, 『동아일보』, 2017년 2월 6일.

조현연, 「기록으로 만나는 노회찬의 꿈과 길 8화: "여당보다 덜 개혁적이고 더 부패 한 야당은 모두…"」, 『프레시안』, 2020년 6월 19일.

진중권, 「정신줄 놓지 말라, 히틀러도 '선출된 권력'이었다」, 『중앙일보』, 2020년 12월 30일.

천관율, 「'조국 대란'이 드러낸 울타리 게임」, 『시사IN』, 2019년 9월 16일.

_____, 「드디어 진보는 다수파가 되었나」, 『시사IN』, 2020년 4월 27일.

최병국, 「스페인 총선 돌풍 포데모스 "의원 특권 내려놓겠다"」, 『연합뉴스』, 2016년 1월 5일.

홍세화, 「진보의 죽음, 타살인가 자살인가?」, 『프레시안』, 2012년 8월 22일.

홍영림, 「2040세대 84%가 10가지 괴담 중 한 가지 이상 믿어」, 『조선일보』, 2011년 11월 10일.

_____, 「보수-진보 분기점은 57세…8년 전 47세에서 열 살 늦춰졌다」, 『조선일보』, 2020년 5월 8일.

기타 자료

「Franklin D. Roosevelt's address accepting the presidential nomination in 1932」, 『The American Presidency Project』.

Brink Lindsey, 「The Center Can Hold: Public Policy for an Age of Extremes」, 『Niskanen Center』, Dec. 18, 2018.

Tomas Piketty, 「Brahmin Left vs Merchant Right: Rising Inequality and the Changing Structure of Political Conflict」, 『EHESS and Paris School of Economics』, Jan. 26, 2018.

William E. Leuchtenburg, 「Franklin D. Roosevelt: Impact and Legacy」, 『Miller Center』.

고용노동부, 『'한국판 뉴딜' 종합 계획: 선도국가로 도약하는 대한민국으로 대전환』, 2020년 7월.

노사정위원회, 『노사정위원회 활동 평가 및 발전 방안에 관한 연구』, 한국노동연구원, 2002년 12월.

안진걸, 『6월 항쟁과 촛불 혁명, 그리고 시민사회운동의 진로』 자료집.

에스티아이(STI), 「서울시장 보궐선거 및 현안 여론조사 통계표」, 2021년 3월.

정한울·이근후, 『한국 리서리 월간 리포트: 한국 사회의 공정성 인식 조사 보고서』, 한국리서치, 2018년 2월.

주진우, 『네덜란드노총(FNV) 방문 보고서: 네덜란드의 노사관계』, 전국민주노동조합총연맹, 1999년 3월.

한국갤럽, 「유권자 정치적 이념 성향 조사」, 2012·2019·2020년.

희망연대노동조합, 『희망연대노동조합 10주년 평가와 전망』, 2020년 4월.

진보를
찾습니다
ⓒ 박찬수, 2021

초판 1쇄 2021년 12월 15일 찍음
초판 1쇄 2021년 12월 20일 펴냄

지은이 | 박찬수
펴낸이 | 강준우
기획·편집 | 박상문, 고여림
디자인 | 최진영
마케팅 | 이태준
관리 | 최수향
인쇄·제본 | (주)삼신문화

펴낸곳 | 인물과사상사
출판등록 | 제17-204호 1998년 3월 11일

주소 | 04037 서울시 마포구 양화로7길 6-16 서교제일빌딩 3층
전화 | 02-325-6364
팩스 | 02-474-1413

www.inmul.co.kr | insa@inmul.co.kr

ISBN 978-89-5906-624-7 03300

값 16,000원